JN123093

新訂

信用金庫役員の職務執行の手引き

～知っておきたい権限と責任～

岸本寛之 著

経済法令研究会

新訂版 はしがき

　本書は、信用金庫役員の方々やこれから役員になられる方々に向けて、役員や理事会等の役割、役員の権限・責任等について、その基本的事項や重要事項をコンパクトにまとめたものです。

　初版の刊行から約７年が経ち、信用金庫法、会社法、民法（債権関係等）等の改正もあったなかで全体の構成と記述内容を見直すとともに、この間に出された裁判例等も取り入れながら、下記３点をはじめとした全体的なリニューアルを心がけました。

・員内理事について、もともと「外部の目として、他の理事の職務の執行を監督する機能が期待されていた」という点について初版では指摘できていなかったので、今回の見直しで補筆しました。

・初版で公表した「役員の定数」に関する私見に対しては、批判も含めた反響をいただき、議論を深めるきっかけとなったものと考えております。新訂版では、新たに、会員の加入承諾についても私見を追記しました。

・金融機関に求められるコンプライアンス対応が、2019年（令和元年）12月の検査マニュアル廃止以後、金融庁との対話を通じたそれぞれのリスクベース・アプローチによる具体策構築へと移行してきた状況に鑑みて、新たに「コンプライアンス」の章を設け、金融機関におけるコンプライアンス態勢の整備とともに、役員として留意すべき具体的対応について解説を行いました。

　本書が、金庫役員の皆さまにとってその職務知識を理解する一助となりましたら幸いです。

　最後に、本書新訂版の刊行に向けて、現場の疑問点など多くのご助

言をくださいました皆さま、最初に実務との接点をくださいました湘南信用金庫専務理事の齋藤篤志様をはじめとする同金庫の役職員の皆さま、その他多くの皆さまから多大な配慮を賜りました。この場を借りて厚くお礼申し上げます。

2024年2月

弁護士　岸本寛之

■■ 目　次 ■■

序章　役員とは

第1章　理事・監事の権限と義務

第2章　理事の選任・終任、報酬等の決定等

第3章　監事の選任・終任、報酬等の決定等

第4章　理事会

第5章　その他の機関等

第6章　役員の責任

第7章　コンプライアンス

第8章　その他の重要事項

■column／コラム■

「選定・解職」と「選任・解任」の違い・7／職員外理事等の選任・活用によ
るガバナンス強化・12／名目的な員外監事の責任・23／監事の業務監査の範
囲・26／「業務の執行」と「職務の執行」・30／「常務に従事」とは・33／「役
員が法人であるときは、その職務を行うべき者」という法35条1項の規定につ
いて・35／理事と総代の兼任の適否・36／通常総(代)会が開催できない場合の
役員の任期・69／総代会制度における解任請求の要件・73／総(代)会決議によ
る理事解任の可否の検討（消極）・75／会員の加入の承諾の決定・111／金融機

法令等の略記について

本書では、下記の法令名等の略称を用いて解説しています。

- **法** ⇒信用金庫法
- **信金法** ⇒信用金庫法
- **施行令** ⇒信用金庫法施行令
- **規則** ⇒信用金庫法施行規則
- **金庫** ⇒信用金庫

序章

役員とは

I　信用金庫の役員

1　はじめに

　信用金庫（以下「金庫」といいます）の「役員」は、理事と監事のことをいいます（法32条1項）。金庫には、必ず理事（定数5名以上）と監事（定数2名以上）を置かなければいけない、必要かつ常設の存在です（同条2項）。

2　理　事

　理事とは、会員から金庫の経営を任された経営の専門家です。理事会の構成メンバーとして金庫の経営業務を担います。

3　監　事

　監事とは、会員から理事の職務執行の監督等を任された監査の専門家です。独立した機関として、理事の会計に関する職務の監査（会計監査）と業務に関する監査（業務監査）を担います。

II　理事・監事の役割

1　理事の役割

　理事は、理事会という機関（法36条～37条の2）の構成メンバー

です。理事個々人が金庫の機関となるわけではありません。理事は、株式会社（取締役会設置会社）の取締役に当たる存在で、信金法上も会社法の取締役に関する規定が多く準用されています（法35条の6）。

理事は、理事会の構成メンバーとして、自らの専門的な知見をもって理事会での議論・討論に参加します。理事には、理事会に参加することを通じて、金庫の意思決定や代表理事の行為を監督するといった理事会の権限を行使することが期待されています。

2　監事の役割

監事は、（代表）理事の職務執行の監督等を行う独立した機関です。監事は、株式会社の監査役に当たる存在で、監査役に関する会社法の規定が多く準用されています（法35条の7）。

監事は、会員に代わって、執行部（理事）が適正に職務を遂行しているか、業務の報告が正確に行われているかというチェックを行い、金庫の適正な職務遂行を担保する役割を担います。

監事は必ず2名以上が選任されますが、各監事がそれぞれ単独でその権限を行使することができます。これを独任制といいます。

第 **1** 章

理事・監事の
権限と義務

I　理事・監事の権限

　金庫と役員の関係は、委任関係です（法33条。会計監査人も同様です）。役員は、委任関係に基づいて理事・監事それぞれの役割に応じた職務上の権限が認められています。

1　理事の権限等

1　理事の区分

　理事は、理事会の構成メンバーであって、理事個々人が金庫の機関となるわけではないと説明をしましたが、代表理事については、金庫の必要かつ常設の機関となります。理事にも、その与えられる権限や求められる資格によって区分があり、求められる役割が変わってきます。

(1)　業務上の権限等ごとの区分

　理事の金庫における業務上の権限や勤務形態に応じて、①代表理事・業務執行理事等、②常勤理事・非常勤理事の区別があります。

①　代表理事・業務執行理事等

イ　代表理事

　代表理事とは、金庫を代表して、金庫の業務に関する一切の裁判上または裁判外の行為をする権限（代表権）を有する理事です（法35条の9）。代表権を有する者の行為は、原則として、対外的にその権利義務がすべて金庫に帰属することになります。

　代表理事は、すべての金庫にとって必要かつ常設の機関です。

　代表理事には、実務上、定款等の定めに基づき、理事長、副理事長、

専務理事、常務理事といった肩書きが付けられて、金庫内で序列や権限に差を設けられることがあります。ただし、代表理事の責任は、「代表理事」である限り、同一です。理事長、専務理事等の肩書きや序列・金庫内での権限の程度に差があっても、総(代)会の特別決議によって免除することのできる限度に差異は生じません（法39条4項。金庫の損害から代表理事の1年間で受ける報酬等の財産上の利益の6倍を控除した金額が上限となります。第6章・V・2「総(代)会の決議による責任の一部免除」参照）。

ロ　代表理事の選定

代表理事は、理事会において理事の中から選定されます（法36条4項）。代表理事の人数には制限がなく、複数人いても構いません。複数人選定された場合には各自がそれぞれ金庫を代表することになります。

【column】

「選定・解職」と「選任・解任」の違い

「選定」は特定多数の者の中から選ぶ場合をいいます。理事の中から代表理事を選ぶことを「選定」といいます。そして、「選定」の反対、たとえば、代表理事から代表権を外して代表権のない理事にすることを「解職」といいます。

「選任」は不特定多数の者の中から選ぶ場合をいいます。総(代)会で理事を選ぶことは「選任」といいます。「選任」の反対、たとえば、理事の地位を奪うことを「解任」といいます。

※ただし、法文の中には、「選定」と「選任」を明確に区別していないものもままあります。

八　業務執行理事

業務執行理事とは、代表理事以外の業務を執行する理事のことをいいます。代表理事がすべての業務執行を担当することは現実的に難し

いため、金庫内部の職務分掌として、代表権を有さない理事に対して一部の業務執行を行う権限が認められた者を業務執行理事といいます。

業務執行理事は、代表理事とは違い、任意の非常設機関です（置く、置かないは金庫の自由）。

実務上、営業、企画、融資、総務等の特定の部門の管掌を明記することが行われています。

二　業務執行理事の選定

業務執行理事の選定方法は、明文規定はありませんが、代表理事と同様、理事会において理事の中から選定されます（なお、役員等の責任の免除を定めた規定（法39条4項2号イ）に「理事会の決議によって金庫の業務を執行する理事として選定されたもの」という定めがあります）。

重要な使用人の選任・解任が理事会の専決事項（法36条5項3号）となっていることとの対比においても、業務執行理事（役付理事）の選定・解職は、当然に理事会の専決事項と解するべきでしょう（同条同項柱書。第4章・Ⅰ・2・1・(2)「理事会での専決事項」参照）。

ホ　その他の理事

理事の地位そのものには、業務執行権限は付与されていません（一般の理事には、業務執行の権限はないのです）。代表理事や業務執行理事でなければ、理事であっても、業務執行を単独で行うことはできません。

理事が業務執行を行うためには、代表理事もしくは業務執行理事として理事会で選定されるか、または個別に業務の執行の委任を受けることが必要になります。

ヘ　業務執行理事として選定された理事と業務の執行をした理事の責任

信金法39条4項2号は、イ「理事会の決議によって金庫の業務を執行する理事として選定されたもの」（業務執行理事）とロ「当該金庫の

業務を執行した理事（イに掲げる理事を除く。）」（個別に業務の執行の委任を受けた理事または実際に業務執行をした理事）を書き分けています。しかしながら、いずれの理事も、総(代)会の特別決議によって免除することのできる責任限度には差異がありません（金庫の損害から当該理事の1年間で受ける報酬等の財産上の利益の4倍を控除した金額が上限となります。第6章・V・2「総(代)会の決議による責任の一部免除」参照）。

上記のいずれにも該当しない業務執行をしていない理事については、総(代)会の特別決議によって免除することのできる責任限度は、金庫の損害から理事の1年間で受ける報酬等の財産上の利益の2倍を控除した金額と、業務執行を行う理事よりも上限が低く設定されています（第6章・V・2「総(代)会の決議による責任の一部免除」参照）。

②　常勤理事・非常勤理事

勤務形態が常勤か否かで理事を区分する場合もあります。勤務形態が常勤であれば常勤理事、常勤でなければ非常勤理事と呼ばれます。

常勤か非常勤かの区別で直ちに役割が決まるものではありませんが、一般に、非常勤理事は、理事会出席を通じて、監督機能を発揮したり、他の分野の知見等を活かして経営改善等の助言を行うといった役割を期待されているものといえるでしょう。

もっとも、総(代)会の特別決議によって免除することのできる責任限度は、常勤か非常勤かでは区別されていません（第6章・V・2「総(代)会の決議による責任の一部免除」参照）。

⑵　資格等による区分

①理事が会員の地位も有しているか、あるいは、②金庫の職員等出身かによって、①員内理事・員外理事、②職員外理事の区別があります。

① 員内理事・員外理事

イ 員内理事

員内理事とは、次のいずれかに該当する理事をいいます。

・理事が会員

・理事が会員法人の業務執行役員に就任している

金庫は、地域の者を会員や利用者として、地域の繁栄と相互扶助を図るために存在する協同組織の金融機関です。その協同組織性を担保するためには、会員自治（金庫の経営に会員の意思をできる限り反映させること）が重要ですから、会員自身が経営に参画することが最も直接的に会員自治を実現できる方法となります。

また、もともと員内理事には、外部の目として、他の理事の職務の執行を監督する機能が期待されていました。すなわち、職員から昇進した理事ではなく、職員経験のない会員（外部）が理事となって経営に参画することで、他の理事の職務の執行を監督することが期待されていたのです。理事の3分の2以上を員内理事とすることを要件とした趣旨（法32条4項）は、外部（職員経験のない会員）からのチェックが期待されたためだったのです（金融審議会「協同組織金融機関のあり方に関するワーキング・グループ」（第5回）議事録および同配付資料5−3「信用金庫と信用組合に関する論点」の35頁）。

ロ 員外理事

員外理事とは、員内理事ではない理事のことをいいます。

員外理事は、理事の定数の3分の1まで選任することができます（法32条4項）。ただし、定款等によって員外理事の資格に一定の制限を設ける場合があります。

員外理事の選任を一定数認めることによって、会員以外から幅広く人材を募ることができますので、員外理事の多様な知識を活かした金庫経営が期待できるようになります。

八　員内理事・員外理事の権限および義務

　員内理事と員外理事には、基本的に権限および義務に差異がありません。総（代）会の特別決議によって免除することのできる責任限度も、理事が会員資格を有しているか否かでは区別していません（第6章・Ⅴ・2「総（代）会の決議による責任の一部免除」参照）。

②　職員外理事

　職員外理事については、信金法上定めはありませんが、理事に就任する前5年間において、次のいずれにも該当していなかった理事をいいます。

・当該金庫の理事（職員外理事を除きます）
・当該金庫の職員等
・当該金庫の子会社の取締役、会計参与、執行役もしくは使用人

　もともと、理事会における員内理事の割合を一定数以上と定めた趣旨（法32条4項）は、外部（職員外の会員）からのチェック機能が期待されていたためでした。しかしながら、実際には、「地区内において勤労に従事する者」（法10条3項）が会員資格とされていることから、職員出身者が会員となり、員内理事として理事会の大半を占める状態が見受けられるのが実情でした。そのため、「外部（職員外の会員）からのチェック機能」という法の趣旨は骨抜きとなっているとの指摘もあったところです（金融審議会・前掲議事録および同配付資料同頁）。

　こうしたことから、ガバナンス強化のため、平成27年4月に「総代会の機能向上策等に関する業界申し合わせ」（以下「業界申し合わせ」といいます）の一部改定がなされ、「職員外理事の登用に関する施策」として、1名以上の職員外理事を登用すること、職員外理事の登用状況がわかるようディスクロージャー誌等で開示することが掲げられました。これにより、現在では、大半の金庫で職員外理事が選任されています。

イ　職員出身理事・職員外理事の権限および義務

　理事が職員出身者か否かによる権限や義務には差異はありません。総(代)会の特別決議によって免除することのできる責任限度も、理事が職員出身者か否かでは区別していません（第6章・Ⅴ・2「総(代)会の決議による責任の一部免除」参照）。

ロ　員外理事と職員外理事との異同

　員外理事と職員外理事との権限や義務の違いはありませんが、会員の資格の有無で区別される員外理事と職員出身者か否かで区別される職員外理事は、いずれも、職員出身者の員内理事が多数を占める経営陣と一線を置いた立場にあるという点では共通します。

　員外理事は、会員以外の多様なバックグラウンドを有した者から広く人材を募ることができる反面、金庫の協同組織性を損なうことがないよう選任に人数制限がされています（法32条4項）。

　他方、職員外理事には法律上の規制は何もありません。職員出身者以外の会員から人材を募れば、会員の協同組織性の趣旨を維持しながら、会員の意見の多様性確保も図ることができます（もっとも、金庫の健全な経営には、金庫実務に精通した職員出身者の経験も必要ですから、職員出身理事の存在も不可欠でしょう）。

【column】

職員外理事等の選任・活用によるガバナンス強化

1　信用金庫のガバナンスについて

　従来、協同組織である信用金庫のガバナンスについては、株式会社である銀行と比較され、株価変動という市場による評価メカニズムがない分、ガバナンスが弱いといった指摘や理事長の意向に沿う総代、理事、監事が選任され得る制度となっており、理事長に対するチェック機能が弱いといった指摘を受けていました。そこで、信

用金庫業界では、平成26年に閣議決定された成長戦略として、日本産業再興プランの具体的施策の筆頭にコーポレートガバナンスの強化が掲げられたこと等をふまえて、前記（11頁）のとおり、業界申し合わせが一部改定されました。

2 職員外理事の役割

職員外理事の選任は、リスク回避・抑制や不祥事防止を目的とする「守りのガバナンス」（監督等の機能強化）と持続的な成長と中長期的な視点で会員の利益・地域の繁栄等を図る「攻めのガバナンス」（業務執行等の活用）の2つの側面で有効です。

(1) 理事会の監督機能強化

職員出身理事は、金庫業務に精通しており、そのノウハウと知見によって他の理事の職務の執行状況を実効的に監督することが期待できます。しかしながら、職員出身者が大半を占めることで理事間に馴れ合いが生じ兼ねないという構造上のリスクも否定できません。同じ理事長が長期間就任し続けている場合や世襲によって代々の理事長が決まるような場合には、過去に、その部下として指揮命令系統に属したことのある職員出身理事には、会員や地域の意向よりも、理事長の意向ばかりを強く反映しようとする等、類型的に実効的な監督が期待できないおそれも生じてきます。

この点、職員外理事は、理事長等の経営陣や他の職員出身理事とは一線を置いた立場にありますので、監督の馴れ合い等を防ぐことが期待できます。もっとも、監督機能強化に期待をする場合には、独立性を確保するために当該職員外理事には業務執行を担当させないといった配慮が必要かもしれません。

(2) 経営方針や経営改善の助言

金庫業務以外の知識やバックグラウンドを有する企業経営者や専門家等を職員外理事として招聘すれば、金庫の経営方針や経営改善にそれらの知識、ノウハウ等が活用できる等、多様な意見を経営に反映させることができるようになります。これらの者が地域で事業等を行っている者であれば、職員外理事の声は、地域、会員の意見そのものともいえますので、会員自治に直接資するものになります。

⑶　その他の役割

　職員外理事の場合は、社外取締役（会社法2条15号）と異なり、業務執行者でないことまでは要件となっていません。理事会を通じて意見してもらうことに期待するのであれば非常勤理事として選任すれば足りますが、日常の業務執行を通じて能力を発揮してもらうのであれば、職員外理事の知識や経験を業務執行者として活かすために常勤理事として選任するという活用方法も考えられます。

3　人選のあり方

　会員や地域の声を活かした金庫経営の更なる実践を図り、ガバナンス強化を図るためには、単に職員外理事を選任しさえすれば誰でもよいというわけにはいきません。各金庫が職員外理事に期待する機能を明確にし、理事会全体のあり方、バランス等をふまえて、その機能を適切に果たすことができる知識、経験、能力を備えた人物を理事に選任することが重要になります。

⑴　弁護士、公認会計士、税理士、その他士業

　弁護士には、リスク回避・抑制や不祥事防止、違法行為に対する歯止めの機能が期待されます。公認会計士や税理士は、財務・会計面でのチェック機能が期待されます。

　弁護士や会計士等を監事として選任することも考えられますが、理事と監事では役割・職務が異なります。職員外理事は、理事会の業務執行の決定・委任や理事の職務執行の監督に寄与することによって、ガバナンス強化を図ります。

　有資格者としての本業など、他に生活の基盤を有していることは、経営トップにも率直にモノを言いやすい立場にあるともいえるため実効的な監督機能が期待できます。

⑵　地元企業等の経営者

　企業経営者には、その経験に基づくマネジメント能力による不正防止策の策定や迅速・果断な意思決定の効率化等に向けた助言機能が期待されます。企業経営者として他に生活の基盤を有しているので、経営トップにも率直にモノを言いやすい立場にあるといえる点は、上記⑴と同じです。また、協同組織である金庫にとって、会員

の代表である地元企業経営者の意見は、まさに会員や地域の声ということができるでしょう。

⑶　元公務員、学者等の有識者

シンクタンク研究員、金融庁の元職員などの方を、その豊富な経験、知識に期待して職員外・員外理事に選任することも考えられます。

4　理事会運営上の工夫等

職員外理事が理事会においてしっかりとパフォーマンスを発揮できるような理事会運営の工夫も必要です。

⑴　運営の効率化の工夫

理事会で付議される業務執行の決定が多すぎる場合には、理事会の開催頻度を多くするか、理事会の所要時間を長くせざるを得なくなり、その分、職員外理事等を拘束することになります。

しかし、金庫内の職員外理事等の非常勤役員が多いと日程の調整も難しく、迅速な意思決定が不可能となります。

そこで、理事会の運営を効率化する方策が必要になります。

⑵　付議事項の見直しと下位機関の活用

そもそも、職員外理事等は、必ずしも信用金庫業務に精通しているわけではないので、細かな業務執行の決定の判断には向きません。

重要な業務執行の決定以外は理事に委任をすることもできますので（法36条5項）、理事会での審議案件は、専決事項となる重要な業務執行の決定などに限定する方向で見直すことも1つの方法です。それ以外の業務執行の決定については、たとえば、役付理事や常勤役員のみで構成される常務会（経営者会議）を組織して、その機関で決議できるようにしたり、代表理事に委任することが考えられます。

理事会の付議事項は、専決事項と将来の経営方針等の大局的なもの等の重要事項に限定することで、かえって1件1件の審議が充実し、コンプライアンスにも資することになります。これによって、理事会の開催頻度や開催時間を減らすことができれば、ガバナンス強化と職員外理事等の負担軽減の両立を図ることができます（理事

会の付議事項に関しては第4章・Ⅰ・2・1「金庫の業務執行の決定」も参照してください)。

(3) **事前説明・事前の情報提供**

① 判断基準の提示（理事としての注意義務の内容の説明）

今の時代、代表理事にすべて一任し、代表理事の決定には関与しないという役員の姿勢は、悪しき慣行として許される余地はありません。しかし、必ずしもすべての理事が、注意義務としてどのような責務を負っているのかまでよく自覚しているとはいえない場合もあります。事前に判断基準を提示することなく理事会で審議を行っても、理事会で盲目的に賛成する、あるいは、よくわからないから賛成できないといった対応に陥ることもあり得、ガバナンス強化ができません。

そこで、理事会に諮る際には、適宜、経営判断の原則、他の理事等の監視義務や内部統制システムの構築義務等に係る判断枠組みについての基本的な考え方を説明する機会を設けることが重要です。

② 注意義務の枠組みに沿った情報の提供

職員外理事等の外部の方であっても、事前に基本的な判断枠組みを理解してもらったうえで、付議事項ごとに判断枠組みに沿った情報提供を行えば判断がしやすくなります。たとえば、経営判断に関わる議案であれば、判断内容の関わる情報（付議事項の目的、背景、それを実行することに伴うリスク、懸念事項およびそれに対する手当等）、判断過程の履践状況（稟議書、常務会での決議・承認等）および判断の合理性・妥当性に関わる情報（専門家の意見書、経営戦略の中での位置付けやさまざまな指標等）を整理・提供することが考えられます。

③ 職員外理事の職責の自覚

また、ガバナンス強化を実現するためには、職員外理事に必要な情報を提供するばかりではなく、職員外理事のほうからも積極的に付議事項に関する疑問点や、判断に必要な情報が足りなければ追加の情報提供を求めるような姿勢で理事会に臨んでもらうことが理想です。そのためには、理事の監視義務として、他の理事に違法行為・

不正行為等の善管注意義務違反があった場合に、その違法行為等を知り得、かつ、事前に差し止めることができた場合には、違法行為等を行っていない理事であっても責任が問われることを理解してもらい、自己の職責の自覚を促すことも必要でしょう。

(4) 情報提供の時間的余裕

非常勤役員は、他に職を有して多忙な場合もありますので、できれば、理事会開催日の数日前までに資料を送付するなど、ある程度の時間的余裕をもって情報提供をすることが望まれます。これによって理事会の所要時間短縮も図ることができます。ただし、真に緊急の事案の場合にまで事前提供にこだわる必要はありません。そのような場合には、緊急性の度合いや事情に応じて、迅速な判断を優先するべきか、検討時間をとることを優先するべきかを含めて、理事会で意思決定をすることが必要です。

(5) 情報の提供方法の工夫

職員外理事でも、限られた時間で正確な理解ができるよう、資料は、専門用語を多用せずに、平易かつ簡潔な説明を心がけることが重要です。専門的な事項の場合には、前提知識の提供も必要になります。ただし、手厚い説明を優先するあまり、送付資料が大量になりますと、かえって職員外理事がそれらを読みこなすことが困難になります。職員外理事の理解にとって必要であれば、資料の要約を付けたり、付議事項を熟知している役職員や専門家が、理事会の前に、直接説明を行うことも検討する必要があるでしょう。

2 全理事共有の権限

(1) 理事会への出席権限

理事には、理事会の構成メンバーとして、理事会に出席できる権限があります。

(2) 理事会の意思決定への参加権限

信金法36条5項は、以下の重要な業務執行の決定を理事会の専決事

項として定めています。

① 重要な財産の処分および譲受け

② 多額の借財

③ 支配人その他の重要なる使用人の選任および解任

④ 従たる事務所その他の重要な組織の設置、変更および廃止

⑤ 法令遵守体制の整備

⑥ その他

これらの事項の決定は理事会しか行えませんから、（代表）理事へ決定を委任することはできません。すなわち、これらの意思決定に参加する権限は、理事会構成メンバーである理事固有の権限ということができるでしょう。

(3) 他の理事の監督権限

理事は、代表理事や業務執行理事の行為を監督するための以下の権限を有しています。

① 理事会の招集権限（法37条4項、会社法366条。ただし、招集権者が定款または理事会の決議で定められている場合に、招集権者以外の理事が招集できるのは、招集権者に招集を請求しても理事会が招集されないときに限ります）

② 理事会での報告権限（法36条6項・35条の6、会社法357条1項）

③ 理事会の決議を通じた代表理事の解職、業務執行理事の管掌変更（解除）

④ 業務執行に関する決定の是正

3 代表理事・業務執行理事の権限

(1) 代表理事

代表理事は、理事会からの委任を受けて、単独で業務執行の意思決

定およびその執行を行うことができます（理事会の専決事項（法36条5項）を除きます）。たとえば、代表理事は、単独で金庫を代表して、取引先との間で、日常的な契約の内容を決定し、契約を締結することができます。

　この代表理事の権限には、制限を設けることができます。たとえば、一定の金額以上の契約を代表理事が第三者と締結するためには理事会の事前承認を要するようにするといった制限です。この代表権の制限は、その制限を知らずに金庫の代表理事と契約をした第三者に対しては対抗できません（法35条の9第2項）。いくら代表理事に契約締結権限がなくても、当該第三者との間では、契約無効は主張できないのです。

(2)　業務執行理事

　業務執行理事は、理事会から特定の業務の執行について委任を受けた範囲でのみ、その意思決定・執行を行うことができます。

　代表理事の場合は、原則として金庫の業務に関する一切の権限を有し、権限への制限が例外的な取扱いとなるのに対し、業務執行理事の場合は、そもそもその権限が受任の範囲に限定されているのです。

(3)　その他の業務執行を行わない理事

　代表理事および業務執行理事以外の業務執行を行わない理事（員内理事と員外理事、職員外理事、常勤理事と非常勤理事の区別を問いません）については、特段、その権限および義務に差異はありません。

2　監事の権限等

1　監事の区分

　監事の資格や勤務形態に応じて①員外監事・員内監事、②常勤監事・非常勤監事の区分があります。

⑴ 資格による区別

監事については、会員資格等を有するか否かによって、員外監事と員内監事が区別されます。

① 員外監事

イ 員外要件

員外監事とは、次のa〜cの員外要件すべてを満たす監事のことをいいます。員外監事の「員外要件」は、員外理事の「員外要件」とは異なるので注意してください。

  a 当該金庫の会員または当該金庫の会員たる法人の役員・使用人以外の者（信用金庫連合会の監事については、当該信用金庫連合会の会員たる金庫の役員または職員以外の者）

  b 就任前5年間、当該金庫の理事・職員または当該金庫の子会社の取締役、会計参与（会計参与が法人であるときは、その職務を行うべき社員）・執行役・使用人でなかったこと

  c 当該金庫の理事または支配人その他の重要な使用人の配偶者または二親等以内の親族以外の者であること

ロ 員外監事制度の趣旨（員外理事との違い）

信金法は、員外理事については必ずしも選任しなくてもよいとしながら、員外監事については一定の範囲で選任を義務付けています（法32条4項・5項）。また、員外監事の「員外要件」は員外理事よりも厳しくされ、員外監事の独立性を強めています。

これは以下の理由によります。

・理事の場合は、金庫の協同組織性担保のために、会員等の地位を有する理事が理事会に一定数以上いることが不可欠となります（法32条4項）。員内理事・員外理事の区別はそのための基準であり、員外理事を一定割合以下に制限することに主眼が置かれています。

・他方、監事は業務執行を行わずに監査をするだけなので、仮に、監

事全員が会員以外の者であったとしても、金庫の協同組織性が損なわれることはありません。

　むしろ、監事が執行部と近い関係にある場合には、馴れ合い的な監査を行うおそれが類型的に認められるため、執行部や金庫から一定の距離を置いた監事の選任を義務付けることにより、馴れ合い的な監査を防止して適正な監査を実現することが期待されています（理事会を構成する理事の3分の2以上が員内理事ですから、監事が会員の地位を有していないことが執行部からの独立性の担保となり得ます）。

ハ　一定規模以上の金庫の員外監事選任義務

　一定の規模以上の金庫は、員外監事を1名以上置かなければなりません（法32条5項。ただし、常勤・非常勤のいずれでも構いません）。この一定規模以上の金庫とは、その事業年度の開始の時における預金および定期積金の総額が50億円以上の金庫のことをいいます（施行令5条の2）。総額が50億円に達していない金庫では、員外監事の選任は任意です。

　員外監事を選任しなかった場合は、100万円以下の過料に処せられることがあります（法91条1項6号の2）。

ニ　員外監事選任の届出

　員外監事の就任または退任があった場合には、その旨を所轄の財務（支）局長に届け出なければなりません（法87条1項6号・88条、規則100条1項2号、施行令10条の2第1項4号）。

②　員内監事

　員内監事とは、員外監事以外の監事のこと（前記イa～cの員外要件のいずれかが不該当）をいいます。前述のとおり、員外監事を選任することは適正な監査の実現に有効ですが、員内監事を選任するメリットがないかというとそうではありません。

理事や使用人等として業務執行に関与していた経験をもつ者は、金庫の業務に精通していますから、代表理事等の職務の執行を監査するに際して、何の経験も有していない者よりも、より正確な監査を行うことが期待できます。

したがって、員内監事・員外監事いずれにも選任の長所があります。

③　員外監事・員内監事の権限および義務

員外監事と員内監事には、権限および義務に差異はありません。

(2)　勤務形態による区別

勤務形態が常勤か否かで監事は区別されます。金庫によっては、常勤の監事（常勤監事）を選任しなければならない義務を負います。

①　常勤監事

イ　常勤監事とは

常勤監事とは、他に常勤の仕事がなく、原則として、金庫の営業時間中はその監事の職務に専念している監事をいいます。したがって、その定義からすれば、常勤監事は2つ以上を兼任することはできないことになります（江頭憲治郎『株式会社法 第8版』562頁参照）。

ロ　常勤監事の選定義務

会計監査人を設置する金庫および設置する義務がある金庫（法38条の2第1項～3項。以下「特定金庫」といいます）は、監事の互選により常勤監事を選定しなければなりません（法38条の2第13項、会社法390条3項）。

ハ　常勤監事の権限および義務

常勤・非常勤にかかわらず、監事の権限および義務は何も変わりません。もっとも、常勤監事は、常時、監査権限を行使し得る立場にあるという点で、非常勤監事よりも、事実上、任務懈怠責任が認められやすい可能性はあります。

② 員外監事・員内監事と常勤・非常勤の別

　常勤監事となる監事は、員外監事・員内監事のいずれであっても構いません。

【column】

名目的な員外監事の責任

　監事の第三者に対する責任は、主に、代表理事の違法・不適切な業務執行を何ら監視・監督していなかった任務懈怠責任という形で問われます。この責任は、たとえ名目的な監事であっても、「名前を貸しただけ」、「監事報酬も受け取っていない」、「非常勤である」といった理由だけで免れることはできません。

　もしも、員外監事の選任が義務付けられた金庫において、員外監事を確保するため、名前だけを借してほしいと打診したり、また、監事就任を打診された側も名誉職のような感覚で安易に員外監事就任を引き受けるようなことがあるとしたら問題です。

　確かに、裁判例の中には、名目上の取締役の責任を緩和する方向での判断を行っているものもないわけではありません。しかし、その大半は、かつて、株式会社設立に3名以上の取締役の選任が義務付けられていた時代の中小企業における事例です。金融機関である金庫の役員の責任判断の際の参考にするべきものではないでしょう。

　農協監事の責任が問われた大原町農協事件（最判平成21・11・27金融・商事判例1342号22頁参照）では、被告となった元監事は、理事会が業務執行の決定を代表理事に一任しており、監事も他の理事も理事長の決定に深く関与しないという慣行があったと主張して責任を免れようとしました。しかし、判決では、代表理事の善管注意義務違反の調査等を行わなかった監事の損害賠償責任が認められています。

　しかも、これまでの裁判例において監事（以下、株式会社における監査役を含みます）の任務懈怠責任が認められるような事例では、監事が監査自体を行っていなかったり、不正の兆候があるのを知り

つつこれを放置した場合が大半で、一定の調査等を行っているような事案では任務懈怠責任が否定されることが多かったのですが、最高裁令和3年7月19日判決（判例タイムズ1493号22頁）の事例では、監査役の任務懈怠責任の判断について次のように判示がされました（補足意見あり）。

「監査役は、会計帳簿の内容が正確であることを当然の前提として計算書類等の監査を行ってよいものではない。監査役は、会計帳簿が信頼性を欠くものであることが明らかでなくとも、計算書類等が会社の財産及び損益の状況を全ての重要な点において適正に表示しているかどうかを確認するため、会計帳簿の作成状況等につき取締役等に報告を求め、又はその基礎資料を確かめるなどすべき場合があるというべきである」、「そうすると、会計限定監査役は、計算書類等の監査を行うに当たり、会計帳簿が信頼性を欠くものであることが明らかでない場合であっても、計算書類等に表示された情報が会計帳簿の内容に合致していることを確認しさえすれば、常にその任務を尽くしたといえるものではない」

これは監事がどこまで監査を行えばよいのかを示すものではありませんが、少なくとも、最高裁は、会計帳簿や残高証明書等の資料および計算書類等からは直ちに不正の兆候がうかがえないとしても、監査役（監事）の責任が免れるものではないという方向性を示したという評価はできそうです。

監事に就任された以上は、その職責を果たさなければなりません。「名目上の監事に過ぎない」という言い訳は、むしろ、監査等の職責を放棄したこと（任務懈怠の存在）を自ら認めたものと考えるくらいに、監事の職責は重いと自覚する必要があるでしょう。

2　監事の権限

監事は次の(1)〜(5)の権限を行使することができます。また、監事は独任制の機関ですから、複数の監事がいる場合であっても各自が単独

で権限を行使することができます。監事間で重点調査の範囲を役割分担するようなことがあったとしても、独任制に反するような職務の分担は許されませんので、注意が必要です。

(1) 業務監査権限

① 業務・財産調査権（法35条の7、会社法381条1項・3項、規則21条）

監事は、理事の職務の執行について、不正な行為または法令・定款違反もしくは著しく不当な事実がないかを監査するための権限を有しています。

【常時行使できる権限】

・理事および支配人その他の使用人に対して事業の報告を求めること
・金庫の業務および財産の状況を調査すること

【職務を行うために必要のあるときに行使できる権限】

・子会社に対して事業の報告を求めること
・子会社の業務および財産の状況を調査すること

なお、「子会社」とは金庫等が総議決権の過半数を超える議決権を保有する会社等のことをいいます（法32条6項。以下同じ）。

② 理事会への出席・意見陳述権（法35条の7、会社法383条1項）

監事は、理事会に出席し、必要があると認めるときは意見を述べることができます。

③ 理事会への報告義務と理事会招集請求・招集権限（法35条の7、会社法382条、383条2項・3項）

監事は、理事が不正の行為をし、もしくは不正行為をするおそれがあると認めるとき、または法令・定款に違反する事実、もしくは著しく不当な事実があると認めるときは、その旨を理事会に報告しなければなりません。

また、そのために理事会の招集を請求し、それでも理事会が招集されないときには、自ら理事会を招集することができます。

④　議案等の調査・報告権限（法35条の7、会社法384条、規則22条、法49条5項）

監事は、理事が総（代）会に提出しようとする議案、書類、電磁的記録その他の資料を調査することができます。この場合において、法令もしくは定款に違反し、または著しく不当な事項があると認めるときは、その調査の結果を総（代）会に報告しなければなりません。

⑤　会計監査人への報告請求権限（法38条の2・38条の3、会社法397条2項）

特定金庫の監事は、その職務を行うために必要があるときは、会計監査人に対して、いつでも監査に関する報告を求めることができます。

⑥　理事の行為の差止請求権限（法35条の7、会社法385条）

監事は、理事が金庫の目的の範囲外の行為その他法令・定款に違反する行為をし、またはこれらの行為をするおそれがある場合、当該行為によって金庫に著しい損害が生じるおそれがあるときは、当該理事の行為をやめさせることを請求することができます。

【column】

監事の業務監査の範囲

監事の業務監査には、適法性監査（不正な行為または法令・定款に反する行為がないかを監査する）を超えて、妥当性監査（理事の職務執行が妥当かどうかを監査する）まで及ぶのかという問題があります。一般的には、業務の執行が理事の裁量的判断に委ねられるべきものですから業務執行の妥当性については、理事相互または理事会での監督によるほうが理に適っています。

したがって、監事の業務監査は、基本的に適法性監査に限られると解されています（江頭憲治郎『株式会社法 第8版』554頁参照）。

もっとも、理事の業務執行が合理的かどうかは妥当性監査の範疇ですが、著しく合理性を欠く場合には理事の善管注意義務違反という適法性監査の範疇となります。そういう意味では、違法性監査・妥当性監査の区別自体は相対的なものであり、適法性監査・妥当性監査を区別する実益はそれほど大きくないともいえます。

また、信金法は、たとえば、監事が内部統制システム整備の理事会決議の内容が相当でないと認めるときは、その旨およびその理由を監事の監査報告に明記するように定めています（法36条5項5号、規則26条5号・25条2項）。内部統制システムの整備はまさに業務執行の一環ですが、法は、このような限定された問題について、監事に業務執行の妥当性まで踏み込んだ権限を与えているのです。

(2) 会計監査権限

監事は、金庫の計算書類、業務報告、ならびにこれらの附属明細書の監査を行う権限を有しています（法38条3項、規則26条・28条・29条）。ただし、監査の手続については、会計監査人がいる場合には、会計監査人の監査の後に監事が監査を行います（法38の2第3項、規則31条4項・32条・34条。第8章・Ⅱ「決算スケジュール等」参照）。

(3) 監事の地位強化のための権限

監事は、その独立の機関としての地位を強化するために次の権限を有しています。

① 監事の報酬に関する意見の陳述（法35条の7、会社法387条、法49条5項）

監事の報酬等は、定款で定められていないときは総（代）会で決められますが、監事は総（代）会において、その報酬等について意見を述べることができます。これは、監事が会員に意見を伝えることで、監事の報酬水準が低くされて十分な役務の提供が困難となる事態を回避し、監事の地位を安定化させることにつながります。

② 監査費用請求権（法35条の7、会社法388条）

　監事は、金庫に対して、監査費用の前払い、支出した費用とその利息の償還あるいは金庫の債権者への弁済といった監査に必要な費用等を請求することができます。

　これに対し、金庫は、当該請求に係る費用等が監事の職務の執行に必要ないことを証明しなければ、その請求を拒むことができません。

③ 監事の選解任・辞任についての意見の陳述（法35条の7、会社法345条1項・2項）

　監事は、総（代）会において、監事の選任・解任または辞任について意見を述べることができます。また、辞任した監事本人も、辞任後最初に招集される総（代）会に限り、出席して辞任した旨およびその理由を述べることができます（したがって、総（代）会を招集する理事は、辞任した監事に対しても招集通知を送付しなければなりません）。

　これらの権限は、監事と執行部や一部の会員との意見が割れた場合に、会員に監事の意見を伝えて判断を仰ぐことができること、また、監事が執行部との軋轢から、その意に反して辞任した場合等にその旨を会員に伝えることができることといった理由から監事の地位の安定と強化につながります。

④ 特定金庫の監事選任に関する監事の同意権等（法38条の2第13項、会社法343条1項・2項）

　特定金庫の監事は、理事が監事の選任に関する議案を総（代）会に提出することについて同意・不同意を判断する権限を有しています。理事は、当該事案の提出について監事の過半数の同意を得なければなりません。また、特定金庫の監事は、理事に対し、監事の選任を総（代）会の目的とすることを請求することができます。

　これらの権限は、特定金庫の監事選任について、監事の意向を反映させることで監事の地位を強化するものです。

⑤ 特定金庫の会計監査人の選解任・不再任等についての権限（詳
　細は第5章・Ⅰ・3「会計監査人の資格等と選任・終任等」参照）

　特定金庫の監事は、会計監査人について、次の権限を有しています。
これは、監事と密接な関係を有する会計監査人について、監事の意向
を反映させて会計監査の実効性を高めることで、監事の地位を強化す
るものです。

　・会計監査人の選解任・不再任の議案に関して過半数をもって決定
　　できる権限（法38条の3、会社法344条1項・2項）
　・会計監査人が欠けた場合等の一時会計監査人を選任できる権限
　　（法38条の4）
　・会計監査人を一定の場合に解任できる権限（法38条の3、会社法
　　340条1項。ただし、監事が複数人選任されている場合には全員
　　の同意が必要です。会社法340条2項）
　・会計監査人の報酬決定に関して過半数をもって同意する権限（法
　　38条の3、会社法399条）

⑷　理事との訴訟における監事の金庫代表権限等

　監事は、金庫が理事との間で訴訟となった場合に金庫の代表権を有
します（法35条の7、会社法386条。金庫が理事に対して訴えを提起
する場合だけでなく、理事が金庫に対して訴えを提起する場合もあり
得ます）。金庫と理事間の訴訟において、代表理事と相手方の理事と
の馴れ合い訴訟になることを防止するためです。

　したがって、監事は、金庫と理事間の訴訟における訴え提起の決定、
訴えの提起、訴訟の追行、訴えの取下げ、和解、上訴等のすべての権
限を専属的に有することになります（金庫が理事や元理事の責任を追
及する訴訟において和解をする場合には、監事全員の同意が必要にな
ります。法39条の6、会社法849条の2第1号）。

　仮に、会員から金庫に対し、理事の責任を追及する訴えを提起する

よう書面で請求された場合には、監事が理事への責任追及の訴えを提起するかどうか判断することになります。監事が訴えを提起しないと判断した場合に、当該会員等から請求を受けたときは、当該請求者に対して、監事は不提訴理由通知書を交付することになります（法39条の6、会社法847条4項。第6章・Ⅵ・2「会員から提訴請求を受けた場合の金庫の対応」参照）。

(5) **理事の責任免除に関する議案提出の同意権（法39条6項）**

各監事は、理事が理事の責任の一部免除に関する議案を総（代）会に提出するにあたり、その同意・不同意を判断する権限を有します。

【column】

「業務の執行」と「職務の執行」

信金法では、「業務の執行」と「職務の執行」の使い分けがされています。

1　業務の執行

「業務の執行」とは、代表理事や業務執行理事の執行機関のみが行える行為をいいます（金庫のあらゆる事務的な行為まで含まれるのではありません）。一般の理事は、代表理事等の執行機関として選定されまたは業務の執行を授権されない限り、業務を執行する立場にありません。また、監事も執行機関ではないので、業務を執行する立場にはありません。

信金法の条文には、「業務執行」（たとえば、理事会の職務として定められた法36条3項1号・5項）と「業務を執行」（たとえば、役員等の責任免除の定めの中にある理事について法39条4項2号）という文言が見受けられます。

2　職務の執行

「職務の執行」とは、役員が職務として行う行為をいいます（①理事の職務や業務執行を監督・監査する行為、②理事会において業務執行の意思を決定するプロセス（理事会の招集、議論、議決権の行

使）に関する行為）。

　信金法の条文には、「理事の職務の執行」（法36条3項2号・5項5号・6項等）という文言が見受けられます。また、信金法35条の7が準用する監査役の費用請求の規定（会社法388条）においても「（監事の）職務の執行」という文言が出てきます。

Ⅱ　役員の義務

1　役員と金庫の法的関係

　金庫と役員の関係は委任の関係となるため（法33条）、役員には、民法上の委任（民法643条〜655条）の規定が適用されます。

　委任とは、法律行為をなすことを他人に委託することをいいます（民法643条）。受任者である役員は、委任者である金庫のために、金庫に代わって職務（金庫の運営の事務・判断）を行うことになります。

2　委任関係から生じる義務

1　役員の善管注意義務

　役員は、委任関係に基づいてその本旨に従い、善良なる管理者の注意をもって職務を行う義務を負います（「善管注意義務」民法644条）。

　その結果、役員には、その地位に基づいて一般的に要求される水準を基準とした注意義務の履行を求められます（役員個人が有している能力や注意力で判断されるのではありません）。

したがって、信用金庫理事の融資業務に関する注意義務は、当然、一般企業の取締役よりも高い水準が要求されることになるでしょう（銀行の取締役について同旨の判断をした事例として、北海道拓殖銀行事件－最決平成21・11・9刑集63巻9号1117頁）。

2 理事の忠実義務

さらに、理事は、法令および定款ならびに総（代）会の決議を遵守し、金庫のために忠実にその職務を行う義務を負います（「忠実義務」法35条の4）。この忠実義務は、善管注意義務を詳しく明確にした義務だと考えられていますので、両者を特に区別をする必要はありません。

取締役の忠実義務について、善管注意義務を敷衍し、かつ、一層明確にしたものであり、通常の委任関係に伴う善管義務とは別個に、さらに高度な義務を規定したものではないと判示した事案があります（最判昭和45・6・24民集24巻6号625頁参照）。

なお、監事は業務執行機関ではありませんので、忠実義務の定めは設けられていません。

3 信金法上の具体的義務①－代表理事等の兼職・兼業制限、監事の兼任禁止義務

1 代表理事等の兼職または兼業の制限（法35条1項）

(1) 代表理事等の兼職・兼業の禁止

代表理事ならびに金庫の常務に従事する役員および支配人（以下この項目においては総称して「代表理事等」といいます）は、財務（支）局長の認可を受けた場合を除いて、他の金庫や法人の常務に従事したり、事業を営むことが禁止されます（法35条1項・88条、施行令10

条の2第1項1号）。

【column】

「常務に従事」とは

1　定　義

　「常務に従事」とは、金庫や法人の経営に関する業務を日常かつ継続的に遂行することをいいます。

2　「常務に従事」の該当性の基準

　「常務に従事」に該当するか否かは、職務上の名称、常勤・非常勤の区別等の形式的なもので判断されるのではなく、その業務の内容・性質や従事の実態（地位・権限、指揮命令関係、業務への関与の度合い）などをふまえ、その実質に応じて個々に判断されます（従前、平成18年に新設された法人税法35条1項（特殊支配同族会社の役員給与の損金不算入に関する規定）の解釈のため、法人税法基本通達9－2－54が「常務に従事する役員」の意義を明確化していました。法令は異なるものの、同じ文言の解釈として参考になるものでしたが、法人税法が改正されたため、現在は当該通達は存しません。なお、「常務に従事する」の銀行法上の解釈として、岩田合同法律事務所編『金融機関役員の法務－コーポレートガバナンスコード時代の職責』22頁・34頁参照）。

3　兼職・兼業が制限される主体

(1)　**「金庫を代表する理事（以下「代表理事」という）ならびに金庫の常務に従事する役員」に該当する者**

　一般には、代表理事、副理事長、専務・常務などの役付理事、使用人兼務理事等が該当します（名称のみで判断されるものでないことは上述のとおり）。

(2)　**「金庫を代表する理事（以下「代表理事」という）ならびに金庫の常務に従事する役員」に該当しない者**

　他方、「役員」といっても、金庫の経営に関する業務を行わない監事は、その職務上の地位からしても「常務に従事」には該当しませ

ん。

　なお、常勤監事は「常務に従事する役員」であるとして、信金法35条1項の適用があるとする見解もあります。しかしながら、前記のとおり、「常務に従事」しているか否かは常勤・非常勤の区別のみで形式的に判断されるものではありません。監事の業務内容・性質からすれば、常勤であろうと非常勤であろうと、経営そのものを行う地位や権限はありません。また、兼職による弊害を防止するという本規定の趣旨（後記(2)38頁）からしても、信金法35条3項を除けば、業務執行権のない監事の兼職・兼業を制限する必要性はないでしょう（実際、銀行法では監査役の兼職は制限されていません。銀行法7条参照）。

　もっとも、「常勤監事」は、金庫の営業時間中はその監事の職務に専念している監事のことをいいますので（本章・Ⅰ・2・1・(2)・①「常勤監事」参照）、「常勤」の定義自体から、論理的に、他の金庫・法人の「常務に従事」することはできないことになりますので、常勤監事への信金法35条1項の適用の有無は結論には大差がないのかもしれません。

4　兼職・兼業を制限される対象行為

　兼職・兼業の制限される行為は「他の金庫もしくは法人の常務に従事」することなので、代表理事（取締役）や役付理事（取締役）、使用人兼務理事（取締役）のみならず、使用人として従事する場合も該当する場合があり得ます。また「事業を営んではならない」ともありますので、個人事業として行うもの等、営利の目的をもって同種の行為を反復継続的に行うことも制限されており、留意が必要です。

　経営に関する地位や権限ではない監事や監査役への就任が対象外であることは上記と同様です。また、業務執行を行わない社外取締役も、「常務に従事」に該当しないため、就任可能になります。

> **【column】**
>
> **「役員が法人であるときは、その職務を行うべき者」という信金法35条1項の規定について**
>
> 　法人は、信金法34条1号により、役員になることは禁止されています。したがって、信金法35条1項の「金庫の常務に従事する役員（役員が法人であるときは、その職務を行うべき者）」の括弧内の規定が適用される場面はありません。

⑵　兼職等禁止の趣旨

　信金法35条1項の趣旨は、代表理事等の兼職等を禁止して、金庫の職務遂行に専念させることにより、当該金庫の業務の健全かつ適切な運営を確保することにあります。したがって、他の金庫や法人において、「常務に従事し、又は事業を営」む以外の役職等（たとえば、監事、監査役、あるいは非常勤の平取締役等）への就任であれば、金庫の業務の健全かつ適切な運営が妨げられるおそれはありませんので、兼職・兼業禁止の対象外となります。

　他方、非常勤役員であっても経営への影響度合いが高い者は、実質的にみて「常務に従事」していると判断されて兼職等の禁止に抵触することもあり得ます。

⑶　兼職等禁止違反の罰則

　代表理事等の兼職等禁止（法35条1項）に違反した場合は、100万円以下の過料に処せられることがあります（法91条1項8号）。

2　監事の兼任禁止（法35条3項）

⑴　理事・支配人等との兼任禁止

　監事は、理事または支配人その他の職員（以下「理事・支配人等」といいます）と兼任することはできません。

法が監事と理事・支配人等との兼任を禁止している趣旨は、業務執行監査の主体と客体を分離し、監査の実効性を図るためです。

(2) 理事・支配人等の監事への選任決議

もっとも、総(代)会において、理事・支配人等の地位にある者を監事に選任する決議を行うこと自体はできます（法32条3項・49条5項）。監事選任の効力は、選任決議に加えて、選任された者が監事への就任を承諾することによって発生するので、その選任の効力が発生する時点までに理事・支配人等の地位を辞任すれば、当該兼任禁止規定に触れることにはならないからです（最判平成元・9・19金融・商事判例850号12頁参照）。

仮に、理事が監事に選任されてその就任を承諾したにもかかわらず、事実上、理事の職を辞職しない場合には、選任の効力の問題ではなく、当該監事の任務懈怠による責任の問題として考えることになります。

(3) 兼任禁止違反の罰則

監事の兼任禁止（法35条3項）に違反した場合は、100万円以下の過料に処せられることがあります（法91条1項8号）。

【column】

理事と総代の兼任の適否

1 理事と総代を兼任することができるかどうかという問題があります。理事と総代は被選任者と選任者、被監督者と監督者の関係にあるため、両者が同一となることを避けるべきだという考えがあるからです。

2 しかし、信金法は代表理事等の兼職または兼業は制限していますが、理事が総代を兼ねることについては何も禁止していません。また、総代が理事となることについても何ら規制はされていません。したがって、法的には、理事と総代を兼任することに問題はありません。

3　総代会とは、会員の数が多数にのぼる金庫にとって総会開催が困難となり得ることを考慮して、会員の代表として総代を選出させて会議体（総代会）を構成し、総会に代わって決議をさせる制度です（法49条）。

総代会では、理事の選任・理事の報酬の決定など、理事の利益に直接関わる事項が決定されますので、会員の代表である総代が理事を兼任している場合、自分の利害に関する事項について、適切に会員の総意を反映させた行動をとれるのか、という公平性への疑念が生じるという点も理解はできます。

しかし、被選任者と選任者、被監督者と監督者が同一となるのは、理事が総代を兼任した場合に限られません。信金法は、会員としての地位を有する員内理事が多数派となるように定めていますので（法32条4項）、もともと、会員が直接議決権を行使する総会の場合は、ほとんどの理事が、被選任者と選任者、被監督者と監督者としての立場を併存させることになります。総会はよくて、総代会の場合にだけ問題になるという理屈は通らないように思います。

理事と総代との兼任が問題なのであれば、明文で禁止すればよいはずですが、そのようにはしていません。総代は3年以内ごとに公平な方法で選任されることで（法49条2項・4項）、公平性も担保されておりますので、法は、理事と総代を兼任する者がいたとしても、自己の利害関係を優先して恣意的な行動をとる懸念はないとの考えに基づいているものと思われます。

4　総代選出にあたり、上記のような兼任の問題意識をふまえてもなお、理事である会員が総代に選任されたのであれば、あえてこれを否定する理由はないだろうと考えます（理事と総代の兼任を避ける必要がないとする見解について、金子修他監修『金融機関の法務対策6000講第Ⅰ巻　金融機関の定義・コンプライアンス編』232頁参照）。

4 信金法上の具体的義務②－理事と金庫との取引等の制限義務

1 利益相反取引の規制

　理事は、次の取引（利益相反取引）をしようとする場合、当該取引について重要な事実を開示し、その承認を受けるとともに（法35条の5第1項）、取引後遅滞なく、当該取引の重要な事実を理事会に報告しなければなりません（同条3項）。

　理事会の承認手続等の留意点については、第4章・Ⅰ・2・4「理事と金庫間の取引（利益相反取引）の承認」を参照してください。

⑴ 直接取引

　当事者として、自己のために、または代理人・代表者として第三者のために金庫とする取引

・具体例……甲金庫（代表理事Ａ）が個人Ａと取引を行う場合

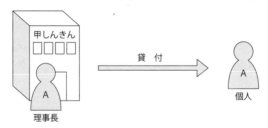

　※理事に対して、ほぼ確実に回収の見込める預金担保貸付けを行う場合であっても、金利や貸付期間等の貸付条件については、金庫に一定の裁量があるため、低利率かつ長期の貸付けをすれば、金庫はその間の運用利益を得る機会を喪失することになります。したがって、金庫の利益を害する可能性があるので、利益相反取引に該当することになります。

・具体例……甲金庫（代表理事Ａ）が乙社（代表取締役Ａ）と取引を
　　　　　　行う場合

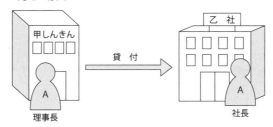

・具体例……甲金庫（代表理事Ｂ、理事Ａ）が乙社（代表取締役Ａ）
　　　　　　と取引を行う場合

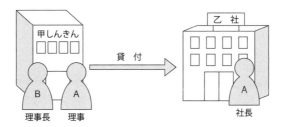

⑵　間接取引

　金庫が理事の債務を保証すること、その他理事以外の者との間で金庫と理事間の利害が相反する取引

・具体例……甲金庫が理事Ａの個人の債務を保証する場合
・具体例……甲金庫が理事Ａの個人の債務を引き受ける場合
・具体例……甲金庫が理事Ａの個人の債務について担保提供する場合

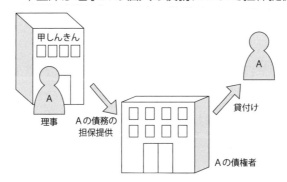

・具体例……甲金庫が理事Aの家族Bの借入金について債務保証を行う場合

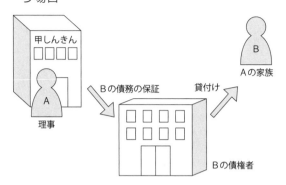

・具体例……甲金庫が、理事Aおよびその家族で全株を保有する乙社の借入金について債務保証を行う場合

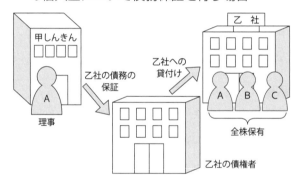

2　利益相反取引制限の趣旨と承認不要の取引

　法が利益相反取引を制限している趣旨は、理事がその地位を利用して、金庫の利益の犠牲のもとに自己または第三者の利益を図ることを防止することにあります。

　したがって、取引に関して理事の裁量がない取引など、取引の類型上、金庫の利益を害する危険がない（抽象的に見て金庫に損害が生じ得ない）取引については、理事会の承認が不要です。具体的な取引に

は次のものがあります。

① 総合口座取引、預金契約、保険等の普通取引約款に基づく定型的取引（東京地判昭和57・2・24判例タイムズ474号138頁参照）

裁量のない定型的取引には、金庫の利益を害する危険がないので、理事会の承認は不要です。総合口座取引における預金、払戻し、当座貸越しの場合であっても同様です。

② 理事の金庫に対する無利息無担保の金銭貸付け（最判昭和38・12・6民集17巻12号1664頁、最判昭和50・12・25金融法務事情780号33頁参照）

金庫が理事から無利息無担保で金銭を借りることは金庫の利益を害する危険がないので、理事会の承認は不要です。

③ 理事の金庫に対する贈与、債務引受など

金庫には債務の負担がなく、金庫に損害が生じ得ないので、理事会の承認は不要です。

④ 金庫の理事に対する債務の履行（大判大正9・2・20民録26輯184頁参照）

すでに法律上確定している債務を金庫が履行することは、金庫の利益を害する危険がないので、理事会の承認は不要です。

⑤ 理事の金庫に対する債務の履行（金庫から住宅ローンを借り入れている者が理事に就任した場合など）

すでに法律上確定している債務を理事が履行することは、金庫の利益を害する危険がないので、理事会の承認は不要です。

3 監事と金庫との取引

監事には、金庫との利益相反取引を制限する規定はありませんので、監事が金庫と取引をする場合には、理事会への報告・承認は必要ありません。監事は、理事と異なり、業務執行やその決定を行わないこと

から、一般的に見て、その地位を利用して金庫の利益の犠牲の下に自己または第三者の利益を図ることはできないからです。

5　信金法上の具体的義務③−総(代)会の出席・説明義務

1　総(代)会における説明義務

　理事や監事は、総(代)会において、会員から特定の事項について説明を求められた場合には、当該事項について必要な説明をしなければなりません（法48条の4）。したがって、理事や監事には、総(代)会への出席義務もあるものと解されます。

2　説明義務違反の場合

　もし、理事や監事が正当な理由がないのに説明をしなかったときは、100万円以下の過料に処せられることがあります（法91条1項4号の3）。

3　説明義務の免除

　説明義務が免除される場合には、次のようなものがあります（法48条の4ただし書、規則47条）。

①　説明をするために調査が必要な場合で、かつ、会員が総会日より相当期間前に通知をしていたり、調査が著しく容易であるといった事情がないとき（規則47条1号イ・ロ）

②　説明を行うことにより金庫その他の者（説明を求めた会員を除きます）の権利を侵害することとなる場合（同条2号）

③　実質的に同一の事項についての繰り返しの質問の場合（同条3号）

④　その他の正当な理由がある場合（同条4号）

4　説明内容が守秘義務違反・名誉棄損等に当たる場合

説明の内容が、契約等により守秘義務を負っている事項に該当する場合や会員その他の第三者の名誉毀損やプライバシー侵害に該当する場合には、説明自体が契約違反、法令違反となることもあります。

総(代)会での説明においては、回答してはいけない内容をうっかり回答することのないよう注意してください。

6　理事のその他の職務上の義務

理事は、その善管注意義務の内容として、職務上の権限を適切に行使することが期待されます。すなわち、職務上認められる権限の裏返しとして、その権限を適切に行使すべき義務も負っているということになります。以下、理事の職務を、①理事会構成メンバーとしての職務、②業務執行者としての職務に分けて解説します。

1　理事会構成メンバーとしての職務

理事は、理事会構成メンバーとして、次の義務を負います。

(1)　理事会の出席義務

理事は、理事会に出席する義務を負います。理事が理事会を欠席するには、病気等の正当な理由が必要になります。正当な理由なく理事会に欠席することは、それ自体が任務懈怠となります。

また、理事には、自らの専門的な知見をもって理事会での議論・討論に参加することが求められるため、代わりに理事会に出席してもらうといった代理出席は認められません。理事会は、理事が相互の協議・意見交換を通じて意思決定を行う場ですから、本人が直接出席す

る必要があるのです。

(2) 重要な業務執行の決定義務

理事は、理事会の職務としての重要な業務執行の決定を遂行する義務を負います（第4章・Ⅰ・2・1「金庫の業務執行の決定」参照）。

たとえば、金庫の重要な業務執行の決定の中には、内部統制システムの整備が含まれています。理事が、内部統制システムの要綱・大綱の議案を理事会に提出しない場合には、法令違反の任務懈怠責任を問われることになります（第4章・Ⅰ・2・1・(2)・⑤「内部統制システムの整備」参照）。

(3) 理事会の内外での監督義務（法36条3項2号）

① 他の理事の職務の監督

理事は、理事会の職務としての他の理事の職務を監督する義務を負います。他の理事の業務執行が違法であったり、適正なものでなかった場合には、その違法な業務執行の基礎となった理事会の決議に賛成していた理事には、当該行為についての責任が生じることがあります。

もっとも、決議に賛成した理事の任務懈怠責任が推定されるのは、利益相反取引の承認決議に限られます（法39条2項3号）。そのほかの決議には、任務懈怠責任の推定規定はありません。

監督責任が実際の裁判で問われるプロセスは、次のようになります。

(ⅰ)まずは、業務執行行為や理事会の意思決定の内容そのものが、金庫の把握していた情報を前提として著しく不合理なものであったかどうかを検討します。

(ⅱ)業務執行行為や理事会の意思決定の内容が著しく不合理であれば、その業務執行行為をした理事には任務懈怠が認められます。また、意思決定に関与した理事にも任務懈怠責任が認められ得ることになります。

(ⅲ)これに対して、理事会の意思決定に関与した各理事は、理事会で

上程された事項およびその資料等について相当の注意を払っても、その違法性や不適正さを見出せなかったという善意無過失を立証していくことになります。善意無過失が立証できれば、任務懈怠責任は否定されることになります。

(iv) また、理事の監督義務違反の責任は、理事会に上程されなかった事柄についても生じ得ます。他の理事の違法・不適正な行為を知った・知り得たにもかかわらず何らの措置も講じない場合や理事会をまったく開催せず、職務の執行状況の確認がまったくなされていないときには任務懈怠責任が認められることになります。

②　代表理事の業務執行の監視

各理事は、代表理事の業務執行一般を監視し、必要があれば、理事会の招集を求め、または自ら招集して、理事会を通じて業務執行が適正に行われるようにしなければなりません（最判昭和48・5・22民集27巻5号655頁参照）。

業務執行の適正化を図るための具体的な方法としては、代表理事の解職、業務執行理事の管掌変更（解除）、業務執行に関する決定の是正等が考えられます。

③　理事会への報告

理事が金庫に著しい損害を及ぼすおそれのある事実があることを発見したときは、直ちに当該事実を監事に報告しなければなりません（法35条の6、会社法357条1項）。

2　業務執行者としての職務

業務執行を行う理事は、次の義務を負います。

(1)　担当業務についての責任

金庫全体を統括する代表理事、あるいは、営業、企画、融資、総務等の各部門を管掌する業務執行理事は、自らの担当職務として行った

稟議決裁、契約締結、または、部長・支店長等の職員への指示等の業務執行を適切に行う義務があります。

したがって、これらの行為が違法であったり、適正でなかったりすれば、業務執行者として、理事の責任を問われることになります。

(2) 担当業務の監督義務

業務執行理事は、自らの担当職務に関して、部下職員を直接管理・監督する義務があります。したがって、日常的に職員の仕事ぶりをチェックし、監視を行わなければなりません。階層組織の上位にいる理事ほど、その指揮・命令権を通じて下位の理事あるいは部下職員の業務執行状況を知り得ることになるため、その職務執行に関する監督義務が重くなることになります。

(3) 自己の職務執行状況の理事会への報告義務（法36条6項）

理事は、3か月に1回、自己の職務執行の状況を理事会に報告しなければなりません。したがって、理事会は必ず3か月に1回は開催しなければなりません。

もっとも、経営を行えば、必然的に理事会で決定しなければならない事項や報告事項が生じますから、ほとんどの金庫は、実務上1か月に1回以上の頻度で理事会を開催しています。

なお、株式会社の事案ですが、代表権のない取締役が、自己の所管の事業について必要な情報の収集・分析検討をしたうえで、代表取締役に説明・報告しなかったことにより、代表取締役の判断を誤らせて会社に損害を与えたとして、当該取締役に善管注意義務違反が認められ、会社に対する損害賠償義務を負った事例もありますので、注意が必要です（東京地判平成22・6・30判例時報2097号144頁）。

3　計算書類等の作成、備置きおよび閲覧等

(1)　計算書類等の提出・提供義務

　詳細は第8章・Ⅱ「決算スケジュール等」で述べますが、理事は、各事業年度ごとに、金庫が作成し、監事等の監査を受けて理事会の承認を得た計算書類（貸借対照表、損益計算書、剰余金処分案または損失処理案その他金庫の財産および損益の状況を示すために必要かつ適当なものとして内閣府令で定めるものをいいます）および業務報告を通常総(代)会に提出・提供しなければなりません（法38条・38条の2・49条）。

(2)　計算書類等の総(代)会での承認・報告義務

　理事は、通常総(代)会において、計算書類の承認を受け、業務報告の内容を報告する義務を負います（特定金庫の場合で、剰余金処分案または損失処理案を除く計算書類が、法令および定款に従い特定金庫の財産および損益の状況を正しく表示しているものとして内閣府令（規則37条）で定める要件に該当するときには、通常総(代)会の承認は要しません。この場合の計算書類は、理事が当該内容を通常総(代)会で報告すれば足ります（法38条の2第9項))。

(3)　その他、計算書類等に関する金庫の義務

　上記(1)および(2)は、計算書類および業務報告について、理事が直接負っている義務ですが、ほかに、金庫として負うことになる義務（計算書類等の作成、通常総(代)会の招集通知発送時の提供、備置きおよび会員等への閲覧謄写請求の応答）がありますので、第8章・Ⅱ「決算スケジュール等」の内容も確認するようにしてください。

7　監事のその他の職務上の義務

　監事は、その善管注意義務の内容として、職務上の権限を適切に行

使することが期待されます。すなわち、職務上認められる権限の裏返しとして、その権限を適切に行使すべき義務も負っているということになります。

　以下、監事の職務上の義務を、①業務監査権、②会計監査権、③監事の地位強化のための権限、④金庫代表権限、⑤理事の責任免除に関する総(代)会議案提出の同意権限、の５つに整理して解説します。

1　業務監査権

(1)　理事の職務執行監査義務（法35条の7、会社法381条、規則21条）

①　業務監査・会計監査

　監事には、理事の職務の執行が適正に行われているかについて、業務監査や会計監査を通じて監査をする義務があります。

②　監査報告の作成（法38条・38条の2）

　監事は、その職務を適切に遂行するため、理事や職員、金庫の子法人の役員等と意思疎通を図り、情報の収集および監査の環境の整備に努めて、監査報告を作成し、その内容を理事に通知しなければなりません（規則26条・127条）。

③　報告の請求、金庫の業務・財産状況の調査（法35条の7、会社法381条2項・3項）

　監事は、職務執行の適正性に疑問が生じる事由がある場合には、理事および支配人その他の使用人に対して事業の報告を求めたり、金庫の業務および財産の状況を調査する義務を負います。また、その職務を行うために必要のあるときは、金庫の子会社に対しても事業の報告を求めることや調査をしなければなりません。

④　監事の責任が認められた事案

　農業協同組合での事案ですが、代表理事の善管注意義務違反をうか

がわせる言動があったにもかかわらず調査確認を行わなかった監事の責任が認められ、監事が農協に対する損害賠償義務を負った事例もありますので、注意が必要です（O農協事件－最判平成21・11・27金融・商事判例1342号22頁参照）

(2) 理事会への出席・意見陳述義務（法35条の7、会社法383条1項）

監事は、理事会に出席し、必要があると認めるときは意見を述べなければなりません。

(3) 理事会への報告・理事会招集等の義務（法35条の7、会社法382条・383条2項・3項）

① 不正の事実・おそれがある場合の理事会への報告

監事は、理事が不正の行為をし、もしくは不正行為をするおそれがあると認めるとき、または法令もしくは定款に違反する事実もしくは著しく不当な事実があると認めるときは、遅滞なく、その旨を理事会に報告しなければなりません（法35条の7、会社法382条）。

② 理事会招集の請求

監事は、理事の不正行為等を理事会へ報告するために必要があると認めるときは、理事会招集権者の理事（法37条4項、会社法366条1項）に対して理事会の招集を請求することができます。そして、その請求日から5日以内に、その請求日から2週間以内の日を理事会の日とする理事会招集の通知が発せられないときは、その請求をした監事が理事会を招集することができるようになります（法35条の7、会社法383条2項・3項）。

(4) 理事が総(代)会に提出する議案等の調査義務、総(代)会への報告義務（法35条の7、会社法384条、規則22条、法49条5項）

監事は、理事が総(代)会に提出しようとする議案、書類、電磁的記録その他の資料を調査しなければなりません。この場合において、法

令・定款に違反し、または著しく不当な事項があると認めるときは、その調査の結果を総(代)会に報告する義務を負います。

(5) 会計監査人への報告請求義務 (法38条の3、会社法397条2項)

監事は、その職務を行うために必要があるときは、会計監査人に対して、監査に関する報告を求めなければなりません。

(6) 理事の行為の差止請求義務 (法35条の7、会社法385条)

監事は、理事が金庫の目的の範囲外の行為その他法令・定款に違反する行為をし、またはこれらの行為をするおそれがある場合において、当該行為によって金庫に著しい損害が生じるおそれがあるときは、当該理事の行為をやめさせることを請求しなければなりません。

2　会計監査権

●計算書類、業務報告、ならびにこれらの附属明細書の監査義務

① 計算書類・業務報告等の監査

監事は、金庫の計算書類、業務報告、ならびにこれらの附属明細書の監査を行わなければなりません（法38条3項、規則26条・28条・29条・31条4項）。

② 監査報告の通知

監事は、計算書類の全部・業務報告を受領した日から4週間を経過した日、それらの附属明細書を受領した日から1週間を経過した日または理事と合意した日のいずれか遅い日までに理事に各監査報告の内容を通知しなければなりません（規則27条・30条）。

ただし、特定金庫の監事が行う計算関係書類の監査報告の内容は、会計監査人の監査を受けた日（監査を受けたとみなされた日）から1週間を経過した日または理事と同意した日のいずれか遅い日までに理事と会計監査人に通知する義務があります（規則34条）。

監査報告の内容を通知すべき監事やそれを受ける理事、その他の詳

細は第8章・Ⅱ「決算スケジュール等」を参照してください。

③　監査報告の不実記載等

もし、監事が監査報告に記載すべき事項（規則26条等）を記載せず、または不実の記載をした場合には、100万円以下の過料に処せられることがあります（法91条1項4号の2）。

3　監事の地位強化のための権限

●特定金庫の会計監査人に関する選解任・不再任の議案決定義務（法38条の3、会社法344条1項・2項）

監事は、その過半数をもって、総（代）会に提出する会計監査人の選任等の議案の内容を決定しなければなりませんから、その議案決定権行使に主体的に取り組み、判断しなければならない義務があります。

会計監査人は、不再任の決議をしないときには、当然に再任されたとみなされますが（法38条の3、会社法338条2項）、監事としては、現任の会計監査人の監査活動の適切性・妥当性を評価し、主体的に再任・不再任を判断することが必要になります。会計監査人の再任が妥当だと判断した場合には、監事は、理事に対し、会計監査人を不再任とすることを総（代）会の目的事項としない旨の連絡をいれて、再任についてのプロセスを記録化しておくのがよいでしょう。

4　金庫代表権限

●理事との訴訟の権限行使義務（法35条の7、会社法386条、法39条の6、会社法847条）

監事は、金庫が理事との間で訴訟となった場合の訴えの提起から訴訟終了までのすべての訴訟手続について、金庫の代表権を有します。

監事は、訴え提起の決定、訴えの提起、訴訟追行、訴えの取下げ、和解、上訴等のすべての権限を金庫の利益のために行使しなければなら

ない義務を負います。監事の不適切な権限の行使や不行使には、任務
懈怠責任が生じます。

5　理事の責任免除に関する議案提出の同意権（法39条6項）

●同意・不同意の判断についての善管注意義務

　各監事は、理事が理事の責任の一部免除に関する議案を総（代）会に
提出するにあたり、その同意・不同意を判断します。このとき、各監
事は、理事の責任免除が大局的にみて金庫の利益に合致するか否かで
同意・不同意を判断すべき義務を負います。

第 **2** 章

理事の選任・終任、
報酬等の決定等

I 理事の選任手続等

1 理事の定数

1 理事の定数の定め方

⑴ 理事の定数

　理事の定数は、5名以上と法律で決められています（法32条2項）。この定数は、定款に絶対に記載しなければならない事項ですから（法23条3項10号）、「役員の定数」として定款に記載します（「基本規定例・申合せ等」における信用金庫定款例17条では『理事　　人以内、監事　　人以内とする。』と上限のみを定める規定となっています）。

⑵ 定数の定め方

　定数の具体的な員数は、5名以上であれば自由に決められます。

　理事の定数を定めるときは、「自金庫の職務の執行上必要な理事は何名なのか」という観点が重要になります。理事の定数は、「13人」等の確定数で定めることもできますが、職務執行上の必要性は、業務の状況等によって変わります。理事の定数を確定数で固定してしまうと、選任する理事の員数を変えるたびに定款を変更しなければならないという硬直化した運用しかできなくなってしまいます。

　そこで実務上は、「理事の定数」を「13人以内」等と上限のみで定めたり、「5人以上13人以内」等と幅をもたせて規定する柔軟な取扱いをしています。なお、多くの金庫は「13人以内」等と上限のみを定めているようです。この場合は、法令で定める「5人以上」が下限となりますから、「5人以上13人以内」と定めた場合と同様になります。

⑶　総(代)会での理事の選任

　総(代)会では、定款で定めた範囲内で任意の員数の理事を選任することができます。

2　「理事の定数」＝「選任された理事の員数」

　定款上「理事の定数」を確定数で定めた場合はその員数が定数となります。上限・下限の幅で定めた場合は、実際に総(代)会で選任された理事の員数（実数）をもって定数と解するべきです。

　もっとも、この「理事の定数」の考え方に対しては、以下のような異なる見解があります。

・定款上に下限と上限で定めている場合には「下限」、上限のみで定めている場合には「上限」とする見解（朝倉敬二『三訂 信用金庫役員の権限と責任』15頁、金子修他監修『金融機関の法務対策6000講第Ⅰ巻　金融機関の定義・コンプライアンス編』229頁・230頁）

・上限を定めた場合には「上限」とする見解（経済法令研究会編『四訂 信用金庫法の実務相談』324頁。ただし、上限を定めていない場合の取扱いは明らかにされていません）

・定款の考え方について十分な配慮が必要とする見解（鈴木仁史著『実務必携　信用金庫法』192頁、193頁参照）

　この問題の所在は、「理事の定数」が、「選任しなければならない員内理事は最低何名なのか」（法32条4項）、あるいは、「何名の理事に欠員が出た場合に3か月以内に理事を補充しなければいけないのか」（同条8項）という判断をする際の基準になっているところ、上限、下限、実数のいずれをその基準にすればよいかで結論が分かれてしまう点にあります。

　従来は、上限を定めている場合には、その上限の数字をもって「理事の定数」と解することが通説とされていました。しかし、理事の選

任は法令と定款の規定に反しない範囲で柔軟に行えるようでなければならないはずです。そして、それは、実数を定数と解さなければ、信金法上の他の規定との関係を整合的に説明することができないのです。

　実数をもって「役員の定数」とする本見解には、「本来は定款で定めるべき『定数』（法23条3項10号）を、その時々の総（代）会の決議により自由に定められることになってしまう」（金子監修・前掲229頁）、「役員の定数を定款で定めるべきとした法の趣旨に照らすとその正当性には疑問があります」（経済法令研究会編・前掲324頁）との批判もあります。

　しかしながら、実数をもって「役員の定数」とするといっても、総（代）会の決議で無制限に定められることになるのではなく、あくまでも定款で定めている幅の範囲内という制限はあります。定款で定めた幅の中で、総（代）会の決議によって定める員数を員内理事の選任や役員の補充義務の基準とすることに正当性を揺らがせるような事情は存在しません。総（代）会の決議で定めた員数を基準にして柔軟な運用ができる解釈を否定する理由はないはずです。以下詳述します。

(1) 上限を定数とする解釈とその不都合

　たとえば、理事の定数の定めを「13人以内」と上限のみ定めた場合には、その上限の13名が理事の定数となるという見解があります（従来の通説的見解。朝倉・前掲15頁、金子監修・前掲同頁、経済法令研究会編・前掲同頁）。

　この「13人以内」という定め方には、下限が存在しないのではなく、法32条2項に基づいて、必然的に「5人以上」が下限だということになります。この5名から13名という幅を定款で定める理由は、職務執行上の必要性に応じて、5名から13名の幅の中で、任意の員数の理事を選任できるようにしたいという考えに基づくものだといえるでしょう。

① 員内理事の確保の関係からの不都合

しかし、員内理事は「理事の定数の少なくとも３分の２」を確保しなければなりませんから（法32条４項）、この上限が定数だとすれば、13名のうちの３分の２、すなわち９名の員内理事が必要になります。

定款上は「13人以内」との定めしか置いていないにもかかわらず、選任された理事が８名以下では定数（13名）の３分の２以上の員内理事が確保されていないことになってしまいます。

② 理事の補充義務の関係からの不都合

また、９名を下回る理事の選任は、最初から定数（13名）の３分の１を超える理事が欠けている状態ということになってしまいますので、補充義務（法32条８項）との関係でも問題が生じます。

このように定款上の定めの上限を「定数」とする見解では、定款は「13人以内」としか定めていない場合であっても、「（員内理事）９人以上」という理論上の下限が自動的に生じることになります。

このような解釈では、上限を設定すれば、理屈上の下限が設定されることとなり、「役員の定数」として許容される幅は硬直的なものとなります。そもそも、理事の選任が８名以下というような決議は適法性を欠くことになりますから、上記のような「５名から13名の任意の員数の理事を選任する」という運用は不可能だということです。

⑵ 下限を定数とする解釈とその不都合

上限のみ定めた場合には、その上限が理事の定数となるが、上限と下限の幅で定数の定めを定めた場合には、下限を定数とするという見解にも解釈上の不都合があります（朝倉・前掲15頁、金子監修・前掲230頁）。

この見解は、定款上の定めが「○人以内」とする場合と「○人以上○人以内」とする場合で、定数の扱いを変えることになるわけですが、「○人以内」と定めた場合であっても、下限が存在しないわけではあり

ません。この場合には、法32条2項の規定により、5名以上という規定が理事の員数の下限として導かれることになります。選任する員内理事の人数や役員の補充義務の基準となる「役員の定数」の考え方を、定款上に下限を明記しているかどうかで変えるということ自体が不合理といわざるを得ません。

① 員内理事の選任の関係からの不都合

たとえば、理事の定数を「5人以上13人以内」と定款で定めた場合、員内理事の選任(法32条4項)との関係では、理事の定数(下限の5名)の少なくとも3分の2は4名となり、4名の員内理事がいればよいことになります。理事を上限の13名で選任した場合、員内理事は4名いればよいわけですから、残り9名全員を員外理事とすることも可能です。すなわち、理事会を構成する3分の2以上が員外理事で占められることもあり得るわけです。

しかし、信金法32条4項の趣旨は、協同組織性の担保にあります。「理事の定数の少なくとも3分の2」という員内理事の員数の定めは、員内理事が理事会内で絶対多数となることを要件としていると解するべきであり、員外理事が員内理事よりも多く選任されるようなこの解釈をとるべきではありません。

② 理事の補充義務の関係からの不都合

補充義務(法32条8項)との関係では、実際に選任された理事の員数が13名の場合であっても、5名の場合であっても、補充義務が生じるのは一律に理事2名(下限5名の3分の1)が欠けた場合ということになります。「13名のうちの2名が欠けた場合」と「5名のうちの2名が欠けた場合」とでは、その影響がまったく異なるにもかかわらず、補充義務を一律、硬直的に考えることに合理性がないことは明らかです。

このような理事選任や補充義務の関係での不都合を回避するために

は、下限を定款に定める場合、上限と下限との差を極力小さくするように配慮するしかないのです。

3　「理事の定数」が問題となり得る場面とその帰結

(1)　定款上の「理事の定数」が上限の定めのみの場合

> 「13人以内」との定めを置いている金庫において、員内理事7名のみを選任したい。

【上限を定数とする見解】

　理事13名が定数となります。理事7名の選任は、定款上の文言には反しないことになりますが、上述のとおり、員内理事の員数や補充義務の関係から理事9名を下回ることはできませんので、不適法な選任です。

【下限を定めた場合は下限が定数とする見解】

　下限の定めがないので、結論は「上限が定数とする見解」と同様になります。

【実数を定数とする見解】

　理事7名が定数となります。理事は、5名から13名の範囲であれば、任意の員数を選任することができますので、員内理事7名の選任は適法です。

> 「13人以内」との定めを置いている金庫において、員内理事を7名、員外理事を2名選任したい。

【上限を定数とする見解】

　理事13名が定数となります。定数からの欠員が4名（13名の3分の1以内）であれば、補充義務の問題は生じませんが、定数の3分の2以上という員内理事の確保（最低9名）の規定に反することになり

ますため、不適法な選任となります。

【下限を定めた場合は下限が定数とする見解】

　下限の定めがないので、結論は「上限が定数とする見解」と同様になります。

【選任された理事の員数を定数とする見解】

　理事９名が定数となります。欠員はゼロ、全理事（９名）の３分の２以上が員内理事となっていますので、何の問題もありません。

(2)　定款上の「理事の定数」に上限と下限を定めている場合

「５人以上13人以内」との定めを置いている金庫において、員内理事７名のみを選任したい。

【上限を定数とする見解】

　理事13名が定数となります。定款の定めには反しないものの、上述のとおり、員内理事の員数や補充義務の関係から理事９名を下回ることはできませんので、不適法な選任です。

【下限を定めた場合は下限が定数とする見解】

　理事５名が定数となります。定数以上の理事７名を選任していますので、員内理事の員数、補充義務の関係からも問題のない選任ということになります。

【選任された理事の員数を定数とする見解】

　理事７名が定数となります。理事は、５名から13名の範囲であれば、任意の員数を選任することができますので、員内理事７名の選任は適法です。

「５人以上13人以内」との定めを置いている金庫において、員内理事を７名、員外理事を２名選任したい。

【上限を定数とする見解】

理事13名が定数となります。定数からの欠員が４名（13名の３分の１以内）であれば、補充義務の問題は生じませんが、定数の３分の２以上という員内理事の確保（最低９名）の規定に反することになりますため、不適法な選任となります。

【下限を定めた場合は下限が定数とする見解】

理事５名が定数となります。定数の３分の２以上（４名以上）の員内理事が選任されており、定数よりも多い理事が選任されていますので、補充義務の関係からも問題のない選任になると思います。

【選任された理事の員数を定数とする見解】

理事９名が定数となります。欠員はゼロ、全理事（９名）の３分の２以上が員内理事となっていますので、何の問題もありません。

> 「５人以上13人以内」との定めを置いている金庫において、員内理事を４名、員外理事を９名選任したい。

【上限を定数とする見解】

理事13名が定数となります。欠員ゼロなので、補充義務の関係は生じませんが、員内理事の員数が全理事13名のうちの３分の２（最低９名）に達していないので不適法な選任という結論になります。

【下限を定めた場合は下限が定数とする見解】

理事５名が定数となります。選任されている理事の数は定数を超え、かつ、定款上の上限である13名以内に納まっています。また、員内理事の員数は、選任された全理事の中では３分の１以下となっていますが、定数を基準に見れば、定数の３分の２以上（最低４名）は確保されていることになりますので、問題ないとだろうと思います。

【選任された理事の員数を定数とする見解】

理事13名が定数となります。欠員はゼロで補充義務の問題は生じませんが、員内理事の員数が全理事13名のうちの３分の２（最低９

名）に達していないので不適法な選任となります。

> 「5人以上13人以内」との定めを置いている金庫において、13名
> の理事を選任し、その後2名が欠けた。

【上限を定数とする見解】

　理事13名が定数となります。補充義務が生じるのはその3分の1
を超える5名が欠けたときですから、補充義務は生じません。

【下限を定めた場合は下限が定数とする見解】

　理事5名が定数となります。その3分の1を超える2名が欠けてい
るので、3か月以内に新たな理事を選任し補充しなければなりません。

【選任された理事の員数を定数とする見解】

　理事13名が定数となります。補充義務が生じるのはその3分の1
を超える5名が欠けたときですから、補充義務は生じません。

　以上のとおり、定款で定めた任意の員数の理事を選任できるように
しながら、かつ、員内理事が常に理事会での絶対多数となるような柔
軟で整合的な結論を導き出せるのは、総(代)会で選任された理事の実
数を「理事の定数」と解した場合だけなのです。本見解に寄せられる
「本来は定款で定めるべき『定数』（同法23条3項10号）を、その時々
の総(代)会の決議により自由に定められることになってしまう」とい
う批判は、むしろ柔軟な運用を実現するメリットであろうと考えられ
ますし、また、「役員の定数を定款で定めるべきとした法の趣旨に照ら
すとその正当性には疑問があります」との批判については、上記のと
おり、そこに不都合は何もないと考えています。

4　選任しなければならない員内理事の員数

(1)　員内理事の数

　員内理事は、理事の定数の少なくとも3分の2を選任していなけれ

ばなりません（法32条4項）。員外理事は、理事の定数の3分の1までしか選任することはできず、理事会構成員の中で員内理事が常に絶対多数となるように定められています。「理事の定数（選任された理事の員数）」が10名であれば、少なくとも7名が員内理事でなければなりませんから、員外理事は最大でも3名までということになります（「役員の定数」の解釈については前記2、3を参照）。

(2) 員外理事の人数制限の趣旨

　信金法が員外理事の人数を制限しているのは、金庫の会員による協同組織性を担保するためです。金庫は、地域の者が利用者・会員となって、お互いに地域の繁栄を図る相互扶助を目的とした協同組織の金融機関ですから、金庫の経営には、できる限り会員の意思を反映する必要があります。

　そこで、員内理事の割合が3分の2以上の絶対多数となるようにすることで、この協同組織性を担保しているのです。員外理事の選任は、会員以外から幅広く人材を募ることで、多様な知識を活かして健全な金庫経営を図ることも可能になりますが、それはあくまでも金庫の根幹たる協同組織性に反しない範囲でなければなりません。

　なお、信金法32条4項のそもそもの趣旨には、職員経験のない員内理事による理事の職務の執行の適切な監督機能への期待もあったようです（金融審議会「協同組織金融機関のあり方に関するワーキング・グループ」（第5回）議事録および同配付資料5-3「信用金庫と信用組合に関する論点」35頁参照）。職員経験のない会員（外部）が理事となって理事会の多数派を構成することで、職員から昇進してきた理事同士の馴れ合いを防止して、しかし、理事の職務の執行を適切に監督するというのがその趣旨でした。職員の方が会員資格も有することで、実際には、員内理事に「外部からのチェック機能」を期待するという法の趣旨が骨抜きとなっていたことから、職員外理事の登用によ

るチェック機能強化に重点が移ってきたことは既述のとおりです（第1章・Ⅰ・1・1・(2)「資格等による区分」参照）。

5　理事の定数を欠いた場合

　理事は、その定数の3分の1を超えるものが欠けたときは、3か月以内に補充しなければなりません（法32条8項）。

　したがって、「理事の定数（選任された理事の員数）」が10名の場合、4名が欠けたときはその最後の1名が退任等となったときから3か月以内に、総（代）会を開催して新たな理事を選任・補充しなければなりません（「役員の定数」の解釈については上記2、3を参照）。また、理事の員数自体は、定数の3分の2以上が確保できているとしても、欠けた理事が員内理事であり、そのために員内理事の員数が定数の3分の2を満たさないことになってしまった場合には、早急に総（代）会を開催して員内理事を補充する必要があります（法32条4項）。

　信金法32条8項は、あくまでも補充が義務となる基準です。理事に欠員が生じた場合には、自金庫の職務の執行上必要な員数と考えて選任した理事が欠けていることになるので、補充義務の基準を下回っていないとしても、すみやかに補充を検討するべきでしょう。

2　資格制限

1　法律上の欠格事由

(1)　理事の欠格事由（法34条）

　次に掲げる者は、理事になることはできません（監事の欠格事由も同じです）。

　①　法人

　②　破産手続開始の決定を受けて復権を得ない者

③　心身の故障のため職務を適正に執行することができない者として内閣府令で定める者

④　信用金庫法、会社法、一般社団法人・一般財団法人に関する法律、金融商品取引法、破産法・民事再生法等の倒産処理手続に関する法律に定める特定の罪を犯し、刑に処せられ、その執行を終わり、またはその執行を受けることがなくなった日から2年を経過しない者

⑤　④以外の法令の規定に違反し、拘禁刑（ただし、「刑法等の一部を改正する法律の施行に伴う関係法律の整理等に関する法律」施行日の2025年（令和7年）6月1日より前は「禁固」）以上の刑に処せられ、その執行を終わるまで、またはその執行を受けることがなくなるまでの者（刑の執行猶予中の者を除く）

(2)　理事の資格制限の趣旨

法律上、このような欠格事由が定められているのは、役員と金庫の関係が委任だからです（第1章・Ⅱ・1「役員と金庫の法的関係」参照）。委任は個人的信頼関係を特に重視します。したがって、個人ではない法人、判断能力が不十分な者や犯罪を犯して刑の執行中の者などは、理事になることはできないとされているのです。また、会社法等の企業法秩序に違反した者については特に厳しく資格を制限されています。これらの資格制限規定は、株式会社の取締役、監査役にも同様の規定が設けられています（会社法331条1項・335条1項）。

①　心身の故障のため職務を適正に執行することができない者として内閣府令で定める者

これまで「成年被後見人若しくは被保佐人又は外国の法令上これらと同様に取り扱われている者」とされていた欠格事由は、2019年（令和元年）6月14日公布の「成年被後見人等の権利の制限に係る措置の適正化等を図るための関係法律の整備に関する法律」により、「心身の

65

故障のため職務を適正に執行することができない者として内閣府令で定める者」という規定に改正されました（会社法では、該当規定がそのまま削除。会社法331条1項2号参照）。

「心身の故障のため職務を適正に執行することができない者」とは、「精神の機能の障害のため職務を適正に執行するに当たって必要な認知、判断及び意思疎通を適切に行うことができない者」と定められています（規則18条の2）。

② 破産手続開始の決定を受けて復権を得ない者

会社法では欠格事由とされていない規定です。従来は商法にも同様の規定がありましたが、経営者が会社債務を連帯して保証することの多い実務において、会社と同時に経営者が破産し、復権を得られるまでに時間がかかる等の批判があり、会社法制定時に欠格事由から外されました。現在では、取締役が破産手続開始決定を受けた場合には当然に退任となりますが、再度、株主総会決議において選任がなされれば取締役を続けられることになります。

信金法の場合は、平成18年以降も改正が繰り返されていますが、当該規定は残されていますので、復権を得るまで理事を続けることはできません。銀行法においても、役員の欠格事由として「破産手続開始の決定を受けて復権を得ない者又は外国の法令上これと同様に取り扱われている者」が定められています（銀行法7条の2第2項2号）。

顧客の預金等を取り扱うという金融機関の業務の性質や役員がその金融機関の連帯保証をすることが一般に想定されないこと等から、一般企業における取締役の欠格事由の定めとは異なる扱いがなされているのでしょう（だたし、復権を得れば欠格事由には該当しないことになります。破産法255条・256条）。

③ 民法上の委任終了事由

委任者・受任者の死亡、破産手続開始決定と受任者の後見開始の審

判を委任の終了事由とする民法653条は、役員と金庫の委任関係（法33条）にも適用されます。したがって、在任期間中に理事に上記事由が発生した場合には、委任関係が終了となり、当然に退任となります。

2　定款による資格制限

前記の欠格事由に該当しない者は、未成年者であっても、外国人であっても理事になることができます（銀行においては、「銀行の常務に従事する取締役は、銀行の経営管理を的確、公正かつ効率的に遂行することができる知識及び経験を有し、かつ、十分な社会的信用を有する者でなければならない」という積極的な適格性の要件が必要とされていますが、信金法にはこのような規定はありません（銀行法7条の2第1項1号参照）。

信金法は、定款による資格制限の禁止規定を設けていませんので（会社法331条2項本文参照。公開会社の取締役を株主に限定することの禁止）、定款によって、理事の資格を成年者や日本国籍を有する者などに制限することもできると解されます。

3　員外理事の員数制限

理事の定数の少なくとも3分の2は員内理事でなければなりません。
そのため、会員または会員たる法人の役員・使用人以外の者が理事となる場合（員外理事）には、総員数の制限がされます（法32条4項。第1章・Ⅰ・1・(2)・①「員内理事・員外理事」参照）。

4　兼職の制限

代表理事や常務従事理事は、財務（支）局長の認可を受けた場合を除いて、他の金庫や法人に常勤として従事したり、事業を営むことが禁止されています（法35条1項・88条、施行令10条の2第1項1号。第

第2章　理事の選任・終任、報酬等の決定等

67

1章・Ⅱ・3「信金法上の具体的義務①−代表理事等の兼職・兼業制限、監事の兼任禁止義務」)。

　金庫の業務の健全かつ適切な運営を妨げるおそれのない、他の金庫または法人の非常勤役員等に就任することは制限されていません。

　兼職または兼業をする認可を受けるための申請手続は信用金庫法施行規則19条に定められています。

3　理事の任期

1　理事の任期

(1)　任　期

　理事の任期は、2年以内において定款で定める期間です（法35条の2第1項）。定款に定めることにより理事の任期を短縮することはできますが、伸長することはできません。

(2)　補欠役員の任期

　補欠役員とは、任期の途中で退任した役員の補充として選任される役員です。

　補欠役員として選任された者の任期は、前任者の残任期間となります（法35条の2第3項）。これは、他の在任中の役員の任期と終期を揃えて全役員について同時に改選決議を行うためです。

(3)　創立当初の役員の任期

　創立当初の役員の任期は、創立総会において定める期間で1年を超えない範囲とされています（法35条の2第4項・61条の5第3項・5項）。これは、創立当初の役員の場合、その適格性が十分判断された結果選ばれたとはいえないことから、会員の信任を問う機会を早期に与えるためです。

2　総（代）会終結時までの任期の伸長

　役員の任期については、総（代）会の開催日が毎年一定の日ではないことから、任期満了の日を最終の事業年度に関する通常の総（代）会の終結の時まで伸長することが認められています（法35条の２第５項）。たとえば、2023年（令和５年）６月20日（火）に選任された理事の任期を2025年（令和７年）６月24日（火）の通常総（代）会の終結までとすることができます。

> ┌─ 【column】
>
> **通常総（代）会が開催できない場合の役員の任期**
>
> 　通常総（代）会が実質的決議に到達する見通しのたたないまま、いたずらに紛糾を続けている場合や通常総（代）会の招集がなされないまま招集時期を経過した場合には、役員の任期がそのまま伸長されると解するのではなく、通常総（代）会を招集すべき月の経過をもって任期満了となると解されます（株主総会の例ではありますが、東京高決昭和60・１・25金融・商事判例716号３頁参照）。
>
> 　総（代）会は、信用金庫法上「通常総会は、定款の定めるところにより、毎事業年度１回招集しなければならない」（法42条・49条５項）とされているのみで、特に開催時期の期限はありません（「基本規定例・申合せ等」における信用金庫定款例21条では『この金庫の通常総会は、毎事業年度終了後　　月以内に招集する』という規定となっています）。
>
> 　定款で開催時期を定めている場合であっても、当該規定は、合理的にみて、金庫に不可能を強いる趣旨ではないでしょう。定款上の規定は、やむを得ない事情が発生した場合にまで形式的・画一的に適用されるものではないと解されます。
>
> 　大規模な災害発生で外出ができない場合や危険な感染症の急拡大により不要不急の外出を控えるよう指示が出ているような場合には、

開催が可能となった時点で、改めて招集手続を行い総会を開催すればよいということになります。

4 信金法改正による理事の任期

理事の任期は最長2年です（法35条の2第1項）。この規定は、2006年（平成18年）の「証券取引法等の一部を改正する法律」（金融商品取引法の制定）に伴う信金法の改正によって定められました。それまでの規定では、「役員の任期は、2年とする。ただし、定款で3年以内において別段の期間を定めたときは、その期間とする」として、理事・監事の区別なく、最長3年の任期が認められていたのです。

当該改正により理事の任期は、最長2年に短縮化されたことになります。

5 理事の選任手続

1 理事の選任

理事は、総(代)会の決議によって選任されます（法32条3項・49条5項）。総(代)会における理事選任の決議は、定款で別段の定めをしていない限り、出席者の議決権の過半数で決められます（法48条の2）。定足数の定めがありませんので（法48条の3参照）、定款で定足数を定めない限り、定足数は決議の要件になりません。

2 創立当初の理事の選任

創立当初の理事は、創立総会の決議によって選任されます（法32条3項かっこ書）。新設合併の場合の合併当初の理事は設立委員によっ

て選任されます（法61条の５第２項）。

3　常務従事理事の届出

　金庫の常務に従事する理事の就任があった場合には、その旨を所轄の財務（支）局長に届け出なければなりません（法87条１項６号・88条、規則100条１項１号、施行令10条の２第１項４号）。

Ⅱ　理事の終任

1　理事の終任

1　理事の終任事由

　理事は、任期満了、辞任および解任のほか、死亡したり、破産手続開始決定や後見開始の審判を受けた場合の委任契約の終了事由（民法653条）に該当した場合にも理事としての地位を当然に喪失します。

　また、任期中に役員の欠格事由（法34条）に該当した者も理事としての地位を当然に喪失します。

2　代表理事等の退任届出

　代表理事または金庫の常務に従事する理事の退任があった場合には、その旨を所轄の財務（支）局長に届け出なければなりません（法87条１項６号・88条、規則100条１項１号、施行令10条の２第１項４号）。

2　理事の辞任

1　理事の辞任できる時期

　理事は、いつでも辞任することができます。

　理事と金庫の関係である委任は、個人的な信頼関係を基礎とする契約なので、相手方への信頼を失った場合にいつでも関係を解消できるように、各当事者はいつでもその解除をすることができると定められています（法33条、民法651条1項）。

2　辞任の方法

　理事は、金庫に対する意思表示を行うことで、理事会・総(代)会 の承認などの手続も要せずに辞任することができます。

　辞任の効果は、意思表示が金庫に到達した時点で生じます。辞任の意思表示は通常は辞任届や辞表でなされますので、これらの書面が金庫に到達したときに辞任の効果が生じます。

　「金庫に到達」は、自己以外の代表理事がいればその者に、自己以外の代表理事がいなければ、理事会を招集して理事会に対して意思表示をすることになります（東京高判昭和59・11・13金融・商事判例714号6頁参照）。

　もっとも、理事が欠員となる場合には、新理事が就任するまでの間、権利義務理事として職務を処理する義務（残任義務）が生じます（法35条の3）。

3　理事の解任手続

1　会員による役員解任請求

⑴　解任請求の要件

　会員は、総会員の5分の1以上の連署をもって、役員の解任を請求することができます（法35条の8第1項）。

　総代会制度をとる金庫の場合には、「総会員の5分の1以上」または「総総代の5分の1以上」のいずれかの連署をもって、役員の解任を請求することができると解されます。

【column】

総代会制度における解任請求の要件

　1　解任請求の連署の要件について、総代会制度をとる金庫の場合に、「総総代の5分の1以上」と読み替えるべきかどうか（法49条5項）については争いがあります（内藤加代子ほか編著『逐条解説信用金庫法』119頁・167頁。読替え否定説には、経済法令研究会編・前掲339頁、鈴木・前掲256頁・257頁）。

　2　この役員解任請求は、少数会員による役員のリコールを認める権利です。

　総代会制度をとる金庫において「総会員の5分の1以上の連署は集まったが、総総代の5分の1に満たない」という場合に連署の要件を満たさないと解するのは妥当ではありませんから、「総会員の5分の1以上」という要件は総代会制度をとる場合でも維持されるべきです。

　他方、総代会制度の総代は、会員の代表として、役員を選任し、監督する立場にあることから、役員を監督する実効的な手段として、「総総代の5分の1以上」の少数の総代によって役員解任請求を認めることでガバナンス機能を向上させることが期待できます。この

73

ように解したとしても、役員の解任には出席総代の過半数の同意が必要となるので、権利が濫用されるおそれも少ないでしょう。

したがって、総代会制度をとる金庫の場合には、「総会員の５分の１以上」または「総総代の５分の１以上」のいずれかの連署をもって、役員の解任を請求することができると解するのが妥当と考えます。

(2)　全役員を対象とする原則

役員解任請求は、理事の全員または監事の全員について同時にしなければなりません。ただし、役員が法令または定款に違反したことを理由として、当該役員の解任を請求する場合には個別の役員に対する解任請求も可能です（法35条の８第２項）。

これは、多数派会員の恣意により、少数派会員の意見を代表する役員のみが解任されるなど、解任請求権が金庫内部の派閥抗争に利用されることを防止するための規定です。

(3)　解任請求手続

①　金庫に対して書面の提出

役員解任請求は、解任の理由を記載した書面を金庫に提出して行います（法35条の８第３項）。

②　臨時総(代)会を招集

役員解任請求を受けた理事会は、その請求のあった日から３週間以内に臨時総(代)会を招集すべきことを決定しなければなりません（法35条の８第５項・43条２項・49条５項）。

③　当該役員への弁明機会の付与

金庫は、その請求を総(代)会の議題としなければならず、総(代)会の会日の７日前までにその請求に係る役員に対して、解任請求の書面を送付し、総(代)会当日には、その役員に弁明の機会を与えなければ

なりません（法35条の8第4項・49条5項）。この規定に違反した場合、かかる手続をとらなかった役員は、100万円以下の過料に処せられることがあります（法91条1項3号）。

(4) 会員による総（代）会招集手続

請求があったにもかかわらず、請求をした日から2週間以内に理事が総（代）会招集の手続をしないときは、解任請求をした会員は、財務（支）局長の認可を受けて総（代）会を招集することができます。

理事の職務を行う者がいない場合には、会員（総代）が総会員（総総代）の5分の1以上の同意を得たときも、同様に、財務（支）局長の認可を受けて総（代）会を招集することができます。（法35条の8第5項・44条・49条5項・88条、施行令10条・10条の2第1項、申請手続について規則41条）。

(5) 解任についての総会出席者過半数の同意

開催された総（代）会において、出席者の過半数の同意があったときは、その請求にかかる役員は解任となります（法35条の8第1項・49条5項）。

2 内閣総理大臣による理事の解任命令

内閣総理大臣は、金庫が法令、定款もしくは法令に基づく内閣総理大臣の処分に違反したとき、または公益を害する行為をしたときは、理事の解任を命じることができるとされています（法89条1項、銀行法27条）。

【column】

総（代）会決議による理事解任の可否の検討（消極）

1　理事を任期中に解任するには、前記（73頁～75頁）のとおり、会員による解任請求か内閣総理大臣による解任命令の方法によるし

かありません（最判平成16・10・26民集58巻7号1921頁参照）。

　2　従来は、理事が選挙ではなく総(代)会決議で選任されることを理由にして、総(代)会決議による理事の解任を認める見解もありました（選任権と解任権は、通常表裏一体のものですから、理事の選任をすることができる総(代)会には解任権もあるとして、民法651条1項を根拠に、理事をいつでも解任できるという見解です）。

　昭和31年の法制局第一部長回答が、信用金庫は理事会の決議に基づいて理事の解任を総会の議題によっても理事を解任し得るとして、以降は、実務でもこの見解に立って運用がなされていました（昭和31年6月23日法制局一発二四号大蔵省銀行局長あて法制局第一部長回答（法制局意見年報5巻44頁）参照）。

　しかし、最高裁判所は、上記平成16年10月26日判決において、会員による理事の解任は、役員解任請求（法35条の8。旧法38条）によらなければならず、各当事者はいつでもその解除をすることができると定める民法651条1項の規定によって解任することはできないと判示しました。

　3　役員解任請求は、解任請求された役員に総(代)会における弁明の機会を保障した、役員の地位安定等に配慮された特別の手続です。役員の解任が会員からの請求に基づくか、理事会の発議なのかによって、弁明の機会の有無を区別する合理的理由はありません。そして、法35条の6（旧法39条）では、信用金庫の理事につき、株式会社の取締役について定めた規定を多数準用していますが、同条は、取締役の解任手続を定めた会社法339条（旧商法257条）の規定については準用していません。そのようなことから、信用金庫の理事の解任は、法35条の8の規定によらなければならないとしているものと解するのが相当だと判断されたのです。

　4　このことから理事会の発議による総(代)会において、理事の解任を決議したとしても、決議は無効となりますのでご注意ください。

4　理事欠員の対応

1　理事の補充

⑴　定数を下回った場合の補充

役員の定数の3分の1を超えるものが欠けたときは、3か月以内に補充をしなければなりません（法32条8項）。この義務に違反した場合は、100万円以下の過料に処せられることがあります（法91条1項7号）。

⑵　補充義務の緩和

本来、理事は、職務執行上必要な員数が選任されているのですから、定数から1人でも欠ければ速やかに補充しなければならないはずです。ただ、この補充の時期について、信金法は、「役員の定数の3分の1を超えて欠けたときから3か月以内」という範囲で猶予を設けて、その補充義務を緩めているのです。

たとえば、理事の定数の定めが「10人以上15人以内」の金庫において、理事を12名選任していた場合は、12名が理事の定数となります。このうち、病気、死亡や理事の欠格事由等によって4名（定数12名の3分の1）が退任となったとしても、まだ理事は8名残っていますので、次の総(代)会の際に総数10名以上の理事を選任すれば足ります。

しかし、さらに1名が退任して合計5名が退任し、残り7名となった場合には、定数（12名）の3分の1を超えるものが欠けたことになりますから、その最後の1名が退任したときから3か月以内に総(代)会を開催し、少なくとも3名の理事（定款上の最低員数10名を満たす員数）を新たに選任・補充しなければなりません。

⑶　業務に支障がないよう早期に補充

もっとも、当初は、職務執行の必要上12名の理事が必要であるとし

て選任されていたはずです。欠員が3分の1を超えていないから補充しなくてもよいというのではなく、補充義務の適用の有無にかかわらず、業務上の支障が生じないように必要な人員をなるべく早く補充をするようにしましょう。

⑷　員内理事の早期補充

上記12名の理事の構成が、員内理事8名、員外理事4名だった場合は、員内理事が1名でも欠ければ、員内理事の割合が定数の3分の2を満たさないことになります（法32条4項）。員内理事が欠けた場合には、早急に総(代)会を開催して員内理事を補充する必要があります。

⑸　増員・補充された理事の残任期間の同一化

増員・補充された理事の任期が、他の理事の任期の終期と揃うように、定款には、あらかじめ「補欠又は増員により選任された理事及び監事の任期は、他の理事及び監事の残任期間と同一とする」と定めておいたほうがよいでしょう（「基本規定例・申合せ等」における信用金庫定款例20条2項参照）。

2　欠員を生じた場合の措置

次の場合には、任期満了または辞任により退任する理事は、新理事が就任するまでの間、理事としての権利義務（権限ないし責任）を有することになります（法35条の3）。

①　全理事が退任していなくなる場合（理事が欠けた場合）

②　理事が5名以下となる場合（法律で定めた理事の員数が欠けた場合）

③　定款で定めた理事の員数の下限に満たない場合

これは、理事が欠けることによる混乱を回避するための規定です。

もっとも、この規定は、理事が任期満了または辞任により退任する場合に限られます。理事が死亡、解任、理事の欠格事由の発生、定款

所定の資格喪失、金庫の解散によって欠けたときにまで、当該理事に権利義務を継続させることは適切ではないからです。

3　補欠役員の選任

上記1や2の事態にならないよう、役員の定数を欠くこととなるときに備えて、総(代)会であらかじめ補欠役員を選任しておくことができます。この場合の補欠役員の任期は、前任者の残任期間と同一になります（法35条の2第3項）。

III　理事の報酬等の決定手続

1　理事の報酬等の決定

理事の報酬等（報酬、賞与、退職慰労金その他の職務執行の対価として金庫から受け取る財産上の利益）は、定款で定めるか、定款に定めのないときは総(代)会の決議により定められます（法35条の6、会社法361条1項、法49条5項）。一般的には、理事全員の報酬の総額または最高限度額の形で決定されます。

総(代)会の決議で総額（最高限度額）を定めた場合には、その後新たな決議がなされるまでその決定は有効です。

2　定款の定めまたは総(代)会の決議による決定

理事の報酬等の決定は、定款または総(代)会の決議で定めることにしています。

本来は、理事の報酬等の決定も職務の執行に関わる事項のため、理

事会または代表理事の権限に属するものになります。しかし、理事が自分の報酬を自分で決められるとなれば、いわゆる「お手盛り」の弊害（多額の報酬が決定されて金庫が損害を被るおそれ）が生じることになるため、定款または総（代）会の決議によるものとしているのです。

3　実際の決定方法

実務上は、総（代）会の決議によって定められており、理事の報酬等を定款で定めている例はほとんどありません（「基本規定例・申合せ等」における信用金庫定款例には報酬の定めの条項は置かれていません）。定款変更は厳格な特別決議（総会員（総総代）の半数以上が出席し、その議決権の3分の2以上の多数による決議）によらなければならないため（法48条の3）、報酬等を定款で定めると手続が煩雑となるからです。

4　報酬等を定める際の必要事項

報酬等は、以下の事項を定めなければなりません。

①　報酬等の額が確定しているものは、その額

②　報酬等の額が確定していないもの（業績等に連動する賞与など）は、その具体的な算定方法

③　金銭ではない報酬等は、その具体的な内容

5　総（代）会の決議で定める場合

総（代）会の決議で定める場合には、全理事に支給する総額（最高限度額）を定めて、その範囲内での各理事への具体的な配分は理事会に一任する旨の決議をすることもできます（総額（最高限度額）を定めずに額の決定および支払を無条件で理事会に一任する旨の総（代）会の決議は無効です）。

IV 代表理事の選定・解職、その他の手続

1 代表理事の選定・解職手続

1 代表理事の選定手続

(1) 理事の中から選出

代表理事は、理事会において理事の中から選定されますので（法36条4項）、まず理事として選任されている必要があります。

(2) 決議要件（定足数・可決要件）

代表理事選定の理事会決議は、議決に加わることができる理事の過半数が出席（定足数）し、その過半数の賛成（可決要件）をもって行われます。定足数と可決要件は、定款でそれ以上の割合に加重することができます（法37条1項）。

(3) 代表理事の人数

代表理事の人数には制限がないので、複数人選定することもできます。実務上は、定款等の定めに基づいて、理事長、副理事長、専務理事、常務理事といった肩書きで代表理事が選定されています。

当該代表理事の選定の決議には、候補者となる理事も当然に議決権を行使することができます。

2 代表理事の解職

(1) 決議要件（定足数・可決要件）

代表理事解職の理事会決議は、議決に加わることができる理事の過半数が出席（定足数）し、その過半数の賛成（可決要件）をもって行

われます。定足数と可決要件は、定款でそれ以上の割合に加重することができます（法37条1項）。

(2)　当該代表理事の決議への不参加

解職の対象とされた代表理事は、特別利害関係人として、解職の決議に参加することはできません（最判昭和44・3・28民集23巻3号645頁参照。法37条2項）。理事は金庫に対して忠実義務を負っていますが（法35条の4）、当該議決に個人的な利害関係を有している理事は、その議決の際に適切な判断がなされないおそれがあるからです。

このように、代表理事の選定と解職で議決権行使の可否が異なるのは、忠実義務の観点から質的な相違があるためです（法37条2項。第4章・Ⅱ・2・4・(3)「議決に参加できない理事（特別利害関係を有する理事。法37条2項）」参照）。

解職決議の際、自己の解職の決議がなされる理事は、当該決議から排除されなければ決議が無効となるため、議事に参加させることはできません。議長は、当該理事を退室させる必要があります。

また、当該理事が議長を務めている場合には、解職の議案については議長になることができませんので（東京高判平成8・2・8資料版商事法務151号142頁参照）、あらかじめ定めた順位や別途の互選により他の理事を議長とし、改めて定足数を充足していることを確認したうえで決議を行う必要があります。

(3)　解職決議の効果

代表理事は、解職が行われた場合でもその代表権がなくなるだけですので、理事を辞任しない限りは、理事としては金庫に残ることになります。

(4)　解職決議の効力発生時期

代表理事の解職決議の効果は、決議によって直ちに効力を有し、代表理事本人への告知は必要ありません（最判昭和41・12・20民集20巻

10号2160頁参照）。

2　代表理事の辞任

1　代表理事の辞任できる時期

　代表理事は、いつでも辞任することができます。

　代表理事は他の理事らの受任者です。金庫の受任者である理事がいつでも理事を辞任できるのと同じように（本章・Ⅱ・2「理事の辞任」参照）、代表理事も金庫に対する意思表示を行えば、理事会・総（代）会の承認などの手続も要せずにいつでも辞任をすることができます（法33条、民法651条1項）。

2　代表理事の辞任の方法

　代表理事の辞任の意思表示の相手方は、自己以外の代表理事がいればその者に、自己以外の代表理事がいなければ、理事会を招集して理事会に対して意思表示をすることになります（東京高判昭和59・11・13金融・商事判例714号6頁参照）。

　代表理事は、辞任して理事にとどまることもできますが、理事を辞任する場合には当然に代表理事も辞任したことになります。

3　代表理事の欠員を生じた場合の措置

　代表理事が欠けた場合または定款で定めた代表理事の員数が欠けた場合には、任期満了または辞任により退任する代表理事は、新代表理事が就任するまでの間、代表理事としての権利義務（権限ないし責任）を有することになります（法35条の9第4項・35条の3）。

　これは、代表理事が欠けることによる混乱を回避するための規定です。もっとも、この規定は、代表理事が任期満了または辞任で退任す

る場合に限られます。代表理事が死亡、解任、理事の欠格事由の発生、定款所定の資格喪失、金庫の解散によって理事としての地位を失い、代表理事が欠けることになったときにまで権利義務を継続させることは適切ではないからです。

4 代表理事の選任・退任等の登記、届出

1 登 記

　信用金庫の設立登記では、「代表権を有する者の氏名、住所および資格」を登記しなければなりません（法65条2項8号）。

　代表理事の選任・辞任・解任等による異動、氏名や住所の変更が生じた場合には、2週間以内に変更の登記を行います（法66条1項）。この場合、当該変更を証する書面を添付して変更登記の申請をします（法80条1項）。

　登記期間経過後の申請も却下されることはありませんが、登記期間内に登記申請を行わなかったことについて、登記申請を怠った代表理事等の個人が100万円以下の過料に処せられることがあります（法91条1項2号）。

2 届 出

　代表理事の就任または退任があった場合には、その旨を所轄の財務（支）局長に届け出なければなりません（法87条1項6号・88条、規則100条1項1号、施行令10条の2）。

第 **3** 章

監事の選任・終任、
報酬等の決定等

1　監事の定数

1　監事の定数の定め方

(1)　監事の定数

　監事の定数は、2名以上と法律で決められています（法32条2項）。この定数は、定款に絶対に記載しなければならない事項ですから（法23条3項10号）、「役員の定数」として定款に記載します（「基本規定例・申合せ等」における信用金庫定款例第17条では『理事　　人以内、監事　　人以内とする。』と上限のみを定める規定となっています）。

(2)　定数の定め方

　定数の具体的な員数は、2名以上であれば自由に決められます。

　監事の定数を定めるときは、「自金庫の監事としての職務に必要な員数は何名なのか」という観点が重要になります。監事の定数を「4人」等の確定数で定めることもできますが、実務上は、「4人以内」等と上限のみを定めることが多いようです（この場合は2名が下限となります）。「2人以上4人以内」と幅をもたせて規定したり、「2人または3人」という規定の定め方も可能です。

(3)　総(代)会での監事の選任

　総(代)会では、定款で定めた範囲内で任意の員数の監事を選任することができます。

2 「監事の定数」＝「選任された監事の員数」

定款上「監事の定数」を確定数で定めた場合はその員数が定数となります。上限・下限の幅で定めた場合は、実際に総(代)会で選任された監事の員数（実数）をもって定数と解するべきです。

なお、「監事の定数」の考え方について異なる見解があることについては「理事の定数」と同様ですので、第2章・Ⅰ・1・2「『理事の定数』＝『選任された理事の員数』」を参照してください。

3 選任・選定しなければならない監事

(1) 員外監事 最低1名
事業年度の開始の時における預金および定期積金の総額が50億円以上の金庫は、選任する監事のうちの最低1名を員外監事にしなければなりません（法32条5項、施行令5条の2、第1章・Ⅰ・2・1・(1)・①「員外監事」参照）。

(2) 常勤監事の選定
特定金庫は、監事の互選により、監事の中から常勤監事を選定しなければなりません（法38条の2第1項〜3項・13項、会社法390条3項。第1章・Ⅰ・2・1・(2)・①「常勤監事」参照）。

4 監事の定数を欠いた場合

監事の定数の3分の1を超えるものが欠けたときは、3か月以内に補充しなければなりません（法32条8項）。

たとえば、監事の定数の定めが「5人以内」の金庫において、監事を4名選任していた場合は、その4名が監事の定数となります。

このうち2名が欠けたときは、その2人目の監事が退任等となったときから3か月以内に、総(代)会を開催して新たな監事を選任・補充

しなければなりません。また、員外監事の選任が義務付けられている金庫において、員外監事が欠けた場合には、早急に総(代)会を開催して員外理事を補充する必要があります。

　信金法32条8項は、あくまでも補充が義務となる基準です。監事に欠員が生じた場合には、自金庫の職務執行上必要な員数と考えて選任した監事が欠けていることになるので、補充義務の基準を下回っていないとしても、すみやかに補充を検討するべきでしょう。

2　資格制限

1　法律上の欠格事由

(1)　監事の欠格事由（法34条）

　次に掲げる者は、監事になることはできません。銀行の監査役は、取締役等の職務の執行の監査を的確、公正かつ効率的に遂行することができる知識および経験を有し、かつ、十分な社会的信用を有する者でなければならないという積極的な適格性の要件が定められていますが（銀行法7条の2第1項2号）、信金法には、このような定めはなく、欠格事由に該当しない者は誰でも監事になることができます（その他、下記②と③については、理事の資格制限（第2章・I・2・1・(2)「理事の資格制限の趣旨」）、会社法335条も参照）。

①　法　人

②　破産手続開始の決定を受けて復権を得ない者

③　心身の故障のため職務を適正に執行することができない者として内閣府令で定める者

④　信用金庫法、会社法、一般社団法人・一般財団法人に関する法律、金融商品取引法、破産法・民事再生法等の倒産処理手続に関する法律に定める特定の罪を犯し、刑に処せられ、その執行を終

わり、またはその執行を受けることがなくなった日から2年を経
過しない者

⑤　④以外の法令の規定に違反し、拘禁刑（ただし、「刑法等の一部
を改正する法律の施行に伴う関係法律の整理等に関する法律」施
行日の2025年（令和7年）6月1日より前は「禁固」）以上の刑
に処せられ、その執行を終わるまで、またはその執行を受けるこ
とがなくなるまでの者（刑の執行猶予中の者を除きます）

(2)　監事の資格制限の趣旨

　法律上、このような欠格事由が定められているのは、役員と金庫の
関係が委任だからです（第1章・Ⅱ・1「役員と金庫の法的関係」参
照）。委任は個人的信頼関係を特に重視します。したがって、個人で
はない法人、判断能力が不十分な者や犯罪を犯して執行中の者などは、
監事になることはできないとされているのです。また、会社法等の企
業法秩序に違反した者は特に厳しく資格を制限されています。

　また、委任者・受任者の死亡、破産手続開始決定と受任者の後見開
始の審判を委任の終了事由とする民法653条は、役員と金庫の委任関
係（法33条）にも適用されます。したがって、在任期間中に監事にこ
れらの事由が発生した場合には、委任関係が終了となり、当然に退任
となります。

2　員外監事の「員外要件」

　員外監事が満たさなければならない要件は次のとおりです（法32条
5項。第1章・Ⅰ・2・1・(1)・①・イ「員外要件」参照）。

①　当該金庫の会員または当該金庫の会員たる法人の役員・使用人
以外の者（信用金庫連合会の監事については、当該信用金庫連合
会の会員たる金庫の役員または職員以外の者）

②　就任前5年間、当該金庫の理事もしくは職員または当該金庫の

子会社の取締役、会計参与（会計参与が法人であるときは、その職務を行うべき社員）・執行役もしくは使用人でなかったこと

③　当該金庫の理事または支配人その他の重要な使用人の配偶者または二親等以内の親族以外の者であること

3　常勤監事の「常勤要件」と兼職または兼業の制限

　常勤監事は、他に常勤の仕事をもたずに、金庫の営業時間中原則としてその金庫の監査役の職務に専念しなければなりません。したがって、常勤監事を2つ以上兼任することはできません（江頭憲治郎『株式会社法　第8版』562頁参照。第1章・Ⅰ・2・1・(2)・①「常勤監事」参照）。

　他の法人の非常勤役員等を兼ねることはできますが、もし常勤監事に選定された者の勤務状態が「常勤」に値しない場合には善管注意義務違反の問題が生じます（その選定が無効となったり、当該常勤監事の監査が無効になるわけではありません）。

4　兼任の禁止

　監事は、理事・支配人等との兼任を禁止されています（法35条3項。第1章・Ⅱ・3・2「監事の兼任禁止」参照）。

　業務執行監査の主体と客体を分離し、監査の実効性を図る必要性から定められた規定です。

3　監事の任期

1　監事の任期

(1)　任期の短縮・伸長
監事の任期は、4年以内の定款で定める期間です（法35条の2第2

項）。定款で定めることにより任期を短縮することはできますが、伸長することはできません。なお、株式会社の監査役の場合は、定款や株主総会の決議によっても任期の短縮をすることは認められていません（公開会社でなければ、10年まで任期を伸長することはできます（会社法336条1項・2項））。信金法改正の経緯に鑑みますと、金庫の監事の場合も任期を4年よりも短くしたい場合には、合理的な理由が必要になるものと考えられます。

⑵ 補欠役員の任期

補欠役員とは、任期の途中で退任した役員の補充として選任される役員です。

補欠役員として選任された者の任期は、前任者の残任期間となります（法35条の2第3項）。これは、他の在任中の役員の任期と終期を揃えて全役員について同時に改選決議を行うためです。

⑶ 創立当初の役員の任期

創立当初の役員の任期は、創立総会において定める期間で1年を超えない範囲とされています（法35条の2第4項・61条の5第3項・5項）。これは、創立当初の役員の場合、その適格性が十分判断された結果選ばれたとはいえないことから、会員の信任を問う機会を早期に与えるためです。

2 総(代)会終結時までの任期の伸長

役員の任期については、総(代)会の開催日が毎年一定の日ではないことから、任期満了の日を最終の事業年度に関する通常の総(代)会の終結の時まで伸長することが認められています（法35条の2第5項）。たとえば、2023年（令和5年）6月20日（火）に選任された理事の任期を2025年（令和7年）6月24日（火）の通常総(代)会の終結までとすることができます。

3 法改正による任期

　監事の任期を最長4年と定めるこの規定は、2006年（平成18年）の
「証券取引法等の一部を改正する法律」（金融商品取引法の制定）に伴
う信金法改正で改正されたものになります。それまでの規定では、
「役員の任期は、2年とする。ただし、定款で3年以内において別段の
期間を定めたときは、その期間とする」として、理事・監事の区別な
く、最長3年の任期が認められていましたが、監事については原則と
なる任期が伸ばされました。

　これは監事の身分保障を強化し、監査の実効性をあげるためのもの
です。このような経緯に鑑みますと、監事の任期を定款で短縮しよう
とする場合には、相応の理由が必要になるものと考えます。

4 監事の選任手続等

1 監事の選任手続

⑴ 監事の選任要件
　監事は、総(代)会の決議によって選任されます（法32条3項・49条
5項）。
　総(代)会における監事選任の決議は、定款で別段の定めをしていな
い限り、出席者の議決権の過半数で決められます（法48条の2）。定
足数の定めがありませんので（法48条の3参照）、定款で定足数を定
めない限り、定足数は決議の要件になりません。

⑵ 創立当初の監事の選任
　創立当初の監事は、創立総会の決議によって選任されます（法32条
3項かっこ書）。新設合併の場合の合併当初の監事は設立委員によっ
て選任されます（法61条の5第2項）。

⑶　員外監事の就任

員外監事の就任があった場合には、その旨を所轄の財務（支）局長に届け出なければなりません（法87条１項６号・88条、規則100条１項２号、施行令10条の２第１項４号）。

2　監事の選任についての意見陳述権

監事は、総（代）会において、監事の選任や自らが再任されないことについて意見を述べることができます（法35条の７、会社法345条４項・１項）。

監事の意見陳述権を保障することにより、監事と執行部との意見が割れた場合に、監事は、会員にその意見を伝えて判断を仰ぐことができることから、監事の地位の安定と強化が図られています。

3　特定金庫の監事選任の同意権・請求権

⑴　監事の事前同意

特定金庫の場合、理事が監事の選任に関する議案を総（代）会に提出するためには、事前に監事の過半数の同意を得なければなりません（法38条の２第13項、会社法343条１項）。

⑵　選任議案提出の請求

特定金庫の監事は、理事に対して、監事の選任を総（代）会の目的とすること、または監事の選任に関する議案を総（代）会に提出することを請求することができます（法38条の２第13項、会社法343条２項）。

⑶　事前同意・請求の趣旨

特定金庫においては、監事の過半数の同意を得られない者を監事に選任できないようにしたり、積極的に特定の者を監事とするよう請求できるようにすることで、執行部が恣意的に監事の人事を行うことを防止して監事の地位を強化しているのです。

⑷ 事前同意の時期

監事選任の同意を得る時期は、法律上定められていません。しかし、実務上は、理事会において総(代)会に上程する監事選任議案を決定する前に同意を得ておくほうがよいでしょう。監事の過半数の同意を得てから理事会に諮るようにすることで監事選任の同意権の強化につながるからです（仮に、理事会の決定を得た後に監事の過半数の同意が得られないとすれば、再度、理事会の決議を取り直す必要が生じて不経済だという側面もあります）。

II　監事の終任

1　監事の終任

1　監事の終任事由

監事は、任期満了、辞任および解任のほか、死亡したり、破産手続開始決定や後見開始の審判を受けた場合の委任契約の終了事由（民法653条）に該当した場合に監事としての地位を当然に喪失します。
また、任期中に監事の欠格事由（法34条。本章・I・2・1「法律上の欠格事由」）に該当した者は、監事としての地位を当然に喪失します。

2　員外監事の退任届出

員外監事の退任があった場合には、その旨を所轄の財務(支)局長に届け出なければなりません（法87条1項6号・88条、規則100条1項2号、施行令10条の2第1項4号）。

2　監事の辞任

1　辞任の手続

⑴　監事の辞任できる時期

　監事は、いつでも辞任することができます。

　監事と金庫の関係である委任は、個人的な信頼関係を基礎とする契約なので、相手方への信頼を失った場合にいつでも関係を解消できるように、各当事者はいつでもその解除をすることができると定められているのです（法33条、民法651条1項）。

⑵　辞任の方法

　監事は、代表理事に対する意思表示を行えば、総(代)会の承認などの手続も要せずに辞任することができます。もっとも、監事が欠員となる場合には、新監事が就任するまでの間、権利義務監事として職務を処理する義務（残任義務）が生じます（法35条の3）。

2　辞任監事の総(代)会出席・辞任理由等の陳述権

　辞任をした元監事は、総(代)会に出席して、辞任した旨およびその理由を述べることができます（法35条の7、会社法345条2項）。

　辞任した監事は、会員等の他の資格に基づかない限り総(代)会に出席できないのが原則ですが、辞任後最初に招集される総(代)会に限り、出席が認められています。したがって、総(代)会を招集する理事は、辞任した監事に対しても招集通知を送付しなければなりません（第1章・Ⅰ・2・2・⑶・③「監事の選解任・辞任についての意見陳述（法35条の7、会社法345条1項・2項）」参照）。

　辞任した元監事に陳述の機会を与えることで、監事が執行部との軋轢から、その意に反して辞任した場合等には、その旨を会員に伝える

ことができるようになります。この意見陳述の機会付与によって監事の地位の安定と強化につながります。

3　監事の辞任についての意見陳述権

監事は、総(代)会において、他の監事の辞任について意見を述べることができます（法35条の7、会社法345条4項・1項）。

監事が、他の監事の辞任についての意見を述べる機会を保障することにより、監事の地位の安定と強化につながります。

3　監事の解任手続

1　会員による役員解任請求

(1)　解任請求の要件

理事の場合と同様に、会員は、総会員の5分の1以上（総代会制度の下では「総総代の5分の1以上」でも可）の連署をもって、役員の解任を請求することができます（法35条の8第1項。第2章・Ⅱ・3・1「会員による役員解任手続」参照）。

(2)　全役員を対象とする原則

役員解任請求は、理事の全員または監事の全員について同時にしなければなりません。ただし、役員が法令または定款に違反したことを理由として、当該役員の解任を請求する場合には個別の役員に対する解任請求も可能です（法35条の8第2項）。

(3)　解任請求手続

①　書面による提出

役員解任請求は、解任の理由を記載した書面を金庫に提出して行います（法35条の8第3項）。

② 臨時総（代）会の招集

役員解任請求を受けた理事会は、その請求のあった日から3週間以内に臨時総（代）会を招集すべきことを決定しなければなりません（法35の8第5項・43条2項・49条5項）。

③ 当該役員への弁明機会の付与

金庫は、その請求を総（代）会の議題とし、総（代）会の会日の7日前までにその請求に係る役員に対して、解任請求の書面を送付し、総（代）会当日には、その役員に弁明の機会を与えなければなりません（法35条の8第4項・49条5項）。

この規定に違反した場合、かかる手続をとらなかった役員は、100万円以下の過料に処せられることがあります（法91条1項3号）。

⑷ **会員による総（代）会招集手続**

請求があったにもかかわらず、請求をした日から2週間以内に理事が総（代）会招集の手続をしないときは、解任請求をした会員は、財務（支）局長の認可を受けて総（代）会を招集することができます。

理事の職務を行う者がいない場合には、会員（総代）が総会員（総総代）の5分の1以上の同意を得たときも、同様に、財務（支）局長の認可を受けて総（代）会を招集することができます（法35条の8第5項・44条・49条5項・88条、施行令10条・10条の2第1項、申請手続について規則41条）。

⑸ **解任の同意**

開催された総（代）会において、出席者の過半数の同意があったときは、その請求に係る役員は解任となります（法35条の8第1項・49条5項）。

⑹ **監事の意見申述権**

監事は、総（代）会において、監事の解任について意見を述べることができます（法35条の7、会社法345条1項）。

請求を受けた監事本人だけでなく、他の監事からも、少数会員による解任請求に対して、総(代)会に出席している全会員（総代）に監事の意見を伝えて判断を仰ぐことができることから、監事の地位の安定と強化につながります。

2 内閣総理大臣による監事の解任命令

内閣総理大臣は、金庫が法令・定款もしくは法令に基づく内閣総理大臣の処分に違反したとき、または公益を害する行為をしたときは、監事の解任を命じることができるとされています（法89条1項、銀行法27条）。

4 監事欠員の対応

1 監事の補充

(1) 補充期間

監事の定数の3分の1を超えるものが欠けたときは、3か月以内に補充をしなければなりません（法32条8項）。この義務に違反した場合は、100万円以下の過料に処せられることがあります（法91条1項7号）。

(2) 補充義務の緩和

本来、監事は、職務のため必要な員数が選任されているのですから、定数から1人でも欠ければ速やかに補充しなければならないはずです。法は、この補充の時期について、「役員の定数の3分の1を超えて欠けたときから3か月以内」という範囲で猶予を設けて、その補充義務を緩めているのです。

たとえば、監事の定数の定めが「5人以内」の金庫において、監事を4名選任していた場合は、その4名が監事の定数となります。

このうち2名が欠けたときは、その2人目の監事が退任等となったときから3か月以内に、総(代)会を開催して新たな監事を選任・補充しなければなりません。

⑶　員外監事が欠けた場合

員外監事の選任が義務付けられている金庫において、員外監事が欠けた場合には、早急に総(代)会を開催して員内理事を補充する必要があります。

⑷　増員・補充された監事の残任期間の同一化

増員・補充された監事の任期が、他の監事の任期の終期と揃うように、定款には、あらかじめ「補欠又は増員により選任された理事及び監事の任期は、他の理事及び監事の残任期間と同一とする」と定めておいたほうがよいでしょう（「基本規定例・申合せ等」における信用金庫定款例20条2項参照）。

2　欠員を生じた場合の措置

理事と同様、次の場合には、任期満了または辞任により退任する監事は、新監事が就任するまでの間、監事としての権利義務（権限ないし責任）を有することになります（法35条の3）。

①　監事が退任していなくなる場合（監事が欠けた場合）

②　監事が2名以下となる場合（法律で定めた監事の員数が欠けた場合）

③　定款で定めた監事の員数の下限に満たない場合

この規定は、任期満了または辞任による監事の退任にのみ適用され、死亡、解任、理事の欠格事由の発生、定款所定の資格喪失、金庫の解散によって監事が欠けることになるときは適用がありません。

3 補欠役員の選任

　前記1や2の事態にならないよう、役員の定数を欠くこととなるときに備えて、総(代)会であらかじめ補欠役員を選任しておくことができます。この場合の補欠役員の任期は、前任者の残任期間と同一になります（法35条の2第3項）。

III　監事の報酬等の決定手続

1　報酬等の決議方法

　監事の報酬等（報酬、賞与、退職慰労金その他の職務執行の対価として金庫から受け取る財産上の利益）は、定款でその額を定めるか、総(代)会の決議により定められます（法35条の7、会社法387条1項、法49条5項）。一般的には、監事全員の報酬の総額または最高限度額の形で決定されます。

　総(代)会の決議で総額（最高限度額）を定めた場合には、その後新たな決議がなされるまでその決定は有効です。

2　定款の定めや総(代)会の決議がない場合

　定款または総(代)会の決議により監事全員の報酬総額または最高限度額枠は決定されているものの各監事一人ひとりの報酬等については定款の定めまたは総(代)会の決議がないときは、その総額（枠）の範囲内で、協議によりその配分を決めることになります（法35条の7、会社法387条2項）。ここでいう「協議」とは、全員一致の決定をいい

ます。協議が不調の場合、金庫は監事に報酬等を支払うことはできません。

　監事の報酬等の決定は、理事の報酬等の決定と同様に、定款または総(代)会の決議によるとされています。ただし、その趣旨には違いがあります。理事の報酬等の決定方法は、いわゆる「お手盛り」の弊害を防止するためであるとされていますが（第2章・Ⅲ・2「定数の定めまたは総(代)会の決議による決定」参照）、監事の報酬等の決定方法は、監事の適正な報酬等を確保して監事の独立性を確保するために定款または総(代)会の決議によるとされているのです。

　したがって、総(代)会において理事の報酬等の決議と一括して監事の報酬等まで決議することは認められません。また、監事の報酬等の総額の範囲で、各監事への配分を理事会に一任することもできません。もっとも、理事会や代表理事が配分の原案を示すことについては、その原案には拘束力がないため許されると解されています。

3　報酬等についての意見陳述

　監事は、総(代)会において、報酬等について意見を述べることができます。（法35条の7、会社法387条3項、法49条5項）。

第**4**章

―――――――

理事会

理事会の役割

1 理 事 会

　理事会とは、「金庫の業務執行の決定」、「理事の職務の執行の監督」および「代表理事の選定および解職」を行うためにすべての理事で構成された必要的な機関です（法36条1項〜3項）。

　理事会は、理事全員で合議するために組織された会議体であり（同条2項）、理事間の十分な意見交換と討議を通じて、的確で合理的な業務執行の決定等の意思形成が図られることを期待されています。

2 理事会の権限

1 金庫の業務執行の決定

(1) 業務執行の決定とその委任

　理事会は、総(代)会の専決事項（法48条の3）以外のいかなる業務執行に関する事項も決定することができます（金庫の業務に関する意思決定機関）。

　理事（代表理事）は、その理事会の決定に基づいて職務を執行するのが原則です（執行機関）。

　もっとも、個々の貸出等の日常業務まで、すべての業務執行の決定を理事会で行うことは非効率ですから、理事会は、「重要な業務執行の決定」（法36条5項）を除いて、その職務を代表理事その他の理事に委任したり、常務会等の下位機関での決定に委ねることもできます。

　「重要な業務執行の決定」については、常務会等の決議のみで済ます

ことはできません。常務会等で決定した事項を理事会に付議した形をとっても、そこでの審議が簡略かつ形式的なものに過ぎなければ（書類を配るのみで具体的な説明を省略する等）、理事会決議の形骸化と評価され、当該業務執行が理事会の決議を欠くものとして無効になったり、役員の善管注意義務違反の責任を問われることもあり得ます。

　理事会と常務会等のメンバー構成に重複があるからといって理事会の審議をおざなりにしないように注意が必要です（常務会等に出席していない非常勤役員等としては、理事会において、当該事項の決議の判断に必要な具体的に説明および資料の提出を積極的に求めることが必要となります。もっとも、付議事項の決め方については後述のとおりです）。

(2)　理事会での専決事項

　信金法36条5項は、同項各号、「その他の重要な業務執行の決定」の理事への委任を禁止しています。

　法令において、「その他の」は前の事柄が後ろの事柄の例示である場合を指し、「その他」は前後の事柄が並列関係である場合を指します。つまり、信金法は、「重要な業務執行の決定」を理事会の専決事項にしており、その例示として下記①から⑤を定めています。

①　重要な財産の処分および譲受け（法36条5項1号）

　「財産」には、不動産、有価証券、動産、設備、債権、金銭、知的財産権など、金庫の有する全財産が含まれます。

　「処分」とは、財産の譲渡、賃貸、実施・使用許諾、担保設定、貸付け、出資、寄付、債務免除、債権放棄、廃棄処分などが含まれます。普通預金を引き出して現金にすることは、金庫の財産に実質的な変化をもたらさないため「処分」には該当しませんが、現金を拘束預金とするような場合には「処分」に該当すると考えられています。

　「譲受け」には、財産を譲り受ける場合だけではなく、賃借するため

に多額の権利金を支払い、長期間拘束されるような場合も含まれると解されています。

　これらの財産の処分または譲受けが「重要」なものであるか否かは、ａ.量的な側面（当該財産の価額、その会社の総資産に占める割合）と、ｂ.質的な側面（保有目的、処分行為の態様および金庫における従来の取扱い）等の事情を総合的に考慮して判断されることになります（最判平成6・1・20民集48巻1号1頁参照）。

　②　多額の借財（法36条5項2号）

　「借財」とは、借入れだけではなく、約束手形・為替手形の振出、債務保証、ファイナンス・リース、デリバティブ取引など、社会通念上金銭消費貸借契約と同視すべき金銭債務負担行為が含まれます。

　「多額」なものであるか否かは、上記の「重要な財産の処分および譲受け」と同様に判断され、ａ.当該借財の額・総資産および経常利益等に占める割合、ｂ.当該借財の目的および金庫における従来の取扱い等の事情を総合的に考慮して判断されることになります（東京地判平成26・9・16金融・商事判例1453号44頁参照）。

　借財について理事会への付議基準を定めるにあたっては、金庫の規模、業績および財務状態等に照らして、保守的な額面を基準に設定し、その基準以上の金額の借財はすべて理事会の決議事項とする各位置的な事務処理で効率化を実現するということも一案です。

　もっとも、のちに述べるとおり、理事会の決議事項は、全理事で慎重に審議すべき「重要な業務執行の決定」に限定したうえで、十分な審議を効率的に行うことも必要です。単純に元本の金額等で「多額の借財」の該当性を判断するのではなく、実質的なリスクと金庫の収益性や財務状況への影響等から、リスクが低いと判断したものについては「多額の借財」に当たらないとして、他に決定を委任するという方策も十分考慮に値するものと思います。

③　支配人その他の重要な使用人の選任および解任（法36条５項３号）

「支配人」とは、金庫に代わって、その事業に関する一切の裁判上または裁判外の行為をする権限を与えられた者をいいます（法40条２項、会社法11条１項）。支配人に当たるか否かは、金庫から包括的代理権を与えられているか否かで判断されます。

「重要な使用人」とは、支配人に準ずる重要性を有する使用人のことをいいます。理事が支店長等の使用人を兼ねる場合における使用人としての地位は、支配人に準ずる重要性を有する場合に当たります。執行役員も「重要な使用人」に当たります（江頭憲治郎『株式会社法　第８版』431頁参照）。

この重要性は、肩書きではなく、任務や権限の重要性によって実質的に判断されます。同じ「支店長」という肩書きであっても、支店の大小などによって任務の重要性も異なってくるとすれば、職務等級等を設けて、それを理事会の決議事項の基準とすることも考えられます。

④　従たる事務所その他の重要な組織の設置・変更および廃止（法36条５項４号）

「従たる事務所」とは、主たる事務所とは別に独自に業務活動を決定し、対外的な取引をなし得る事務所の実質を備えるものをいいます。

「組織」には、事業部などの部門、常務会などの会議体、専務・常務などの役付理事の制度、子会社の設立等も含まれます。常務会については、第５章・Ⅱ「常務会等の組織」を参照してください。

⑤　内部統制システムの整備（法36条５項５号）

条文上は、「理事の職務の執行が法令及び定款に適合することを確保するための体制その他金庫の業務並びに当該金庫及びその子会社から成る集団の業務の適正を確保するために必要なものとして内閣府令で定める体制の整備」とされています。内部統制システムの整備に係

る決定です。

「内閣府令で定める体制」には、金庫における以下の体制が定められています（規則23条）。

イ　理事の職務の執行に係る情報の保存および管理に関する体制

ロ　金庫の損失の危険の管理に関する規程その他の体制

ハ　理事の職務の執行が効率的に行われることを確保するための体制

ニ　職員の職務の執行が法令および定款に適合することを確保するための体制

ホ　次に掲げる体制その他の金庫およびその子法人等から成る集団における業務の適正を確保するための体制

・子法人等の取締役、執行役、業務を執行する社員等（以下「取締役等」といいます）の職務の執行に係る事項の金庫への報告に関する体制

・子法人等の損失の危険の管理に関する規程その他の体制

・子法人等の取締役等の職務の執行が効率的に行われることを確保するための体制

・子法人等の取締役等および使用人の職務の執行が法令および定款に適合することを確保するための体制

ヘ　監事がその職務を補助すべき職員を置くことを求めた場合における当該職員に関する事項とその職員の理事からの独立性に関する事項、監事の当該職員に対する指示の実効性の確保に関する事項

ト　次に掲げる体制その他の監事への報告に関する体制と報告をした者が当該報告をしたことを理由として不利な取扱いを受けないことを確保するための体制

・理事および職員が金庫の監事に報告をするための体制

・子法人等の取締役、会計参与、監査役、執行役、業務を執行する社員等の職務を行うべき者その他これらの者に相当する者および使用人またはこれらの者から報告を受けた者が監事に報告をするための体制

チ　監事の職務の執行について生ずる費用の前払いまたは償還の手続その他の当該職務の執行について生ずる費用または債務の処理に係る方針に関する事項

リ　その他、監事の監査が実効的に行われることを確保するための体制

　内部統制システムの整備に係る決定は、金庫の基本方針に関わる重要な業務執行ですので、理事に委任することはできませんが、この理事会で決議すべき内容は、体制そのものではなく、体制の整備に係る事項です。目標の設定、目標達成のために必要な内部組織およびその権限、内部組織間の連絡方法、是正すべき事項の是正方法などの要綱・大綱を決定すれば足りるとされています。もっとも、業務執行を担当する代表理事および業務執行理事は、理事会で決定された要綱・大綱に基づいて、担当する部門において、金庫の規模に応じた内部統制システムを構築する義務を負います（大和銀行株主代表訴訟事件－大阪地判平成12・9・20金融・商事判例1101号3頁参照）。

　理事は、理事会の構成メンバーとして、また、業務執行機関として、内部統制システムを構築し、さらに、他の理事が内部統制システムを構築すべき義務を履行しているかを監視する善管注意義務および忠実義務を負うことになります。

　また、監事は、理事が内部統制システムの整備を行っているか監査すべき善管注意義務を負っていることになります（法36条5項5号、規則26条5号・25条2項。内部統制システム整備の理事会決議の内容が相当でないと認めるときは、その旨およびその理由を監事の監査報

告に明記すること）。

⑥　その他の重要な業務執行の決定（法36条5項柱書）

前記①から⑤までを例示として、同程度の重要性がある事項の業務執行については、「その他の重要な業務執行の決定」として理事会の専決事項となります。

もっとも、何が「重要」であるかは、信金法にも定められていません。「重要」か否かは、各金庫の状況によって異なりますので、ある意味で裁量の幅があるといえるでしょう。金庫が、理事会で何を判断・決定し、何を経営陣に委ねるのかを定め、付議基準（決議事項）として明確化させたならば、基本的には、その基準は、当該金庫における「重要な業務執行」を類型化したものとして尊重されるべきだろうと考えます。

理事会の形骸化のリスクを上述したところではありますが、理事会の限られた時間、限られた機会を有効に活かし、実のある議論を尽くすために、あえて理事会の付議事項はある程度絞り、常務会等の決議事項の範囲を広げていくという選択もあり得るだろうと思います。職員外理事を活用し、ガバナンス強化を図っていくという趣旨からすれば、理事会の付議事項を絞るほうがむしろ望ましい方向性ということもあり得、これが直ちに不適切ということにはならないだろうと思います。

「重要な業務執行の決定」を限定的に考えたときに残るものは、金庫の大局的な戦略に関わる事項、金庫の存続や組織の根幹に関わるような事項、ガバナンスに関わる事項などの職員外理事も含めた全理事で慎重に審議すべき事項です。具体例は次のとおりです。

　イ　経営方針に関する事項

　ロ　予算・決算に関する事項

　ハ　会員の資格（加入・持分譲渡・脱退と持分払戻しなど）に関す

る事項

ニ　総(代)会に関する事項（法43条2項、45条1項・3項）

ホ　理事の人事に関する事項（理事候補者の決定、役付理事の選定・解職、業務執行理事・職務担当の決定など）

ヘ　組織再編に関する事項

ト　社内規程の制定・改廃

チ　その他（重要な争訟に関する事項など）

【column】

会員の加入の承諾の決定

　会員の資格は、地域の繁栄と相互扶助を図るために存在する協同組織の金融機関としての信用金庫組織の根幹に関わる事項です。

　したがって、会員の加入における「金庫の承諾」（法13条）は、「重要な業務執行の決定」に該当する理事会の専決事項ということになります（鈴木仁史『実務必携信用金庫法』100頁において「金庫の承諾は、業務執行の範囲に属し、相続加入を除き、理事会の決議が必要となる」と指摘されています）。

　他方、実務においては、会員の加入承諾の決定を代表理事に委任し、その結果のみを理事会に報告するという慣行が長年定着しているようです（「基本規定例・申合せ等」における信用金庫理事会規程例9条では『前条第18号（会員の加入の承諾）……の事項の決議については、代表理事の決定をもって理事会の決議に代えることができる』という規定となっています）。

　会員の加入承諾の決定は「重要な業務執行の決定」として理事会の専決事項に該当するとしながら、それを代表理事に委任しているという実務慣行を整合的に説明することはできるのでしょうか。あくまで試論ではありますが、理屈上の整理を試みます。

　　1　会員加入の承諾（法13条）は、「重要な業務執行の決定」に該当するので、理事会の決議によることが必要である（その決定を

理事へ委任することはできない）。

　2　もっとも、信用金庫は、協同組織の金融機関として、一定の資格を有する者であれば会員として参加することが広く保障される。他方、一定の資格を有していたとしても、加入が強制されることはない。このように、信用金庫は、特定の者の恣意的な結合ではなく、加入自由の原則が適用される組織である（法7条、独禁法22条2号）。

　このことを前提とした帰結として、信用金庫は、会員資格を有する者から加入を希望された際には正当な理由のない限りこれを拒否できないという加入承諾義務を負うということになる（加入申請を拒否できる場合は限定的となる）。

　3　加入申請を拒否できる事由が限定的と解される以上、理事会において、将来的な加入申請に対し、反社会的勢力に該当する等の加入を拒絶できるような正当な理由が存しない限りはすべての申請を承諾するという包括的な決定をあらかじめ行うことも可能なのではなかろうか。そして、理事会がこの包括的な承諾決定を行い、個別の加入申請について、代表理事にその拒否事由の存在を伺わせる事情がなければ、あらためて個々の承認決定を行うという行為を委任していると解するならば、代表理事への委任も理事会の専決事項に反することはないという説明が可能なのだろうと考える。

　4　この場合には、「代表理事が包括的な承諾決定に基づいて加入を承諾する限りは、理事会へ事後報告すれば足りる。しかし、仮に、代表理事が、個別の加入申請に対して、拒絶理由の存在を伺わせる事情を認めた場合には、単独で拒絶の決定はせず、理事会に承諾の是非をはからなければならない」という帰結になるのだろうと考えている。

【column】

金融機関のSDGs

SDGs「持続可能な開発目標（Sustainable Development

Goals）」への取組みを掲げる金庫が増えています（信金中央金庫も「信金中央金庫グループSDGs宣言」を掲げています）。

　2015年（平成27年）9月にニューヨーク国連本部において「国連持続可能な開発サミット」が開催されました。

　150を超える加盟国主張の参加のもと、その成果文書として「我々の世界を変革する：持続可能な開発のための2030アジェンダ」が採択されました。この35頁からなる文書の中の1頁に、だれひとり取り残さない、先進国・途上国すべての国際社会が持続可能な発展をしていくための2030年までに達成すべき17の目標が掲げられました。これがSDGsです。

　2015年9月に国連サミットで採択されました。「誰一人取り残さない」という基本理念のもと、貧困や環境問題をはじめ、世界をあげて取り組むべきさまざまな課題とあるべき姿が17の目標と169のターゲットで示されています。

　日本国内には、金融機関に対してSDGs達成を義務付けるような法令はありません。

　しかしながら、今ではSDGsへの取組みが企業価値向上に直結するようにもなってきました。近年、機関投資家の中では、企業評価をEnvironment（環境）、Society（社会）およびGovernance（ガバナンス）の観点から行って投資先を選定するESG投資の考え方が浸透してきていました。

　SDGsへの企業の取組みは、ESG投資を行う機関投資家から「どのようにSDGsに取り組んでいるか」「SDGsの取組みによってどのような成果をもたらしているか」などの視点で投資先として選定される重要な判断基準として機能するようになったのです。

　投資家視点のESG投資と企業視点のSDGsへの取組みが合わさり、社会的な課題解決が事業機会と投資機会を生み出し、持続可能な社会をつくっていくという循環を形づくるようになってきたのです。

　信用金庫の地域金融機関としての設立の沿革、協同組織性や存在意義等は、「だれひとり取り残さない」というSDGsの掲げる目標と

非常に親和性が高いものと思います。そもそも、金庫の活動は、あえてSDGsへの取組みを宣言しなくても、このSDGsという概念が生まれるずっと前から変わらず行ってきたものでしょう。それでも、同じ活動であっても世界共通の17の目標（169のターゲット）を用いることで、世間へのアピール力が変わります。

　せっかく同じ活動を行うのであれば、よりアピール力が高まるSDGsへの取組みとして世間に発信していくほうがよいだろうと考えます。

【信用金庫の取組みの例】
①　地域の活性化
　　Goal 8　　働きがいも経済成長も
　　Goal 9　　産業と技術革新の基盤をつくろう
②　安心して暮らせる地域環境作り
　　Goal 3　　すべての人に健康と福祉を
　　Goal 4　　質の高い教育をみんなに
　　Goal 11　住み続けられるまちづくりを

(3)　役員等の責任についての補償契約・役員等賠償責任保険契約の内容についての決定

　信金法では、会社法改正において定められた補償契約や役員等賠償責任保険契約に関する規定（会社法430条の2・430条の3）にならい、信金法39条の4および39条の5を創設して、これらの契約の内容決定は理事会の決議による旨を定めました。

　補償契約や役員等賠償責任保険契約の定めについては、後述します（第6章・Ⅴ・3「補償契約」および4「役員等賠償責任保険契約」参照）。

　なお、補償契約締結後の補償契約の履行（役員等に生じた防御費用や損害賠償を負担することで生じる損失の補償実行）を行う場合にも、

その事案の内容、補償契約上の実行条件の定め方（補償実行に裁量がある場合等）、補償金額等によっては、理事会の専決事項である「重要な業務執行の決定」（前記(2)・⑥・チ「その他（重要な争訟に関する事項など）」）に該当するものとして、理事会決議を要する場合がある点は留意が必要です。

2 理事の職務の執行の監督

理事会は、業務執行の決定をするだけであり、決定された業務の執行は代表理事および業務執行理事（その指揮命令を受けた職員）によって行われます。

理事会は、その職務の執行が適正に行われているかを監督する職責を有しています。具体的には、理事会は理事から職務の執行の状況の報告を受け（法36条6項）、業務執行の決定を行い（同条3項1号・5項）、代表理事の職務執行が不適切であると判断した場合には解職を行うことで（同条3項3号）、理事の職務の執行を監督します。

信金法は理事会決議の省略を認めながらも（法37条3項）、理事会による監督を実効性あるものにするため、3か月に1回以上は理事会を実際に開催して職務の執行状況の報告をさせる義務を課しています（法36条6項）。

3 代表理事の選定および解職

理事会は、理事の中から代表理事を選定しなければなりません（法36条3項3号・4項）。そして、理事会は、その決議によって、いつでも代表理事を解職することができます（同条3項3号）。これによって、理事会による代表理事への監督を実効性あるものにしています。

4　理事と金庫間の取引(利益相反取引)の承認

　理事は、金庫との利益相反取引（直接取引・間接取引）をしようと
する場合、当該取引について重要な事実を開示し、その承認を受ける
とともに（法35条の5第1項）、取引後遅滞なく、当該取引の重要な
事実を理事会に報告しなければなりません（同条3項。第1章・Ⅱ・
4「信金法上の具体的義務②－理事と金庫との取引等の制限義務」参
照）。

(1)　理事会の承認が必要となる直接取引の範囲

　直接取引とは、理事が当事者として、自己のために、または代理
人・代表者として第三者のために金庫とする取引をいいます。具体例
は、第1章・Ⅱ・4・1・(1)「直接取引」を参照ください。

　直接取引に当たるというためには、理事と金庫の利益が相反して
いることが必要になります。利益相反取引は、理事がその地位を利用
して、金庫の利益の犠牲のもとに自己または第三者の利益を図ること
を防止することに趣旨があるためです。

　したがって、取引の類型上、かかる危険がない（抽象的に見て金庫
に損害が生じ得ない）取引については、理事会の承認は不要です。具
体的な取引には次のものがあります（第1章・Ⅱ・4・2「利益相反
取引制限の趣旨と承認不要の取引」参照）。

① 　総合口座取引、預金契約、保険等の普通取引約款に基づく定型
　　的取引（東京地判昭和57・2・24判例タイムズ474号138頁参照）

② 　理事の金庫に対する無利息無担保の金銭貸付け（最判昭和38・
　　12・6民集17巻12号1664頁、最判昭和50・12・25金融法務事情
　　780号33頁参照）

③ 　理事の金庫に対する贈与、債務引受など

④ 　金庫・理事間で法律上確定している債務の履行（大判大正9・

2・20民録26輯184頁等参照）

⑵　理事会の承認が必要となる間接取引の範囲

　間接取引とは、金庫が理事の債務を保証することその他理事以外の者との間で金庫と理事間の利害が相反する取引をいいます。具体例は、第1章・Ⅱ・4・1・⑵「間接取引」を参照ください。

　規制対象となる間接取引については、「金庫と当該理事との利益が相反する取引」を緩やかに解する考え方が有力ですので、理事個人だけではなく、理事が役職員を兼務する法人、理事が大株主として実質的な決定権を有している会社なども含まれ得ることになります。

　実務上は、こういった関係にある者と金庫が取引をする場合には、直接取引と同程度の危険性があると考えて理事会の承認を得ておくべきでしょう。

⑶　承認手続

①　取引前の手続

　理事は、理事会において、当該取引の重要な事実を開示し、その承認を受けなければなりません（法35条の5第1項）。

　取引の相手方または取引について利益相反関係にある理事は、特別利害関係を有する理事として、承認の議決に加わることはできません（法37条2項）。当該理事が当該議決について、議事に参加した場合や議長として議事を主宰した場合には、当該理事会決議が無効となる場合があるので、当該理事には退席を求め、議長は別の理事が務めるようにしましょう（東京高判平成8・2・8資料版商事法務151号142頁参照。なお、特別利害関係を有する理事が議事に参加した場合で、当該理事を除外してもなお議決の成立に必要な多数が存するときは、その効力は否定されるものではないとした漁業協同組合の事案−最判平成28・1・22金融・商事判例1490号20頁参照）。

　開示する「重要な事実」とは、理事会で承認をするべきか否かの判

断をするために必要な事実のことをいいます。直接取引であれば、取引の相手方、目的物、数量、価格等といった事項であり、間接取引であれば、金庫が負担する債務の内容、主債務者の返済能力等がこれに当たります。

　利益相反取引についての理事会の承認は、事前に得るのが原則です。事後になされた承認（追認）でも有効となるかについては争いがありますが、追認がなされれば利益相反取引行為時にさかのぼって有効となると解する説が有力です（東京高判昭和46・7・14金融・商事判例279号15頁参照）。

　承認手続は、通常は普通決議で足りますが（本章・Ⅱ・2・4「決議方法」参照）、利益相反取引のうち、金庫から信用供与を受ける直接取引の場合の決議要件は、出席理事の3分の2以上（定款で要件を加重した場合にはその定め以上）に加重されています（法89条1項、銀行法14条2項）。

②　取引後の手続

　利益相反取引を行った理事は、取引後遅滞なく、理事会に取引についての重要な事実を理事会に報告しなければなりません（法35条の5第3項）。この報告をしなかったり、虚偽の報告をした理事は、100万円以下の過料の制裁を受けることがあります（法91条1項9号）。

　取引後の報告を義務付けているのは、承認済みの取引が、承認の範囲内で行われたかどうかを確認し、理事への責任追及の要否等を判断する機会を与えるためです。

5　監事の監査を受けた計算書類等の承認

　監事の監査を受けた計算書類および業務報告ならびにこれらの附属明細書（特定金庫においては、会計監査人の監査も受けたもの）については、理事会の承認を受けなければなりません（法38条4項・38条

の2第4項・11項。第8章・Ⅱ「決算スケジュール等」参照)。

Ⅱ 理事会の手続等

1 理事会の招集手続

1 開催頻度

　理事会は、少なくとも3か月に1回は開催しなければならないとされています。理事は、3か月に1回以上は自己の職務の執行状況を理事会に報告しなければならないからです（法36条6項）。

　もっとも、実務上は、理事会で決定しなければならない事項や報告事項が日々発生していくため、多くの金庫が毎月1回定時理事会を開催しています。

2 招集の流れ

(1) 招集権者

① 各理事による招集

　理事会は、原則として各理事が招集するものとされています（法37条4項、会社法366条1項前段）。定款や理事会で特定の理事を招集権者とする定めをしたときは、その定めが優先されます（法37条4項、会社法366条1項後段）。

　実務上は、定款等で代表理事である理事長を招集権者とし、理事長に事故あるときはあらかじめ理事会が定めた順序による旨を定めていることが多いでしょう。

② 招集権者による招集

定款や理事会で特定の理事を理事会の招集権者と定めた場合には、他の理事は、招集権者に対し、理事会の目的である事項を示して、理事会の招集を請求することができます（法37条4項、会社法366条2項）。それでも理事会が招集されないときには、招集権者ではない理事も、自ら理事会を招集することができることになります（法37条4項、会社法366条3項）。

③ 監事による招集

監事にも、理事の不正等を理事会に報告するために理事会の招集を請求し、それでも理事会が招集されないときには自ら理事会を招集することができる権限があります（法35条の7、会社法383条2項・3項）。

(2) 招集通知の発送

理事会を招集する際は、すべての理事および監事に対して、理事会を開催する日の1週間前（定款でこれ以下の期間を定めた場合には、その期間）までに通知を発送しなければなりません（法37条4項、会社法368条1項。必ずしも期間内に届いている必要まではありません）。実務上は、この期間を3日前や5日前に短縮している金庫が多いと思われます。招集通知には、日時と場所の特定は必要です。会議の目的、議題などは必ずしも特定を要しません。方式も特に定めはありませんので、口頭で行うこともできます。

なお、理事および監事全員の同意があるときは、招集手続を経ることなく理事会を開催することができます（法37条4項、会社法368条2項）。したがって、あらかじめ「毎月第4水曜日」等と定例理事会の開催を定めておけば個々の招集手続を省略することができます。

3　開催日時・場所

　理事会の日時および場所については、特に法律上の定め・制限はありません。

　映像・音声の送受信によって、相互に相手の状態を認識しながら同時に通話できる方式（テレビ会議システムや電話会議システム等）を利用して理事会を開催することもできると考えられています（規則24条3項1号の「理事会が開催された日時及び場所（当該場所に存しない理事又は監事が理事会に出席をした場合における当該出席の方法を含む。）」という規定は、このような方式があり得ることを当然の前提としています）。

【column】

オンライン理事会の開催について

　従前から、テレビ会議システムや電話会議システム等を利用して理事会を開催することはできるとされてきましたが、従来は実際に会議室で理事会を開催し、遠隔から参加するのは数名のみを想定していたものと思われます。その場合、議事録には、遠隔参加者のみを「当該場所に存しない理事」としてテレビ会議等の出席方法と一緒に記載しておけば済みました。

　その後、2020年（令和2年）以降に大流行した新型コロナウイルスの感染拡大防止の観点から、さまざまなところでオンライン化が進んだ結果、全役員が自宅等の金庫外からオンラインで参加するといったことも想定されるようになりました。

　さて、この場合でも、理事会議事録の「理事会が開催された……場所」（規則24条3項1号）を記載しなければならないわけですが、金庫の会議室を記載できるのでしょうか。

　議事録は、会員や金庫債権者の閲覧謄写請求の対象となり得ることから（法37条の2第4項・5項）、自宅等を記載することは避け

たいと思う気持ちは理解できます。オンラインでつないだ理事会において、役員が一人もいない会議室にも接続がされていて、審議に参加し得る態勢になっていれば、議事録に記載する開催場所はその会議室でもよいとする見解もあるようです。

　しかし、実際に会議室に１人でも理事がいれば別ですが、１人も存在しない場所を開催場所というには現実との乖離が大きいように思われます。

　その場合には、オンライン参加している理事のうちの１人が実際にいる場所を議事録に開催場所として記載しておく必要があるでしょう。たとえば、代表理事は登記がされていることから「議長の自宅」でも特定は足りると考えられます。あるいは、完全な特定がなされない範囲（市町村等）で記載しておくといった方法も考えられます。なお、そのほかの役員は、「当該場所に存しない理事又は監事」として出席方法を記載することになるでしょう。

2　理事会の運営

1　定 足 数

　理事会の定足数は、議決に加わることができる理事の過半数となります（法37条１項。過半数は理事の定数ではなく、現員数が基準です。議決に加わることができない理事については後記４・(3)「議決に参加できない理事（特別利害関係を有する理事。法37条２項)」も参照してください）。

　当該理事会の目的となる議題の議決に加わることができる理事が８名であれば、５名以上が出席していなければなりません。定款で定足数の要件を加重しているときは、その定めに従いますが、定足数を緩和することはできません。

定足数は、議事を開始する際はもちろん、決議の時点においても満たされていなければなりません。議事開始時点で、出席した理事の数が定足数を満たさない場合には、理事会を開催することはできません。開始時刻を遅らせることで定足数を満たすことができそうであれば、休憩をはさんで再度定足数の確認を行う方法もとれますが、そうでない場合には、流会となります。

なお、理事の代理出席は認められません。理事会は、個人的な信頼に基づいて選任された理事が相互の協議・意見交換を通じて意思決定を行う場ですから、本人が直接出席する必要があるのです。

2　議事進行

理事会の議事進行に関する法律上の定めはありませんので、理事会規程等の理事会の定める内部規則や会議に関する慣行に従って行われています。一般的には、議長をおいて議事進行をとり仕切ることが多いです。

【column】

「規定」と「規程」の違い

「規定」とは、法令の条文として定めること、また、その条文そのもののことをいいます（大辞林「規定」の項より）。

「規程」とは、特定の目的のために定められた一連の条項の全体をひとまとまりとして呼ぶ語をいいます（大辞林「規程」の項より）。

したがって、理事会の運営方法等を定める規則は「理事会規程」とするのが正しく、その規則のうちの特定の条文（たとえば、10条）のみを指す場合には「規定」とするのが正しい使い方です。

---

3 報告事項

(1) 職務執行状況の報告義務（法36条6項）

① 理事による定期的報告

理事は、理事会において、自己の職務の執行状況を3か月に1回以上報告しなければなりません。この報告義務が理事会における報告事項の中心です。

② 報告事項

理事会は、理事の職務執行の監督権限を有しています（法36条3項2号）。その監督権限を実効的にするためには、理事会の構成メンバーである理事が、他の理事の職務執行の状況を把握していなければなりません。しかし、代表理事や業務執行理事とそれ以外の理事の間には情報の格差が生じてしまいます。その格差を埋めるために、信金法はかかる報告義務を明記しています。

したがって、職務執行状況の報告を行う各理事は、他の理事が職務執行の監督を行ううえで必要となる事項についてはすべて報告しなければならないと考えるべきでしょう。たとえば、理事会で決定されている職務執行について、決定時に前提とされていた事情に変更が生じていないのであれば報告を省略できる場合もある一方で、理事会の決定後から重大な変更が生じている場合にはその旨を必ず理事会に報告しなければならないということになります。

③ 理事会による報告の義務付け

理事会は、職務の重要性に応じて、その決定時に、担当理事に対して、経過や進捗状況を定期的（たとえば毎月と定める等）に報告するよう義務付けることも可能だと考えられます。

④ 情報・資料の提出

監督をする立場の理事は、代表理事や業務執行理事に対し、職務執

行の監督のために必要となる情報や資料の提出を求めることができます。

⑵　利益相反取引の事後報告義務（法35条の5第3項）

　利益相反取引を行った理事は、取引後遅滞なく、取引についての重要な事実を理事会に報告しなければなりません（法35条の5第3項）。この報告をしなかったり、虚偽の報告をした理事は、100万円以下の過料の制裁を受けることがあります（法91条1項9号）。

4　決議方法

⑴　決議要件（法37条1項）

　理事会の決議は、定足数を満たしていることを前提に、出席理事の過半数をもって行われます。議決に参加できる理事が8名の場合、通常は、5名の出席で定足数が満たされていることになり、出席者5名のうち、3名以上が賛成すれば可決されることになります。定款で要件を加重しているときは、その定めに従いますが、緩和することはできません。

⑵　可否同数の場合

　理事会の決議は、定款に別段の定めがない限りは、出席理事の過半数をもって行われますから、可否同数の場合には決議は否決となります。

　定款や理事会規程において、「可否同数のときは、議長の決するところによる」旨の定めを置いた場合に、かかる定めが有効であるかどうかは議論の分かれるところですが、当初の決議の際には議長が議決権を行使せず、可否同数となった場合においてだけ議長が決するというのであれば有効でしょう。他方、当初の決議で議決権を行使した議長が、可否同数だったために再度裁決権を行使するというのだとすれば、当該規定は決議要件を緩和させることになるものとして無効になると

考えられます（江頭憲治郎『株式会社法 第8版』435頁参照）。

　また、可否同数となった際に、結論を議長に一任する旨の決議が過半数の賛成をもって可決された場合には、決議要件を緩和するものではありませんので、議長の決するところによることもできます。

(3) 議決に参加できない理事（特別利害関係を有する理事。法37条2項）

　理事会の決議に特別の利害関係を有する理事（以下「特別利害関係理事」といいます）は、金庫のために忠実に職務を執行する義務（法35条の4）が履行されないおそれがあるため、議決に加わることはできないとされています。特別利害関係理事が議事に参加した場合には、当該議決は無効とされることがあります。

　特別利害関係の例としては、利益相反取引の承認を受ける理事（法35条の5第1項）、代表理事の解職における当該代表理事（法36条3項3号）等があります（もっとも、代表理事の選任における候補者の理事は議決に参加することができるとされています。代表理事の選任は業務執行の決定そのものだからです）。

　特別利害関係理事には、理事会における意見陳述権もありません。決議の際には、退席してもらう必要があり、退席を要求された特別利害関係理事はこれに従わなければなりません（ただし、漁業協同組合の事例ですが、理事会の議決が、当該議決について特別の利害関係を有する理事が加わってなされたものであった事案について、当該理事を除外してもなお議決の成立に必要な多数が存するときは、その効力は否定されるものではないとした最高裁判決があります（最判平成28・1・22金融・商事判例1490号20頁参照））。

　また、公正を期する必要から、特別利害関係理事は、議長の権限も当然に失うものとされており、当該理事が議長として議事を主宰した場合には当該理事会決議が無効とされるおそれがあります（東京高判

平成8・2・8資料版商事法務151号142頁参照）。

⑷ 書面による決議（法37条3項）

① 書面による決議の手続

　理事会は現実の会議を開く必要がありますので、いわゆる持ち回り方式による決議は原則として認められません。

　もっとも、理事会による機動的な意思決定を要する場合もあることから、2006年（平成18年）の会社法制定により取締役会における書面決議が認められたことに合わせて、信金法でも同様の規定が設けられました。次の要件を満たす場合には、議案を可決した理事会決議があったものとみなして、理事会の決議を省略することができます。

　　イ　定款に、書面による決議を認める規定を設けていること
　　ロ　理事が理事会の決議の目的である事項について提案をすること
　　ハ　当該提案について議決に加わることができる理事全員の書面または電磁的記録による同意の意思表示があること
　　ニ　監事が当該議案に異議を述べないこと

　この理事らの意思表示をした書面は、理事会決議があったものとみなされた日から10年間、金庫の主たる事務所に備え置かなければなりません。

② 書面による決議の留意点

　すべての理事会決議を書面で行うとすれば、理事会という機関そのものの形骸化であり許されません。理事会は、理事の職務執行の監督を行う機関ですから、漫然と書面による決議を繰り返していることが理事としての職務懈怠となることもあり得ますので注意が必要です。

　また、決議自体の省略は認められていますが、前記「開催頻度」に記載のとおり、最低3か月に1回は理事会を実際に開催して、職務執行状況の報告を行わなければなりません。後記6のとおり、議事録作成も必要です（法37条の2第1項、規則24条4項）。

5　監事の出席

　監事は、(代表) 理事の職務の執行を監督するため、理事会に出席し、必要があると認めるときは意見を述べなければなりません (法35条の7、会社法383条)。したがって、理事会の招集通知は、理事だけでなく、監事に対しても行わなければなりません。

　他方、監事としては、代表理事の善管注意義務違反をうかがわせる言動があったにもかかわらず、調査確認を行わない場合には、任務懈怠責任が問われることもあります。

　理事の職務の執行の適法性等に疑問があるときは、理事会等において、執行状況等の説明を求めたり、資料を提出させるなどして、調査確認を行う必要があります。

　また、監事は、理事の不正が疑われる場合には理事会にその旨を報告しなければなりません (法35条の7、会社法382条)。

6　議事録の作成・備置き・閲覧請求対応

(1)　**理事会議事録の作成・備置きの義務**

　金庫は、理事会の議事について議事録を作成する義務を負っています (法37条の2第1項)。

　そして、理事会の日 (書面による決議の場合には、理事会の決議があったものとみなされた日) から10年間は、議事録または書面による決議に同意する旨の意思表示 (以下「議事録等」といいます) をその主たる事務所に備え置かなければなりません (同条3項)。

　議事録等が書面により作成されている場合には、その正本を物理的に主たる事務所に置いておきます。

　議事録等が電磁的記録により作成されている場合には、必ずしも、主たる事務所に電磁的記録や媒体を置いておく必要はありません。主

たる事務所で電磁的記録に記載された事項が紙面や映像面に表示できればよいとされています（規則3条5号）。電磁的記録そのものは、たとえば、地震の少ない地域にサーバーのハードディスク等を設置して、そこに記録しておくといった対応も可能です。

理事会議事録を作成せず、記載・記録すべき事項を記載・記録せず、虚偽の記録・記載をし、または備置きをしなかったときは、理事等は100万円以下の過料に処せられることがあります（法91条1項4号の2・5号）。

(2) 理事会議事録の意義

議事録は、議事の経過の要領およびその結果を中心に記載します（規則24条3項3号）。法令に基づいて正確かつ明確に記載・記録された議事録には、訴訟上の証拠資料や登記申請時の添付資料等として記載事項の真実性についての推定が働く証拠力が備わることになります。

【column】

議事録に異議をとどめない理事

会社法には、「取締役会の決議に参加した取締役であって第3項の議事録に異議をとどめないものは、その決議に賛成したものと推定する」という推定規定が置かれていますが（会社法369条5項）、信金法には、これに該当する規定はありません。

したがって、信金法上は、理事会に出席した理事が議事会議事録に異議をとどめなかったとしても、賛成したものと推定されることにはならないのです。

これに対し、会社法上の当該規定を参考に挙げて、異議をとどめなかった理事に、決議に反対した旨の立証責任があるとする見解もあります。しかし、同規定は、そもそも、議事録に記載・記録されるのは決議の結果のみで、誰が決議に賛成し反対したかについて明示されないことから、事後的に特定の取締役が当該決議に賛成した

かを立証することが困難となるため、賛成を推定させることによってその立証責任の転換を図っているものです。

　法律上の明文なく、理事会の議事録にも当該規定を準用して立証責任の転換を図ることは妥当ではありません。

　もっとも、会社法上の規定が適用されないとしても、議事録には、訴訟上の証拠資料等として、記載事項の真実性についての推定が働く証拠力が備わります。決議に賛成しなかったにもかかわらず、議事録に「全会一致をもって承認可決された」旨の記載がされている場合には、理事は議事録の記載が事実と異なることを証明しない限り、決議に賛成したものとして扱われます。

　したがって、理事としては、決議に賛成できない場合、理事会でその旨を明言し、かつ、議事録にも異議をとどめた旨が記載されるようにしておくべきことはいうまでもありません（理事会に出席した理事は、議事録に署名または記名押印等をしますので（法37条の２第１項・２項、規則９条）、その際に議事録の記載内容を確認することができます）。

⑶　理事会議事録の作成方法等

① 作成方法

イ 議事録の内容

議事録は、次の事項を内容として作成します（規則24条３項）。

　　a　理事会が開催された日時および場所（当該場所にいない理事または監事が理事会に出席をした場合には、その出席方法）

　　b　定款等で定められた招集権者が招集した場合以外の場合は、その旨

　　c　理事会の議事の経過の要領およびその結果

　　d　決議を要する事項について特別の利害関係を有する理事があるときは、その理事の氏名

　　e　理事会において次の意見や発言があったときは、その内容の

概要

・利益相反取引を行った理事の事後報告（法35条の5第3項）

・監事からなされた理事の不正疑惑の報告（法35条の7、会社法382条）

・監事が、理事会に出席して述べた意見（法35条の7、会社法383条）

　f　議長が存するときは、議長の氏名

□　書面による決議の場合の記載事項

　書面による決議（法37条3項）がなされた場合の議事録は、次の事項を内容とします（規則24条4項）。

　　a　理事会の決議があったものとみなされた事項の内容

　　b　書面による決議を提案した理事の氏名

　　c　理事会の決議があったものとみなされた日

　　d　議事録作成に係る職務を行った理事の氏名

八　議事録への署名・押印

　議事録には、出席した理事および監事の署名または記名押印（電磁的記録の場合には電子署名）が必要になります（法37条の2第1項・2項、規則9条）。

　会社法の場合、出席取締役に署名または記名押印を求めるのは、議事録に異議をとどめない者はその決議に賛成したものと推定が生ずるためであり（会社法369条5項）、出席監査役については議事録に遺漏または誤りがないことを確認させるためであるという説明がなされます。

　信金法には、決議賛成の推定規定はありませんので、出席役員に署名等を求める趣旨は、議事録に遺漏または誤りがないことを確認させるためであるという意味合いになるでしょう。

② 作成義務者

議事録の作成義務者は、理事会において、作成等の職務を行う理事として決められた者がなります。必ずしも代表理事や業務執行理事である必要はなく、その他の理事でも構いません。ただし、実際に作成職務を担当する理事自らが直接に議事録を作成することまでを求められているわけではありません。他人に作成させた議事録であっても、その内容の真実性を判断し確認したうえで、それを自分で作成したものとして取り扱えば足ります。現実には、法務や総務の職員が作成していることが多いようです。

議事録の作成者について、出席した理事および監事が署名等をすることと関連して、これら署名等をした者らが共同で作成したと理解する見解もあるようです。

しかし、実際上は、複数名で共同して議事録を作成するのは非効率ですので、このような見解はとられていません。理事会を構成する理事の中から、議事録作成の職務を行う理事を決定すれば足ります。

③ 作成時期

議事録を作成する時期については、法令上、明文の定めはありません。しかし、代表理事の異動等が生じた場合には、2週間以内に変更の登記をしなければなりません（法66条1項）。理事会議事録は、当該変更を証する書面として、その申請に添付されますので（法80条1項）、議事録の作成は、この期間内での作成が1つの目安となります。

⑷ 理事会議事録の閲覧請求

① 会員による議事録閲覧・謄写等請求（法37条の2第4項）

会員は、その権利を行使するため必要があるときは、金庫の業務取扱時間内はいつでも議事録の閲覧・謄写、紙面や映像面への表示を請求することができます。

ただし、会員の権利行使のための必要性がない場合に閲覧・謄写を

認め、重大な企業秘密が漏えいしてしまった場合等には、理事の善管注意義務違反が問われることがあるので注意してください。

② 金庫の債権者による議事録閲覧・謄写等（法37条の2第5項・6項）

金庫の債権者は、役員の責任を追及するため必要があるときは、裁判所の許可を得て、議事録の閲覧・謄写、紙面や映像面への表示を請求することができます。ただし、裁判所は、当該閲覧・謄写等によって、金庫またはその子会社に著しい損害を及ぼすおそれがあると認めるときは、その許可をすることができないとされています。

金庫は、裁判所が許可をした場合には、債権者からの閲覧・謄写等の請求を拒むことはできません。正当な理由なく拒んだ場合には、100万円以下の過料に処せられることがあります（法91条1項4号の2）。

第5章

その他の機関等

I 会計監査人

1 会計監査人とは

会計監査人は、特定金庫の機関として、計算書類などの会計を監査する公認会計士または監査法人のことをいいます。会計監査人は「機関」ですが、「役員」には含まれません（法32条1項。なお、会計監査人が「機関」であることについて会社法326条2項参照）。

会計監査人と役員（理事と監事）を合わせて「役員等」といいます（法39条1項）。

2 会計監査人設置義務

金庫のうち事業年度の開始の時における預金および定期預金の総額が200億円以上の金庫は、会計監査人を設置する義務があります（法38条の2第1項、施行令5条の5）。

また、それ以外の金庫は、定款に定めることで会計監査人を任意に設置することができます（法38条の2第2項）。

3 会計監査人の資格等と選任・終任等

1 会計監査人の資格等

(1) 会計監査人の資格

会計監査人は、公認会計士（外国公認会計士を含みます）または監査法人でなければなりません（法38条の3、会社法337条1項、公認会計士法16条の2）。

⑵　会計監査人が監査法人から選任される場合

　会計監査人に監査法人が選任された場合には、その監査法人の社員の中から会計監査人の職務を行うべき者が選定され、これが特定金庫に通知されます（法38条の3、会社法337条2項本文）。

　監査法人は、金庫の子会社もしくはその取締役、会計参与、監査役もしくは執行役から公認会計士もしくは監査法人の業務以外の業務により継続的な報酬を受けている者またはその配偶者の社員を「会計監査人の職務を行うべき者」に選定することはできません（法38条の3、会社法337条2項ただし書・3項2号）。

⑶　会計監査人の欠格要件

　次の者は、会計監査人になることはできません（法38条の3、会社法337条3項）。

① 　公認会計士法の規定により、法38条1項に規定する計算書類について監査することができない者

② 　金庫の子会社もしくはその取締役、会計参与、監査役もしくは執行役から公認会計士もしくは監査法人の業務以外の業務により継続的な報酬を受けている者またはその配偶者

③ 　監査法人でその社員の半数以上が上記②に該当する者であるもの

　上記の欠格事由のある者を選任した場合には、その選任決議は当然に無効です。選任後に欠格事由に該当した場合には、その時点で当然に会計監査人の地位を喪失することになります。

2　会計監査人の選任

　会計監査人は、総(代)会の決議によって選任されます（法38条の3、会社法329条1項、法49条5項）。

　総(代)会に提出される会計監査人の選任に関する議案の内容は、監

事の過半数をもって決定されます（法38条の3、会社法344条1項・2項）。現在は、監事の決定権が定められていますが、2014年（平成26年）会社法改正前は、理事が会計監査人の選解任・不再任に関する議案の内容を提出する際には監事の過半数の同意を得なければならない、という同意権の形で規定されていました。これは、会計監査人の独立性の確保と、会計監査人と監査役（監事）との職務上の密接な関係に基づく監査役（監事）の意思の反映を理由に監査役（監事）の権限を強化する形で改正されたものです。

会計監査人が欠けた場合または定款で定めた会計監査人の員数が欠けた場合で、遅滞なく会計監査人が選任されないときは、監事は一時会計監査人を選任しなければいけません（法38条の4）。

会計監査人の就任があった場合には、その旨を所轄の財務（支）局長に届け出なければなりません（法87条1項6号・88条、規則100条1項3号、施行令10条の2第1項4号）。

3　会計監査人の任期・終任

(1)　会計監査人の任期

会計監査人の任期は、選任後1年以内に終了する事業年度のうちの最終のものに関する通常総（代）会の終結のときまでとなります（法38条の3、会社法338条1項）。

ただし、当該通常総（代）会において特に決議を行わなければ、当然に再任したものとみなされることになっています（法38条の3、会社法338条2項）。

(2)　総（代）会決議による会計監査人の解任

会計監査人は、総（代）会の決議によっていつでも解任することができます（法38条の3、会社法339条1項）。ただし、正当な理由のない解任の場合には、金庫に損害賠償義務が生じます（法38条の3、会社

法339条2項)。会計監査人のほうから辞任することもできます（民法651条）。

(3) 監事による会計監査人の解任

監事は、次の場合に、全員の同意により会計監査人を解任することができます（法38条の3、会社法340条1項・2項）。

① 職務上の義務に違反し、または職務を怠ったとき

② 会計監査人としてふさわしくない非行があったとき

③ 会計監査人の心身故障のため、職務の執行に支障がある、または職務に堪えないとき

この場合、監事の互選により定めた監事が、会計監査人解任後最初に招集される総（代）会において、解任した旨および解任理由を報告しなければなりません（法38条の3、会社法340条3項）。

(4) 解任・不再任の決議

会計監査人の選任の場合と同様に、総（代）会に提出される会計監査人の解任・不再任に関する議案の内容は、監事の過半数をもって決定されます（法38条の3、会社法344条1項・2項。2014年（平成26年）会社法改正前は、監事の同意権の規定であった点や改正理由は上述したとおりです）。

(5) 会計監査人による意見陳述等

会計監査人は、総（代）会において、会計監査人の選解任・不再任および辞任について意見を述べることができます（法38条の3、会社法345条1項）。また、会計監査人を辞任した者は、辞任後最初に招集される総（代）会に出席にして、辞任した旨およびその理由を述べることができます（法38条の3、会社法345条2項）。

(6) 退任の届出

会計監査人の退任があった場合には、その旨を所轄の財務（支）局長に届け出なければなりません（法87条1項6号・88条、規則100条1

項3号、施行令10条の2第1項4号)。

4　会計監査人の報酬決定

　会計監査人の報酬は、理事が決めます。ただし、その報酬の決定には、監事の過半数の同意が必要になります(法38条の3、会社法399条1項)。これは、会計監査人の監査を受ける立場の理事のみが会計監査人の報酬を決定するとなると、監査の適正性に疑問が生じ、また、報酬水準が低くされることで会計監査人が金庫に十分な役務を提供することが困難となるおそれがあるからです。

5　会計監査人の権限および義務

1　会計監査人の地位

　会計監査人と金庫は委任関係にあります。会計監査人は、計算関係書類について、特定金庫の委任(法38条の3・33条、民法656条−準委任)を受けて、専門職業人として監査を行います。したがって、会計監査人は、理事や監事と同様に、金庫に対して善管注意義務を負います(民法644条)。

　そのほか、会計監査人については、会社法上の規定の大半が準用されています(法38条の3)。

2　計算書類等の監査権限、会計監査報告書作成義務

　会計監査人は、法38条の2第3項の定めるところによって、計算書類およびその附属明細書を監査する権限・義務を有しています(規則31条〜33条。第8章・Ⅱ・1・3「特定金庫の場合の計算書類等の監査」参照)。

　そして、会計監査人は、その職務を適切に遂行するため、理事や職

員、金庫の子法人の役員等と意思疎通を図り、情報の収集および監査の環境の整備に努めて会計監査報告書を作成しなければなりません。

3　会計帳簿等の閲覧謄写・報告請求・財産状況等の調査権限

会計監査人は、いつでも会計帳簿またはこれに関する資料の閲覧謄写をし、または理事および支配人その他の使用人に対して会計の報告を求めることができます（法38条の3、会社法396条2項）。また、その職務を行うために必要のあるときは、金庫の子会社に対して会計の報告を求めたり、金庫やその子会社の業務および財産の状況の調査をすることができます（法38条の3、会社法396条3項）。

4　理事の不正報告義務

会計監査人は、その職務を行うに際して理事の職務の執行に関し不正の行為、または法令・定款に違反する重大な事実があることを発見したときは、遅滞なくこれを監事に報告しなければなりません（法38条の3、会社法397条1項）。

会計監査人の職務は会計監査であり、業務監査は含まれませんが、会計監査の際に理事の不正行為等を発見することがあり得ます。そこで、その報告義務が定められています。

5　総(代)会出席・意見陳述権

会計監査人は、監事と会計監査人の監査を受けた計算書類およびその附属明細書について、法令または定款に適合するかどうかの意見が監事と異なったとき、通常総(代)会に出席して意見を述べることができます（法38条の2第10項・3項）。

6 その他、会計監査人の責任

1 善管注意義務

会計監査人は、前述のとおり、金庫との委任契約に基づく善管注意義務を負いますので（民法644条）、専門的職業人として、上記の権限を適切に行使する義務も負うことになります。

2 任務懈怠の際の責任

会計監査人がその任務を怠ったときには、金庫に対して、連帯して金庫に生じた損害を賠償する義務を負います。

3 会計報告の虚偽記載

会計監査報告に記載しまたは記載すべき重要な事項につき虚偽記載等をしたときは（たとえば、計算関係書類が法令に違反し、金庫の財産・損益の状況を正しく示していないにもかかわらず、それが適法である旨の記載をした場合等）、これによって第三者に生じた損害を連帯して賠償する責任を負い、その行為を行うについて注意を怠らなかったことを証明しない限りは責任を免れることはできません。

会計監査報告における会計監査人の意見は、理事等による資産の横領、証憑書類の改ざん、取引の隠ぺい等の不正がないことまで保証するものではありませんが、そのような不正は計算関係書類の適正性に影響を及ぼしますので、会計監査人はそういった不正による重要な虚偽記載が計算関係書類に含まれ得ることをふまえて職業的懐疑心をもって監査すること等が求められます。会計監査人のそういった不正の看過には責任が問われることがありますので、十分な注意が必要です。

II　常務会等の組織

1　常務会制度の意義

　金庫の中には、法律で設置が義務付けられている理事会のほかに、常務会、経営会議、常勤役員会等の名称の任意機関（以下、説明の便宜上、これらの組織をすべて「常務会」といいます）を設けていることがあります。

　常務会は、法律に基づく組織ではありませんので、常務会を設けているかどうか、その名称、その性格や運営方法も各金庫によって異なります。理事会に対する諮問機関という場合もあれば、一定の事項についての決裁機関としている場合もあります。たとえば、目的を分けて、金庫内に、構成員の異なる2つ以上の任意的な会議体（常務会とリスク管理委員会等）を設置するような例もあります。

　一般的には、理事会よりも少ない構成メンバー（たとえば、理事長、専務理事、常務理事等の役付理事のみ）で、機動的に、理事会よりも多い頻度で開催ができるようにして、理事会に諮る必要のない日常的な活動の決裁を行ったり、理事会での決裁が必要な事項についての予備的検討・意見交換を行って理事会に付議をするといったことが行われています。

2　常務会の構成メンバー

　常務会は任意機関なので、どのようなメンバーで構成されるかどうかは金庫ごとに異なりますが、以下のような例があり得ます。

(1) 役付理事のみ

代表理事（理事長や専務理事）、常務理事を構成メンバーとして、役のない理事を含まないものです。

(2) 役付理事＋常勤理事

役のない理事も含みますが、非常勤理事は含まないものです。

(3) 役付理事＋常勤理事＋常勤監事

金庫の重要な事項について審議を行うことから、常勤監事にも出席権を認めるものです。

付議事項によっては、役員以外の職員（執行役員等）をオブザーバーとして出席させるようにしておく方法もあります。

3　常務会の権限等

理事会の決議や金庫の規則・規程により、特定の業務執行の決定を委任すれば、それが常務会の権限となります。ただし、その委任事項が、信金法や定款によって総（代）会・理事会の専権権限とされているものと抵触しないようにすることが必要です。

常務会は、法律上の制度ではありませんので、制度設計に直接の規制や限定もありません。理事会の専決事項等を潜脱するような運営をしない限り、金庫において、常務会を決裁機関と位置付けるのか、理事長や理事会の諮問機関と位置付けるのかも自由です。

4　運営について

常務会は任意機関ですから、運営に関しても別段の決まりはありません。しかし、組織として設ける以上は、「常務会規程」等の内規において、目的、構成員、招集・開催手続、付議事項、決議方法、議事録等についての定めは設けておくべきでしょう。

一般的には、理事会に諮る必要のない日常的な活動の決裁も行いま

すので、開催頻度は理事会より多くなるでしょう（毎週開催など）。

　なお、常務会を決裁機関として運用する場合には、上述のとおり、理事会の専決事項（法36条5項）を理事会に代わって決議決定してしまうことがないようにしましょう（第4章・Ⅰ・2・1「金庫の業務執行の決定」参照）。仮に常務会等で付議された事項を理事会において付議する場合であっても、理事会での審議が簡略かつ形式的なものに過ぎなければ（書類を配るのみで具体的な説明を省略する等）、理事会決議の形骸化と評価され、当該業務執行が理事会の決議を欠くものとして無効になったり、役員の善管注意義務違反の責任を問われることもあり得ます。

　理事会と常務会等のメンバー構成に重複があるからといって理事会の審議をおざなりにしないように注意してください（常務会等に出席していない非常勤役員等としては、理事会において、当該事項の決議の判断に必要な具体的な説明および資料の提出を積極的に求めることが必要となります）。

Ⅲ　監事会

1　監事会制度

　金庫の中には、常勤監事および非常勤監事で構成された「監事会」を設けていることがあります。

　監事は独任制の機関ですから、1人ひとりの監事がすべての権限を有しています。

　信金法は、理事会のように、監事で構成された「監事会」の設置は

予定していませんが、たとえば、特定金庫における監事の選任議案等において、監事の過半数による同意権を定める等（法38条の2第13項、会社法343条1項）、実務上、監事全員の協議によるべき事項は多く存在しています。

監事は必ず2名以上が選任されますので、その監事間の協議の場として監事会を設置しておくほうがよいことは多いでしょう。監事会を設置することで各監事の役割分担を容易にし、かつ、情報を共有することによって組織的・効率的に監査をすることも期待できます。

2　監事会の構成メンバー

金庫の全監事で構成されます。通常、理事等に監事会への出席権は認めていないと思いますが、意見聴取等の必要に応じて、理事等に出席を求めることができるようにしておくことも考えられます。

3　運営について

監事会は任意機関ですから、運営に関して別段の決まりはありませんが、組織として設ける以上は、「監事会規程」等の内規において、目的、構成員、招集・開催手続、協議事項、決議方法、議事録等についての定めは設けておくべきでしょう。一般には、監事会の円滑な開催を図るために、常勤監事を招集権者・議長等にすることが考えられます。

また、協議事項としては、監事の個別の報酬等の決定、常勤監事の選定・解職、監事の同意権に関する事項、理事への責任追及の訴え提起の要否等が挙げられます。

なお、上述のとおり、監事はあくまでも独任制の機関ですから、監事会の運営が、各監事の権利行使を妨げるものとならないよう注意する必要があります。

Ⅳ 執行役員制度

1 執行役員制度の意義

1 役員と執行役員との違い

　金庫の中には、執行役員というポストを設けていることがあります。役員と名がついていますが、理事や監事といった法律上の「役員」ではありません。一般的に、代表理事の指揮・命令のもとで職務執行を行う幹部職員を指しています。

　職員の最上級職として執行役員に重要な業務執行を任せることから、将来の役員候補の育成にもつながります。

　任意の制度なので、理事会の決議によって、各金庫の実情に合わせた柔軟な制度設計をすることができます。

2 執行役員制度創設の経緯

　株式会社においては、取締役の減員を図る上場企業等が執行役員制度を設けている例が多くあります。かつての日本企業の従業員は、取締役になること（出世すること）を仕事のインセンティブの源としており、企業側もそのために取締役の数を増やす傾向がありました。

　しかし、取締役が増え過ぎると機動的に取締役会を開催したり、経営に関する実質的な議論を行うことが難しくなります。そこで、取締役の数を減らして業務の効率化を図りつつ、その減員分の受皿となるべく考え出されたポストが執行役員だともいわれています。

2 執行役員の選任方法・権限等

1 執行役員の選任方法

執行役員は、法的には「重要な使用人」となりますので（江頭憲治郎『株式会社法 第8版』431頁参照）、理事会の決議によって選任されることになります（法36条5項3号）。

執行役員には、実務上、専務執行役員、常務執行役員等といった肩書きを付す場合や重要な部署の部長や支店長と兼任するといった例があります。

2 執行役員の権限・地位

(1) 執行役員の位置付け

執行役員は、法的機関ではなく任意機関のため、その地位・権限は金庫ごとに異なることになります。一般的には、役員に準ずる地位あるいは重要な業務執行（理事会の専決事項を除きます）を任せられる職員の最上級職と位置付けられます。

(2) 金庫と執行役員との法的関係

金庫と執行役員との関係は、雇用契約の場合と委任契約の場合があり得ます。

① 雇用契約型

代表理事の指揮・命令のもとで職務執行を行う幹部職員としての執行役員には、雇用契約型がとられるのが通常です。

② 委任契約型

他方、専門的な能力に着目して金庫外から人を招聘し、代表理事の指揮・命令に服するのではなく広い裁量と独立性を執行役員に認めるような場合には、委任契約型が馴染みます。

③　混合型

　また、雇用契約型と委任契約型の混合型として、雇用契約関係を認めつつ、委任契約としての性格も有する形態がとられる場合もあります。

第 **6** 章

役員の責任

I　役員の権限と責任の関係

　理事および監事と金庫は委任の関係にあります（法33条。会計監査人も同様です）。

　役員は、委任関係に基づいて職務上の権限が認められると同時に、委任関係に基づいて善管注意義務を負います（理事は、さらに忠実義務も負っています）。役員の職務と責任は、いわば裏表の関係にあり、役員は、適切にその職務上の権限を行使して注意義務を果たさなければ、その任務を怠ったとして、責任を問われることになります（理事・監事について、第1章・Ⅱ・2「委任関係から生じる義務」。なお、会計監査人について、第5章・Ⅰ・5「会計監査人の権限および義務」）。

　もっとも、理事は、金庫経営において、現在ないし将来の社会経済事情などの不確実な要素に基づきながら、迅速な決断をしていかなければなりません。そこには当然リスクが伴い、判断の結果として金庫に損失が発生してしまうこともあります。しかし、理事の行った判断が常に結果から事後的に評価され、任務懈怠の責任を負わされるとすれば、理事を萎縮させ、保守的な判断しかできない、あるいは、理事の引き受け手さえいなくなるかもしれません。

　監査を行う監事や会計監査人についても同様に、理事が違法・不適正な行為を巧妙に隠ぺいしていた場合等、どのような事情があっても結果責任を負わされるとすれば誰も引き受ける者はいなくなります。

　そこで法は、役員の責任について、明確な違法行為や無謀な行為については厳しく判断する一方で、合理性のある職務執行については寛容に判断する仕組みを採用しているのです。

II 役員が負う可能性のある法的責任の種類

　役員が負う責任は、大別して民事責任と刑事責任に分けられます。両者は目的を異にしますので、役員が犯罪行為によって第三者に損害を与えた場合には、民事責任と刑事責任を両方負うこともあり得ます。

1　民事責任

　民事責任とは、他人の権利または利益を不当に侵害した私人間の責任のことをいいます。

　事実行為によって他人に損害を与えた場合には不法行為責任（民法709条等）として、契約違反・義務の不履行によって他人に損害を与えた場合には債務不履行責任（同法415条等）として、その損害を回復させるための損害賠償義務が生じます。また、法律で特別に定められた責任（法39条の2等）によって損害賠償義務が課される場合もあります。

2　刑事責任

1　刑事責任

　刑事責任とは、犯罪を犯したことに対して生じる責任で、身体的拘束を行う拘禁刑（ただし、「刑法等の一部を改正する法律の施行に伴う関係法律の整理等に関する法律」施行日の2025年（令和7年）6月1日より前は「懲役」。以下、本項において同じ）や金銭的な罰金刑といった刑罰が科されることをいいます。

　たとえば、信金法上の規定では、以下の者を、1年以下の拘禁刑ま

たは300万円以下（③については100万円以下）の罰金に処すると定められています。

① 銀行法19条等で定める業務報告書等の不提出、不記載、虚偽記載等を行った者（法90条の3第1号）

② 銀行法25条等で定める検査等に対して、質問に答えない、虚偽の答弁をする、あるいは検査の拒絶等をした者（同条3号）

③ 銀行法13条の3に定める顧客に対して虚偽のことを告げる、不確実な事項について断定的判断を提供する、または確実であると誤認させるおそれのあることを告げる等の顧客保護に欠ける行為を行った者（法90条の4第1号）

2　金庫業務に関連する刑法犯

その他、金庫業務に関連する刑法犯には以下のようなものがあります。

① 背任罪（例：役員の不正融資 刑法247条－5年以下の拘禁刑または50万円以下の罰金）

② 公正証書原本不実記載罪（例：架空の第三者割当増資 刑法157条1項、会社法208条－5年以下の拘禁刑または50万円以下の罰金）

③ 業務上横領罪（刑法253条－10年以下の拘禁刑）

④ 詐欺罪（同法246条－10年以下の拘禁刑）

⑤ 独占禁止法違反（例：他の金庫等と協議して同一水準に金利を設定する金利カルテル 私的独占の禁止及び公正取引の確保に関する法律89条1項1号・3条－5年以下の拘禁刑または500万円以下の罰金）

⑥ 預金等に係る不当契約の禁止違反（例：いわゆる「導入預金」。預金する条件で、当該預金等に係る債権について担保提供を受け

ることなく、預金者の指定する特定の第三者に対し資金の融通を
し、または当該第三者のために債務の保証をすること。 預金等に
係る不当契約の取締に関する法律4条1号・2条1項－3年以下
の拘禁刑もしくは30万円以下の罰金またはその併科）

⑦　浮き貸し禁止違反（例：金庫の役員が、その地位を利用し、自
己または金庫以外の第三者の利益を図るため、金銭の貸付、金銭
の貸借の媒介または債務の保証をすること。 出資の受入れ、預り
金及び金利等の取締りに関する法律8条3項・3条－3年以下の
拘禁刑もしくは300万円以下の罰金またはその併科）

3　有罪になった場合の就業制限

有罪判決を受けると、前科者としての履歴が残ります。拘禁刑以上
の前科者は、弁護士等の一定の職種の欠格事由となっていたり、就業
制限がされる場合があります。

信金法、会社法等の法律に定める特定の犯罪で有罪となることは、
役員の欠格事由になります（理事について第2章・Ⅰ・2・1「法律
上の欠格事由」、監事について第3章・Ⅰ・2・1「法律上の欠格事
由」）。

3　その他の責任等

このほかに、行政上の義務違反についての責任という観点から、行
政刑罰（行政上の義務違反が犯罪とされ、刑罰が科されるもの）と秩
序罰（刑罰ではない制裁）の2つに区分して整理することもできます。

信金法上の行政刑罰には、たとえば、刑事責任で述べた業務報告書
等の不提出、不記載、虚偽記載等に対する刑罰等があります（法90条
の3）。

信金法上の秩序罰には、たとえば、登記期間内に代表理事の選任等

の登記を行わなかったことについての過料等があります（法91条1項2号）。

以下、信金法上の罰則を項目のみ挙げておきます。

① 無免許での金庫の事業等（法90条）

② 免許の条件、業務停止命令違反等（法90条の2）

③ 紛争解決等業務を行う者の違反行為等（法90条の2の2）

④ 業務報告書等の虚偽記載・虚偽報告等（法90条の3）

⑤ 顧客への虚偽申告等（法90条の4）

⑥ 損失補てん等禁止違反（法90条の4の2・4の3）

⑦ 広告等の規制違反（法90条の4の4）

⑧ 指定紛争解決機関の記録作成・保存義務違反（法90条の4の5）

⑨ 指定紛争解決機関の休廃止手続違反（法90条の4の6）

⑩ 届出に関する違反（法90条の5）

⑪ 調査記録簿等の不記載・虚偽記載等（法90条の6）

⑫ 法人の両罰規定（法90条の7）

⑬ 秩序罰等（法91条〜94条）

⑭ 没収に関する手続等の特例（法95条〜97条）

III 理事の責任

1 理事の責任

1 責任の類型

理事が責任を問われる場面は、大きく①理事自身の行為についての

責任、②他人の行為についての責任に分けることができます。

(1) 理事自身の行為についての責任

① 刑罰等の具体的な法令や定款に違反する行為

　理事は法令等を遵守する義務を負っています（法35条の4）。したがって、法令および定款の定めならびに総（代）会の決議に違反する理事の行為に裁量が認められることはほとんどなく、責任が認められやすくなります。

　もっとも、法令等の違反について理事に過失がない（責任を問われない）とされる余地もないわけではありません。もし、理事がありとあらゆる法令等に精通していなければならないとすれば、過度な負担を課すことになるためです。

　最高裁判所は、「株式会社の取締役が、法令又は定款に違反する行為をしたとして、本規定に該当することを理由に損害賠償責任を負うには、右違反行為につき取締役に故意又は過失があることを要する」と判示しています（最判平成12・7・7民集54巻6号1767頁。なお、補足意見があります）。

② 具体的な法令には違反しないが不合理・不適切な行為

イ　任務懈怠となる場合

　法令および定款の定めならびに総（代）会の決議に違反していないとしても、判断の前提となった事実の認識に重要かつ不注意な誤りがあったり、意思決定の過程・内容が経営者として不合理・不適切な場合には、任務懈怠責任を負うことになります。これを「経営判断の原則」といいます（後記ロ参照）。

　たとえば、回収不能となる具体的なおそれのある融資を漫然と続けている場合です。裁判例として、平成23年3月4日に宮崎地方裁判所で言い渡された判決（判例時報2115号118頁。上告審 最決平成24・1・31事件番号平成23年（オ）2003号ほか）が参考になります。

この事件は、会員が常務会メンバーだった元理事らに融資についての善管注意義務違反ないし注意義務違反があるとして、代表訴訟を提起したものです。当該金庫の融資責任権限規程では、融資の可否決定権限はすべて理事長に属するとされていましたが、３億円を超える融資については常務理事以上の者で構成する常務会での審査協議により決裁を得ることとされていました。

　裁判所は、常務会で融資を可とした判断について、追加融資を打ち切る場合の損失と追加融資を行う場合のリスクの衡量判断に必要かつ相当な情報収集・分析、検討を怠っており、その判断の前提となった事実の認識に看過し難い誤りがあり、その意思決定の内容が金庫の理事として著しく不合理なものであったとして、融資決裁を行った理事らの任務懈怠責任を認めました。

　□　経営判断の原則

　a　経営判断の原則の意義

　理事は、金庫の経営において、現在ないし将来の社会経済事情などの不確実な要素に基づきながら、迅速に決断をしていかなければなりません。

　代表理事等の業務執行の決定・実行の結果、金庫に損失が発生することもありますが、その判断を事後的に結果だけから評価し、理事の責任が問われることになると、大胆な経営判断をすることに躊躇し、保守的な経営しかできなくなります。

　そこで、法的には、理事の判断の決定過程、内容に著しく不合理な点がない限り、理事は善管注意義務に違反しないという構成がとられています。これを「経営判断の原則」といいます。

　経営判断の原則では、理事の善管注意義務が尽くされているか否かを、①判断過程（行為当時の状況に照らした情報収集・調査・検討等の過程が不合理でないか）と、②判断内容（その状況と理事に要求さ

れる能力水準に照らして不合理な判断がなされていないか）の２点で
判断します（アパマンショップホールディングス事件−最判平成22・
7・15金融・商事判例1347号12頁参照）。

　「理事に要求される能力水準」は、理事（代表理事）としての地位に
基づいて一般的に要求される注意義務の水準です。その理事個人が有
している能力や注意力で判断されるのではありません。一般的な理事
であれば通常は下さない判断をすれば善管注意義務違反が認められる
ことになります。

　「地位に基づいて一般的に要求される注意義務を水準にする」とは、
たとえば、理事が行う融資判断は、一般企業の取締役よりも厳しく判
断されるということです。金庫は、その業務の性質上、一般企業と同
様のリスク取引を行うことは許容されませんから、理事の融資業務に
関する注意義務は、一般企業の取締役よりも高い水準が要求されるの
です（北海道拓殖銀行事件−最決平成21・11・9刑集63巻9号1117
頁参照）。

> ┣━【column】
>
> ### 信用金庫理事の注意義務と銀行取締役の注意義務
>
> 　信用組合の事例ではありますが、融資審査におけるリスク判断が
> 銀行よりも緩やかになるか否か（信用組合の理事のほうが銀行の取
> 締役よりも広い裁量が認められるか）が争われた事案があります
> （東京地判平成18・7・6判例タイムズ1235号286頁）。
>
> 　信用組合が行った融資金が回収不能となったことについて、融資
> 判断をした理事に善管注意義務違反および忠実義務違反があるとし
> て、損害賠償請求がなされた事案です。
>
> 　当該訴訟において、理事側は、信用組合が組合員の相互扶助を基
> 本精神としているが、利用事業者の大半が業務実績不足や担保力不
> 足等のため銀行からの融資が困難な事業者だという実態があり、リ

第6章

役員の責任

スクの比較的高い事業者を取引先とせざるを得ないことから、融資審査におけるリスク判断は当然銀行より緩やかにならざるを得ないと主張していました。

　しかし、裁判所は、「協同組合による金融事業に関する法律」の目的に預金者等の利益を保護して一般の信用を維持し金融の発達を図ることを掲げていることや同法が銀行法の一部の規定を準用して銀行と同様の義務を課したり、監督官庁の強力な権限を認めていること等を理由に、「信用組合の理事の裁量の幅が、銀行の取締役と比較して、より広範であると解すべき理由はない」として注意義務の水準に差異はないと判断しました。

　基本的には、金庫の理事についても同様に判断するべきだと考えますので、金庫の理事も銀行の取締役と同等の注意義務の水準が求められると考えておくべきでしょう（なお、信用金庫と銀行（株式会社）の相異について、第9章・Ⅰ・1・(4)「金庫と銀行（株式会社）の相異」、コラム「理事と銀行の取締役に差異が生じる可能性を示唆する裁判例」を参照）。

b　経営判断の原則をふまえた理事の心得

　この経営判断の原則は、理事が行為時に指標として使うべき基準ではない、ということは注意しておく必要があります。経営判断の原則は、あくまでも事後的な評価（裁判規範）として用いられるべきものなのです。

　つまり、理事が一定のリスクのある判断を行う場合、その判断は、常に、理事が合理的だと思う積極的な判断でなければなりません。その判断を行う時点で、「少なくとも著しく不合理だとまではいわれないだろう」等という消極的な姿勢で経営を行うのでは会員に説明もつきませんし、経営判断として健全とはいえないでしょう。

　経営判断を行う時点では、合理的な方法で情報収集・分析・検討を行い、その結果を前提として合理的と考える判断を行うという姿勢が

求められます。

⑵　他人の行為についての責任

①　監視義務違反

イ　任務懈怠となる場合

　理事は、他の役職員が違法行為をした場合に、自己の職務を誠実に行っていれば、当該違法行為を事前に差し止めることができたと認められるときには任務懈怠責任を負います。他の理事の違法行為・不正行為の予兆を知り、または知り得た場合に、何をどこまでやれば責任を問われなくなるのかという線引きは難しいところですが、理事は、理事会の内外を通じて、代表理事の業務執行一般を監視し、必要があれば、理事会の招集を求め、または自ら招集して、理事会を通じて業務執行が適正に行われるようにしなければならないとされています（最判昭和48・5・22民集27巻5号655頁参照）。

　ただし、これは、日常的に金庫内を常時監視する義務があるというわけではありません。他の理事の違法な職務執行を探知することが不可能ないし困難である場合にまで任務懈怠責任を負うことにはなりません（東京地判昭和61・2・18金融・商事判例754号31頁参照）。

　監視義務違反の責任の有無の判断は、

　a　違法行為が行われた当時の理事として、どのような職務を行う
　　べきであったか

　b　当該理事が実際に行った職務は通常要求されるレベルのもので
　　あったか

　c　本来行うべき職務を行わなかった場合にそれを行っていれば違
　　法行為を知り、事前に差し止めることができたのか
という順序で行われます。

　監視義務違反が認められた事例として、他の理事の違法な投資行為について、理事らがこれを問題視して自らその投資を調査、検討せず、

むしろ運用報告書に押印して違法な本件各投資を承認していた事案があります（Ｏ信用金庫事件－岡山地判平成19・3・27判例タイムズ1280号249頁）。

　他方、社外取締役の代表取締役に対する監視義務違反を否定した事例には、「被告ら（元・社外取締役や常勤監査役）に監視義務ないし監視義務の違反があるというためには、被告らが、代表取締役の違法な業務執行行為を認識していたか、又は少なくとも代表取締役の違法な業務執行を発見することができるような事情若しくは違法な業務執行を行っていることに疑いを抱かせる事情が存在し、かつ、被告らが当該事情を知り得ることが必要である」と判示した事案があります（東京地判平成28・7・14判例時報2351号69頁）。

□　具体的にとるべき措置

　理事が他の理事の職務執行を監督するための調査権は、各理事が個別にその権限を行使できるのではなく、理事会の構成メンバーとして理事会を通じてのみ行使できるものだという考えが一般的です（江頭憲治郎『株式会社法 第8版』431頁参照）。

　その考え方を前提とすれば、理事が単独で行うことのできる具体的な措置は次のとおりとなります。なお、他の理事の監視義務をまっとうしたといえるためには、最終的には辞任する等しなければならない場合もあると解されます（江頭・前掲496頁・497頁参照）。

a　理事会の招集を請求し、または自ら招集する（法37条4項、会社法366条参照）

b　理事会で質問や報告・資料の提出要求をする

c　理事会で、代表理事・業務執行理事等の人事異動（解職・変更）等の決議を行う（法36条4項）

d　監事に違法行為等を報告する（著しい損害を及ぼすおそれのある場合には報告することが義務になります。法35条の6、会社法

357条1項）

　e　それでも何らの是正もされないときには、違法行為等を行う理
　　　事に「弁護士に相談に行く」、「事実を公表する」等と伝えて違法
　　　行為等をやめるように直接説得を試みる

　f　最終的には理事を辞任する

② 　**内部統制システム構築義務違反**

イ　**内部統制システム構築義務**

　a　**内部統制システムの構築**

　内部統制システムの構築義務とは、言い換えれば、通常発生するこ
とが予想される不正行為を防止するためのリスクマネジメント体制を
構築する義務のことです。

　b　**内部統制システム構築・整備の理由**

　監視義務違反について「違法行為を知り、事前に差し止めることが
できたか」を重視すると、規模の大きな法人ほど、役員の過失を認め
るのが難しくなり、トップは責任をとらないということになりかねま
せん。

　そこで、株式会社では、ある程度以上の規模の会社の代表取締役に
は、業務執行の一環として、会社の損害を防止する内部統制システム
を整備することを義務付けています（江頭・前掲420頁参照。大和銀
行株主代表訴訟事件－大阪地判平成12・9・20金融・商事判例1101号
3頁参照）。

　金融機関は、経済の基盤を支える役割を担うという公共性から、一
般企業よりも高いレベルのコンプライアンスが求められるようになっ
ており、金庫の理事会において、内部統制システムを整備する義務が
存在すると考えられます（金融庁「コンプライアンス・リスク管理に
関する検査・監督の考え方と進め方（コンプライアンス・リスク管理
基本方針）」第7章・Ⅰ「総論」参照。法36条5項5号、規則23条）。

□　任務懈怠となる場合

a　内部統制システム整備における任務懈怠

内部統制システムの整備に関して理事の任務懈怠が問われる場合は以下のような場合です。

内部統制システムの整備に関する基本方針は、理事会の専決事項ですから（法36条5項5号）、その決議に問題があれば、理事の任務懈怠となり得ます。

内部統制システムの整備に関する基本方針を理事会に上程さえしていない場合には、そのこと自体が任務懈怠となります。

各金庫が整備・運用すべき内部統制システムの具体的な内容は、その規模、金庫における人的・物的資源、その他の事業環境等によっても異なります。また、ある時点においては最適だと考えられていた内部統制のあり方が、その後の環境変化、問題事例の集積、研究の進展等によって改善の余地が生じることもあり得ます。そこで、内部統制システムは、いったん構築し、運用を開始したとしても、定期的に評価・見直しを行い、修正すべき点があれば再構築をするという姿勢が必要になります。日々の業務の過程で組織として内部統制を遂行しながら、その過程に関わっている役職員の気づきを集積して改善も心がけていく動的な取組みが不可欠です。

b　内部統制システム整備における免責

このように、内部統制システムは日々の業務の過程における気づきを基にして構築していくものなので、一般に予想することが困難な不正行為まで完全に防止するようなものまでは求められていません。同業他社一般と比較して、それに劣らない程度の水準のものであれば、内部統制システム構築義務に違反した責任までは問われないと考えられます。

内部統制システムを構築し、権限分配規程や職務分掌規程等を整備して、各理事ごとの職務・業務担当を明確にすれば、業務執行理事、職員等で業務を分担することができます。

これにより、理事は、他の関係者がそれぞれ誠実に職務を遂行していると信頼してその職務の遂行を委ねることが許されるようになり、他の関係者の職務執行について疑念が生じる特段の事情がない限りは、仮に他の関係者に善管注意義務違反があったとしても、監督義務違反を問われることはないことになります（前掲大和銀行株主代表訴訟事件参照）。これを「信頼の原則」といいます。

会社が第三者の詐欺行為によって不動産売買代金名下に金銭を詐取された事案において、取締役の任務懈怠責任を否定した事例（大阪地判令和4・5・20金融・商事判例1651号25頁）

大手ハウスメーカーが、いわゆる地面師グループ（実際には所有権を有していない者が土地所有者を装う詐欺師）に欺されて不動産購入代金として約55億円を支払ったという事案です。

当該ハウスメーカーの取締役らの判断に善管注意義務・忠実義務に違反する任務懈怠があったとして約55億円の損害賠償を求める株主代表訴訟が提起されました。

大阪地方裁判所は、この取締役らの責任について、「取締役による当時の判断が取締役に委ねられた裁量の範囲に止まるものである限り、結果として会社に損害が生じたとしても、当該取締役が上記の責任を負うことはないと解され、当該取締役の地位や担当職務等を踏まえ、当該判断の前提となった事実等の認識ないし評価に至る過程が合理的なものである場合には、かかる事実等による判断の推論過程及び内容が著しく不合理なものでない限り、当該取締役が善管注意義務違反ないし忠実義務違反による責任を負うことはないとい

うべきである」として、経営判断の原則の考え方よることを判示したうえで、「当該会社が大規模で分業された組織形態となっている場合には、当該取締役の地位及び担当職務、その有する知識及び経験、当該案件との関わりの程度や当該案件に関して認識していた事情等を踏まえ、下部組織から提供された事実関係やその分析及び検討の結果に依拠して判断することに躊躇を覚えさせるような特段の事情のない限り、当該取締役が上記の事実等に基づいて判断したときは、その判断の前提となった事実等の認識ないし評価に至る過程は合理的なものということができる」として、本件においては、こういった特段の事情が認められないとして、取締役らの任務懈怠責任を否定しました。

2 類型ごとの責任が生じる要件

理事に任務懈怠責任が認められるのは、類型ごとに以下の要件に該当する場合です。

(1) 理事自身の行為についての責任

① 具体的な法令・定款違反行為

a 理事に法令・定款等に違反した事実などがあること

b 理事に、当該違反行為についての故意または過失があること

c 金庫に損害が発生していること

d 法令等の違反行為と損害との間に因果関係があること

ただし、理事が利益相反取引（法35条の5第1項各号）を行い、金庫に損害が生じた場合には、当該取引をした理事には、任務懈怠が推定されることで立証責任が転換されています（理事がbに該当しないことを立証することになります。法39条2項1号）。また、この利益相反取引のうち直接取引を行った理事の責任は無過失責任です（bの要件は不要。法39条8項・35条の5第1項1号）。

② 具体的な法令には違反しないが不合理・不適切な行為

a　理事として一定の事項について判断決定をしたこと

b　理事の当該判断決定が理事としての裁量を逸脱していること（判断の前提となった事実の認識に重要かつ不注意な誤りがある、意思決定の過程・内容が経営者として不合理・不適切であるといった事情を基礎付ける具体的な事実）

c　金庫に損害が発生していること

d　理事の判断決定と損害との間に因果関係があること

(2) 他人の行為についての責任

① 監視義務違反

a　他の理事、職員に違法行為・不正行為があること（作為の場合）、あるいは他の理事に善管注意義務・忠実義務違反があること（不作為の場合）

b　監視義務に違反していること（当時の理事として行うべきであった職務、当該理事が行った職務が通常要求されるレベルになかったこと、理事が通常要求されるレベルの職務を行っていれば違法行為を知り得たこと、違法行為を事前に差し止めることができたこと等を基礎付ける具体的な事実）

c　金庫に損害が発生していること

d　監督義務違反と損害との間に因果関係があること

　ただし、理事が利益相反取引（法35条の5第1項各号）を行い、金庫に損害が生じた場合には、理事会において当該取引をすることを決定した理事および当該取引に関する理事会の承認決議に賛成した理事には、任務懈怠が推定されますので、立証責任が転換されています（理事がbに該当しないことを立証することになります。法39条2項2号・3号）。

② 内部統制システム構築義務違反

a 他の理事、職員に違法行為・不正行為があること（作為）、あるいは他の理事に善管注意義務・忠実義務違反があること（不作為）

b 内部統制システムの具体的な不備

c 違法行為等のあった当時に構築されているべきであった内部統制システムの具体的な内容

d 内部統制システムを整備していれば違法行為等を防ぐことができたという結果回避可能性のあること

e 金庫に損害が発生していること

f 内部統制システム構築義務違反と損害との間に因果関係があること

3 金庫に対する責任

(1) 理事の損害賠償責任

理事は、職務執行上、任務を怠ったことにより金庫に損害を生じさせた場合等にはそれを賠償する責任を負います（法39条1項）。

(2) 理事に対する責任追及

理事の金庫に対する責任追及の方法には、監事が金庫を代表して訴えを提起する方法（法35条の7、会社法386条）と会員が金庫の代わりに訴えを提起する代表訴訟の方法（法39条の6、会社法847条）があります。

金庫が役員等の責任追及等の訴えを提起した場合、馴れ合い訴訟の防止または金庫が理事に不当に有利な訴訟上の和解をしたり、訴えを取り下げること等を防止することを目的として、会員が、原告側の共同訴訟人として参加してくることがあり得ます（法39条の6、会社法849条1項）。

なお、会員が代表訴訟を提起したときは、遅滞なく金庫に対し、訴

訟告知をしなければなりません（法39条の6、会社法849条4項）。

　また、金庫は、その訴訟告知を受けたときや自ら責任追及等の訴え
を提起したときは、遅滞なくその旨を公告しまたは会員に通知しなけ
ればなりません（法39条の6、会社法849条5項）。

⑶　責任消滅期間

　理事の任務懈怠責任は、法定の特殊責任と解されています（田中亘
『会社法　第4版』302頁参照）。そのため、理事の金庫に対する責任
の消滅時効期間は民法の規定に従うことになります。したがって、
2017年（平成29年）5月に成立した「民法の一部を改正する法律」（債
権法改正）の施行日（2020年（令和2年）4月1日）を基準として、
それよりも前の行為については消滅時効が10年間（旧民法167条1
項）、それ以後の行為については、債権者が権利を行使することができ
ることを知った時から5年間（権利行使をすることができる時から10
年間（生命・身体の侵害による損害賠償請求権の場合は20年間））と
なります（改正後の民法166条1項1号・2号、改正法附則10条）。こ
の間は、すでに役員を退任していたとしても直ちに責任を免れるわけ
ではありません。

4　第三者に対する責任

⑴　第三者に対する損害賠償責任

　理事がその職務を行うについて悪意または重大な過失があったとき
は、当該理事は、これによって第三者に生じた損害を賠償する責任を
負います（法39条の2第1項）。

⑵　計算書類等の虚偽記載

　理事が計算書類等の虚偽記載等をした場合、虚偽の登記をした場合
および虚偽の公告をした場合は、これによって第三者に生じた損害を
賠償する責任を負います（法39条の2第2項1号）。この責任につい

ては、上記(1)と比べて立証責任が転換されており、理事のほうで注意を怠らなかったことを立証しなければなりません。しかも、これは重過失であることを要しません。

計算書類、業務報告等や登記、公告の信頼を損なう行為であることから責任を加重し、第三者の保護を図っているのです。

(3) 責任消滅期間

役員の第三者に対する責任は法定の特別責任と解されています（最判昭和44・11・26民集23巻11号2150頁。田中亘『会社法 第4版』378頁参照）。そのため、理事の第三者に対する責任も消滅時効期間は民法の規定に従うこととなります。したがって、2017年（平成29年）5月に成立した「民法の一部を改正する法律」（債権法改正）の施行日（2020年（令和2年）4月1日）を基準として、それよりも前の行為については消滅時効が10年間（旧民法167条1項）、それ以後の行為については、債権者が権利を行使することができることを知った時から5年間（権利行使をすることができる時から10年間（生命・身体の侵害による損害賠償請求権の場合は20年間））となる点も（改正後の民法166条1項1号・2号、改正法附則10条）、すでに役員を退任していたとしても直ちに責任を免れるわけではない点も金庫に対する責任と同様となります。

5　理事の行為の差止請求

(1) 会員による差止請求

6か月前（定款で短縮可能）からの会員は、理事が金庫の目的の範囲外の行為その他法令・定款に違反する行為をし、またはこれらの行為をするおそれがある場合において、当該行為によって金庫に回復することができない損害が生じるおそれがあるときは、当該理事の行為をやめさせることを請求することができます（法35条の6、会社法

360条1項)。

(2)　監事による差止請求

　監事は、理事が金庫の目的の範囲外の行為その他法令・定款に違反する行為をし、またはこれらの行為をするおそれがある場合において、当該行為によって　金庫に著しい損害が生じるおそれがあるときは、当該理事の行為をやめさせることを請求することができます（法35条の7、会社法385条）。

2　連帯責任

　役員等の複数人が金庫または第三者に対して損害賠償責任を負う場合には、その役員等は連帯してその責任を負います（法39条の3）。

　つまり、違法な業務執行等を行った理事も、理事会においてその業務執行の決定に賛成した理事も、監督義務を尽くさなかった理事や監事も、それぞれが損害額全額を支払う義務を負うことになります。

　もっとも、役員等の内部関係においては、任務懈怠の程度等に応じた負担部分が定まります。それを超えて賠償金を支払った役員等は、他の役員等に対して求償請求をすることができます（民法442条1項）。

IV　監事の責任

1　金庫に対する責任

1　金庫に対する損害賠償責任

　監事は、①業務監査権、②会計監査権、③監事の地位強化のための

権限、および④金庫代表権限に関する職務執行上、その任務を怠ったことにより金庫に損害を生じさせた場合等には、それを賠償する責任を負います（法39条1項）。

2　責任消滅期間

監事の任務懈怠責任も理事と同様、法定の特殊責任と解されます。そのため、監事の金庫に対する責任の消滅時効期間は民法の規定に従うことになります。したがって、2017年（平成29年）5月に成立した「民法の一部を改正する法律」（債権法改正）の施行日（2020年（令和2年）4月1日）を基準として、それよりも前の行為については消滅時効が10年間（旧民法167条1項）、それ以後の行為については、債権者が権利を行使することができることを知った時から5年間（権利行使をすることができる時から10年間（生命・身体の侵害による損害賠償請求権の場合は20年間））となります（改正後の民法166条1項1号・2号、改正法附則10条）。この間は、すでに役員を退任していたとしても直ちに責任を免れるわけではありません。

3　監事に対する責任追及

監事の金庫に対する責任追及の方法には、代表理事が金庫を代表して訴えを提起する方法と会員が金庫の代わりに訴えを提起する代表訴訟の方法（法39条の6、会社法847条）があります。

金庫が役員等の責任追及等の訴えを提起した場合、馴れ合い訴訟の防止または金庫が役員等に不当に有利な訴訟上の和解をしたり、訴えを取り下げること等を防止することを目的として、会員が、原告側の共同訴訟人として参加してくることがあり得ます（法39条の6、会社法849条1項）。

なお、会員が代表訴訟を提起したときは、遅滞なく金庫に対し、訴

訟告知をしなければなりません（法39条の６、会社法849条４項）。

　また、金庫は、その訴訟告知を受けたときや自ら責任追及等の訴え
を提起したときは、遅滞なくその旨を公告し、または会員に通知しな
ければなりません（法39条の６、会社法849条５項）。

2　第三者に対する責任

1　第三者に対する損害賠償責任

　監事がその職務を行うについて悪意または重大な過失があったとき
は、当該監事は、これによって第三者に生じた損害を賠償する責任を
負います（法39条の２第１項）。

2　監査報告の虚偽記載等

　監事が監査報告の重要な事項について虚偽の記載等をした場合は、
これによって第三者に生じた損害を賠償する責任を負います（法39条
の２第２項２号）。この責任については、上記１と比べて立証責任が
転換されており、監事のほうで注意を怠らなかったことを立証しなけ
ればなりません。しかも、これには重過失であることを要しません。
監査報告の信頼を損なう行為であることから責任を加重し、第三者の
保護を図っているのです。

3　責任消滅期間

　第三者に対する監事の任務懈怠責任は、理事の任務懈怠責任と同様
に、法定の特別責任と解されます。消滅時効期間は民法の規定に従う
こととなります。したがって、2017年（平成29年）５月に成立した
「民法の一部を改正する法律」（債権法改正）の施行日（2020年（令和
２年）４月１日）を基準として、それよりも前の行為については消滅

時効が10年間（旧民法167条1項）、それ以後の行為については、債権者が権利を行使することができることを知った時から5年間（権利行使をすることができる時から10年間（生命・身体の侵害による損害賠償請求権の場合は20年間））となります（改正後の民法166条1項1号・2号、改正法附則10条）。この間は、すでに役員を退任していたとしても直ちに責任を免れるわけではありません。

3　連帯責任

　役員等の複数人が金庫または第三者に対して損害賠償責任を負う場合には、役員等は連帯してその責任を負います（法39条の3）。

　つまり、違法な業務執行等を行った理事も、理事会においてその業務執行の決定に賛成した理事も、監督義務を尽くさなかった理事や監事も、それぞれが損害額全額を支払う義務を負うことになります。

　もっとも、役員等の内部関係においては、任務懈怠の程度等に応じた負担部分が定まります。それを超えて賠償金を支払った役員等は、他の役員等に対して求償請求をすることができます（民法442条1項）。

V　役員等の責任限定

　信金法は、役員等の責任を事後的に軽減できる措置として、総会員の同意による責任の免除（法39条3項）と総（代）会の決議による責任の一部免除（同条4項〜9項）の2つの制度を定めています。

　会社法上は、取締役会決議による責任の一部免除（会社法426条）や責任限定契約の締結（同法427条）による責任限定も認めていますが、信金法は、上記2つの制度以外には責任の限定を認めていません。

1　役員等の責任免除

理事、監事または会計監査人が任務懈怠により、金庫に対して損害賠償義務を負う場合（法39条1項）、総会員の同意があれば、その責任を免除することができます（同条3項）。一方、第三者に対する責任が免除されることはありません。

総（代）会の決議ではなく、「総会員の同意」としているのは、会員は、代表訴訟（後記Ⅵ参照）によって単独でも役員等の責任追及等の訴えを提起できることと平仄を合わせているためです。もっとも、代表訴訟において訴訟上の和解がなされる場合には、総会員の同意は不要です（法39条の6、会社法850条4項）。

2　総（代）会の決議による責任の一部免除

1　責任を一部免除するための手続

役員等が任務懈怠により、金庫に対して損害賠償義務を負う場合であって、善意かつ重大な過失がないときは、次の方法により、賠償額の一部を免除することができます（法39条4項）。

ただし、利益相反取引のうち直接取引を行った理事には、この一部免除の規定は適用されませんので、総（代）会の決議によっても責任を免除することはできません（同条9項・35条の5第1項1号）。

(1)　監事全員の同意（法39条6項）

理事は、理事の責任免除に関する議案を総（代）会に提出するにあたり、各監事の同意を得なければなりません。

(2)　総（代）会の特別決議（法48条の3第5号・49条5項）

総会員（総総代）の半数以上が出席し、その議決権の3分の2以上の多数による特別決議によって役員等の責任を一部免除することが可

決される必要があります。

(3) 総(代)会における開示

理事は、責任の一部免除に関する決議を行う総(代)会において、次の事項を開示しなければなりません。

① 責任の原因となった事実および賠償の責任を負う額

② 免除することができる額の限度およびその算定の根拠

③ 責任を免除すべき理由および免除額

もっとも、この総(代)会の特別決議を行う時期は、実務上難しいところです（江頭憲治郎『株式会社法 第8版』507頁・508頁参照）。経営の萎縮を生じさせないようにするためには、早い段階で責任の一部免除を決議するほうがよいのですが、役員等の責任が裁判等により確定される前だと上記開示事項も明確にはなっていません。それに、裁判等で責任が確定する前に役員等が有責であることを認めなければ手続をとれないという問題もあります。

なお、責任の一部免除の決議がなされた場合に、裁判上そのことを主張しておかなければ、判決に責任免除は反映されません。役員等は、決議があった旨を裁判上主張しておく必要があります。後日、金庫が役員等に対して強制執行手続をとった場合、役員等が判決文の内容に異議を申し立てる場合には、その事由は、口頭弁論の終結後に生じたものに限られてしまうからです（民事執行法35条）。

(4) 最低責任限度額（法39条4項）

総(代)会の特別決議によって免除することができる役員等の責任には制限があります。役員等が負う損害賠償額が次の方法で算定される金額（「最低責任限度額」といいます）になるまでその責任を免除することができます（最低責任限度額より多くすることは可能です）。

▶ ┈┈ 【column】 ┈┈┈┈┈┈┈┈┈┈┈┈┈┈┈┈┈┈┈┈┈┈┈┈┈┈┈┈◀

最低責任限度額の算定式

最低責任限度額＝（イ）－（ウ）

（ア）１年間の報酬等相当額の算定（規則38条）

役員等がその在職中に報酬、賞与その他の職務執行の対価として金庫から受け、または受けるべき財産上の利益の事業年度ごとの合計額のうち、最も高い金額を出します（「報酬等相当額」といいます）。

この職務執行の対価には、当該役員等が金庫の支配人その他の職員を兼ねている場合におけるその職員としての報酬、賞与その他の職務執行の対価も加算します。

（イ）責任が問われる行為がなされた時点の役職に応じた計算

役員等の責任が問われる行為がなされた時点の役職に応じて、次の方法の算定を行います。

a　代表理事　報酬等相当額×６倍

b　業務執行理事　報酬等相当額×４倍

c　業務執行をした理事　報酬等相当額×４倍

d　上記以外の理事　報酬等相当額×２倍

e　監事　報酬等相当額×２倍

f　会計監査人　報酬等相当額×２倍

（ウ）控除額の算定

下記Ａの合計額にＢの数字で除した金額を上記（イ）から控除します。

A　退職慰労金等の合計額

①　役員等が金庫から受けた退職慰労金の額

②　支配人その他の職員を兼ねていた場合に、役員等との兼任期間中の職務執行の対価に相当する退職手当の額

③　上記①または②の性質を有する財産上の利益の額

B　除数（次のいずれか大きい数字）

a　代表理事「６」または「在任期間の年数」

b　業務執行理事「４」または「在任期間の年数」

c　業務執行をした理事「4」または「在任期間の年数」

　d　上記以外の理事「2」または「在任期間の年数」

　e　監事「2」または「在任期間の年数」

　f　会計監査人「2」または「在任期間の年数」

(5)　計算例

　たとえば、一般理事の報酬等相当額が2000万円、金庫からは退職慰労金等を受けていないとします。

　この場合、最低責任限度額は、2000万円×2－0＝4000万円になります。

　仮に、金庫に1億円の損害が生じていたときには、当該理事については、特別決議を経ることで、その責任のうち免責額ゼロ（免責しない）から6000万円までの範囲で責任を免除することができることになります。

　したがって、この一般理事が最大限の責任免除を得られた場合には、損害賠償義務は4000万円となります。

　もし金庫に生じた損害が3000万円だった場合には、そもそも最低責任限度額以下の金額になりますので、一部免除の手続をとることなく、一般理事は3000万円全額の損害賠償義務を負うことになります。

【column】

従来の一部責任免除規定とその改正内容

　信金法39条4項の責任の一部免除規定は、会社法上の規定に合わせて規定されています（会社法428条2項）。平成26年の会社法改正に合わせて、信金法も同年に改正がなされ、この責任の一部免除規定も文言が変更されました。

　従来、この最低責任限度額を算定するため役職は、①代表理事が「6」、②代表理事以外の理事（員外理事でなく、かつ、過去に金庫

の会員等または金庫子会社の業務執行取締役等でなかったもの）が「4」、③員外理事、監事または会計監査人が「2」という区分けがされていました。

つまり、理事は、代表理事のほかに、員内・員外で区分をしていたものを2014年（平成26年）改正によって、代表理事のほかに、業務執行を行う理事かどうかで区分するように変えたのです。

員内・員外にかかわらず、自ら業務執行を行う理事はその責任が発生するリスクを自分で十分にコントロールできるはずであること、他方、自ら業務執行に関与せず、専ら経営に対する監督・監査を行うことが期待される理事については、その責任が発生するリスクを自ら十分にコントロールすることができる立場にいるとはいえない点で監事と異ならないことから、業務執行の有無で区分するように変えたのです。

2　退職慰労金の支払についての総（代）会の承認

金庫が責任の一部免除を受けた役員等に対して退職慰労金等の財産上の利益を与えるときは、総（代）会の承認を受けなければなりません（法39条7項）。この承認決議は普通決議で足ります。

理事が当該承認の決議に関する議案を提出するときは、参考書類には、責任を免除した役員等に与える退職慰労金等の財産上の利益の内容を記載する必要があります（規則38条の2）。

3　連帯責任を負う役員等の一部の者に対してその免除があった場合に、他の役員等について生じる効果

役員等が複数名で金庫に責任を負う場合には、連帯債務となります（法39条の3）。旧民法下では、これまで連帯債務者の1人に対して行った免除にも絶対的効力を認め、残りの連帯債務者においても、そ

の免除を受けた負担部分について責任を免れるとされていましたが（旧民法437条）、民法改正により、連帯債務者の1人に対する免除は相対的効力事由とされました（旧民法437条削除、対応規定なし）。そのため、債権者は、免除事由が生じていない他の連帯債務者に対して、連帯債務の全部の履行を請求できることになります。

役員等は、その一部の者のみに対して免除がなされても、その部分の責任を免れることができないということになります。

3　補償契約

2021年（令和3年）3月1日に施行された改正信金法により、金庫と役員等間において、当該役員等が職務の執行に関して損害賠償請求や刑事訴追等を受けた場合に負担することになる費用や損失（以下「費用等」といいます）の全部または一部を金庫が補償する旨の契約を締結することができることが明文化されました。

会社法では、従前から、役員等の職務の執行に関する費用や損失について株式会社が補償することが解釈上認められるとする見解があった一方で、これを役員等の報酬と整理した場合の手続の煩雑さ、費用と整理した場合の範囲の不明確さ、利益相反の問題を内容する構造上の課題等の指摘もあったところです。

この課題を解消して、役員等としての優秀な人材の確保、職務の執行に対する過度な萎縮の予防を図ることを目的に、会社法が改正され、補償契約締結の手続、要件が明文化されました。信金法39条の4も、この会社法改正に合わせて規定が設けられました。

1　理事会の決議

金庫が、役員等に対して費用等の全部または一部を当該金庫が補償することを約する契約（以下「補償契約」といいます）の内容は、理

事会の決議によって決定されます（法39条の4第1項）。

　補償契約は、その構造上、利益相反関係を内容しますが、「第35条の5第1項及び第2項並びに第39条第2項及び第8項の規定は、金庫と理事との間の補償契約については、適用しない」（法39条の4第5項）とされ、理事会決議に利益相反の各規定は適用されないこととされました。理事会の決議において、事前に補償契約の重要な事実の開示や承認が不要とされているのです。また、補償契約は、自己契約（民法108条1項参照）の側面がありますが、自己契約として無効になることもないことが明文化されています（法39条の4第6項）。

　ただし、その補償契約を締結しようとする理事は、当該補償契約の内容決定の決議について、特別な利害関係を有することになるため、決議には参加できません（法37条2項）。

　理事全員と同一内容の補償契約を締結する場合であったとしても、契約自体は、金庫と個々の理事間との契約になりますので、個別に、各補償契約の該当理事（特別利害関係理事）を除く他の理事によって、1つ1つ決議をとっていくことが必要になるでしょう。

2　補償契約で補償することができる費用等の内容

　費用等として認められる範囲は次のとおりです。

⑴　役員等の防御のための費用（職務の執行の正当性を主張するための費用等）

　まずは、役員等の防御費用です。つまり、役員等が、その職務の執行に関し、法令の規定に違反したことが疑われ、または責任の追及に係る請求を受けたことに対処するために必要になる費用です。

　これは、自らの職務の執行が正当であることを主張するために必要になる費用ですから、金庫から任務懈怠等の責任を追及された場合の費用も、第三者から損害賠償を請求された場合の費用もどちらも含ま

れます。

⑵　第三者に対する責任に係る損失

　もう1つが、役員等が職務の執行に関して、第三者に対して損害賠償責任を負う場合の損失です。具体的には、第三者に生じた損害を役員等が賠償することで生じる損失、または、当該損害の賠償に関する紛争について当事者間に和解が成立したときに役員等がその和解に基づいて金銭を支払うことで生じる損失です。

　ここでは、役員等が金庫に対して損害を賠償する、または、和解に基づいて金銭を支払う場合は対象としていません。金庫に支払われる金銭等を金庫が補償するとなれば、責任免除規定によらずに役員等の責任を免除するに等しい結果となるからです。

3　補償できる範囲の制限

　補償契約に基づいても、次の費用等は補償することができません。

⑴　通常要する費用の額を超える部分

　補償することができるのは、通常要する費用に限られます。事実関係調査費用、弁護士との打合せに要する旅費交通費・通信費や弁護士に支払う報酬額といった費用の範囲内で相当と認められる額が限度になるでしょう。

⑵　当該役員等が金庫に対して信金法39条1項の責任を負う部分

　損失については、役員等が金庫に対して責任を負う部分は補償外とされています（責任免除規定によらずに責任を免除することになるため）。したがって、形式的には第三者への損害賠償等であったとしても、それを金庫が賠償した場合に、その損害分について、役員等が信金法39条1項の責任として負うことになる場合には、その部分は補償対象外となります。

⑶ 役員等がその職務を行うにつき悪意または重大な過失があった場合

役員等に悪意重過失があった場合も補償の対象外です。そのような場合にまで補償対象とすれば、職務の執行の適正性を害することになりますし、善意無重過失についてさえ補償対象にすれば職務の執行に対する過度な萎縮を防ぐという目的は十分に達成できるからです。

4　事後的返還請求

役員等に対して防御費用を補償した金庫が、その後に、当該職務の執行をした役員等に自己もしくは第三者の不正な利益を図り、または当該金庫に損害を加える目的（図利加害目的）があったことを知ったときは、補償をした当該役員等に対して、補償した金額に相当する金銭を返還することを請求することができます（法39条の4）。

防御費用は、訴訟等での活動に要する費用ですから、金庫が補償を実行する時点では、当該役員等に図利加害目的があったかどうかは必ずしも明らかではありません（場合によっては、図利加害目的の存否が争点となっている場合もあります）。そこで、法は、事前に補償をした場合であっても、金庫が事後に図利加害目的の存在を立証すれば、役員等に対して費用の返還を請求することができるようにしたのです。

5　理事会への事後報告

前述のとおり、補償契約の内容の決議には利益相反取引の規定が適用されません。しかし、その構造上は利益相反関係を内包していることから、補償実行後には、補償をした理事と補償を受けた理事に対して、遅滞なく重要な事実を理事会に報告する義務を課しています。

4 役員等賠償責任保険契約

役員等賠償責任保険は、金庫が保険契約者、役員等を被保険者とし、役員等がその地位に基づいて不当な行為を行ったことを理由に損害賠償請求を起こされたことによる損害（賠償金、弁護士費用等）を担保する契約やこれに準じる保険契約のことをいいます（D＆O保険ともいいます）。その保険料は、保険契約者である金庫が負担することになるところ、これまで、その保険料を役員の報酬等と考える場合には、総（代）会の決議が必要になることから金庫の保険料負担の可否等が問題とされてきました。

役員等賠償責任保険契約についても、会社法改正に合わせて2021年（令和3年）3月1日に施行された改正信金法により、その内容の決定を理事会の決議によって行うことが明文化されました。

1 役員等賠償責任保険契約の内容

対象となる役員等賠償責任保険契約については、規則38条の3によって、次のように定められています。

① 「被保険者に保険者との間で保険契約を締結する金庫を含む保険契約であつて、当該金庫がその業務に関連し第三者に生じた損害を賠償する責任を負うこと又は当該責任の追及に係る請求を受けることによつて当該金庫に生ずることのある損害を保険者が塡補することを主たる目的として締結されるもの」（同1号）

企業総合賠償責任保険（CGL保険）、使用者賠償責任や個人情報漏洩保険等がこれに該当します。

② 「役員等が第三者に生じた損害を賠償する責任を負うこと又は当該責任の追及に係る請求を受けることによつて当該役員等に生ずることのある損害（役員等がその職務上の義務に違反し若しくは

職務を怠つたことによつて第三者に生じた損害を賠償する責任を負うこと又は当該責任の追及に係る請求を受けることによつて当該役員等に生ずることのある損害を除く。）を保険者が塡補することを目的として締結されるもの」（同2号）

自動車賠償責任保険、任意の自動車保険、海外旅行保険等がこれに該当します。

2　理事会の決議

役員等賠償責任保険契約の内容は、理事会の決議によって決定されます（法39条の5第1項）。

役員等賠償責任保険契約は、その構造上、利益相反関係を内容しますが、「第35条の5第1項及び第3項並びに第39条第2項の規定は、金庫が保険者との間で締結する保険契約のうち役員等がその職務の執行に関し責任を負うこと又は当該責任の追及に係る請求を受けることによつて生ずることのある損害を保険者が塡補することを約するものであつて、理事を被保険者とするものの締結については、適用しない」（法39条の5第2項）とされ、理事会決議に利益相反の各規定は適用されないこととされました。理事会の決議において、事前に役員等賠償責任保険契約の重要な事実の開示や承認が不要とされているのです。また、役員等賠償責任保険契約は、自己契約（民法108条1項参照）の側面がありますが、自己契約として無効になることもないことが明文化されています（法39条の5第3項）。

ただし、その役員等賠償責任保険契約を締結しようとする理事は、当該契約の内容決定の決議について、特別な利害関係を有することになるため、決議には参加できません（法37条2項）。

理事全員と同一内容の役員等賠償責任保険契約を締結する場合には、各理事を被保険者とする個別の決議をとることとし、個別に、被保険

者となる該当理事（特別利害関係理事）を除く他の理事によって、1つ1つ決議をとっていくことが必要になるでしょう。

3　役員等賠償責任保険契約の更新・契約変更の手続

　役員等賠償責任保険契約の内容を一度理事会で決議した場合であっても、再度契約をする更新や内容変更についても、「内容の決定」に該当するのであるから、理事会の決議が必要となります。

　また、役員等賠償責任保険契約に自動更新（自動延長）の条項が定められているであっても、状況変化に照らして適切な内容の保険かどうかを検討する必要性はありますから、以後、理事会決議が不要となるというわけにはいかないものと考えられます。

VI　会員代表訴訟

1　会員代表訴訟制度

1　会員代表訴訟の意義

(1)　会員代表訴訟

　会員代表訴訟とは、役員等が金庫に対して何らかの責任を負っているのに金庫がその責任を追及しない場合、会員が金庫に代わり、所定の手続を経て役員等の責任を追及できるようにした制度です（法39条の6、会社法847条）。

　この制度は、あくまでも金庫の役員等に対する損害賠償請求を会員が金庫に代わって請求する制度ですので、会員の請求が認められた場

合でも、役員等が損害賠償を支払う相手は金庫になります。

⑵　会員代表訴訟の対象となる者

　会員代表訴訟の対象となる者は、理事、監事、会計監査人、発起人もしくは清算人です。また、すでに退任していたとしても対象になり得ます。

2　会員代表訴訟の手続

⑴　提訴請求（法39条の6、会社法847条1項）

　会員は、金庫に対して、書面または電磁的方法により、①被告となるべき者、②請求の趣旨および請求を特定するのに必要な事実を提供して、役員等に対する責任を追及する訴えを提起するよう請求することができます。

　提訴請求することができる会員は、提訴請求時の6か月前（定款で短縮可能）から会員である者に限られます。

⑵　提訴請求の宛先

　提訴請求の相手は金庫ですが、その宛先は、責任追及をする対象（被告となるべき者）によって異なります。

①　対象が理事の場合

　対象が理事（理事であった者を含みます）の場合には、監事を宛先にします。理事と金庫間の訴訟では、監事が金庫を代表することになるからです（法35条の7、会社法386条）。

②　対象が理事以外の場合

　理事以外の場合には、原則どおり、代表理事を宛先にします（法35条の9第1項）。

③　理事と監事の双方を対象とする場合

　理事と監事の双方を対象とする場合には、代表理事と監事の双方を宛先にします。提訴請求書自体は、代表理事と監事の連名を宛先にし

た１通のみを送付する方法でも、宛先を代表理事と監事に分けて、監事を対象とする請求書を代表理事に、代表理事を対象とする請求書を監事に、合計２通送付する方法でもよいとされています。

(3) 金庫の不提訴判断と代表訴訟提起（法39条の６、会社法847条３項・５項)

金庫が提訴請求の日から60日以内に責任追及等の訴えを提起しない場合には、提訴請求をした会員は、金庫のために、代表訴訟を提起することができます。また、60日の経過により金庫に回復することができない損害が生じるおそれのある場合には、会員は直ちに代表訴訟を提起することができます。

会員が代表訴訟を提起したときは、遅滞なく金庫に対し、訴訟告知をしなければなりません（法39条の６、会社法849条４項)。金庫は、その訴訟告知を受けたときは、遅滞なくその旨を公告し、または会員に通知しなければなりません（法39条の６、会社法849条５項)。

(4) 会員代表訴訟が提起される裁判所の管轄

代表訴訟は、金庫の主たる事務所の所在地を管轄する地方裁判所に提起されることになります（法39条の６、会社法848条)。

3 代表訴訟の和解

代表訴訟について会員と役員等の間で和解をする場合に、金庫が和解の当事者でないときは、裁判所は、金庫に対して和解の内容を通知し、かつ、当該和解に異議があれば２週間以内に異議を述べるべき旨を催告しなければならないことになっています（法39条の６、会社法850条１項・２項)。金庫がその期間内に書面をもって異議を述べないときは、その通知の内容をもって会員が和解をなすことを金庫が承認したものとみなされ（法39条の６、会社法850条３項)、金庫に確定判決と同一の効力が及びます。

和解の内容は、他の会員には周知させられないため、異議を述べる
か否かの理事・監事の善管注意義務は重大です（江頭憲治郎『株式会
社法　第8版』523頁）。

4　代表訴訟の判決

　代表訴訟の判決の効力は、勝訴・敗訴のいずれであっても金庫に及
びます（民事訴訟法115条1項2号）。

　会員が全部または一部勝訴した場合、金庫に対して代表訴訟の費用
（調査費用、弁護士費用、通信費等）を請求することができます（ただ
し、相当と認められる範囲に限られます。法39条の6、会社法852条
1項）。

　会員が敗訴した場合は、悪意のときに限り、金庫に対して損害賠償
義務を負います（法39条の6、会社法852条2項）。また、勝訴した役
員等は、弁護士報酬等を含め防御のために要した相当の費用を金庫に
請求することができると解されています（江頭憲治郎『株式会社法　第
8版』524頁参照）。

2　会員から提訴請求を受けた場合の金庫の対応

1　提訴請求対応のスケジュールの目安

提訴請求書受領日からの時系列	対応内容	
受領初日	□受領日の記録 □役員間で情報共有を行う。 □提訴請求書の形式要件の審査を行う。	

第6章

役員の責任

	□形式要件を満たす場合 　□対外的な開示の要否検討 　□調査体制（相談する弁護士等）を決定する。 　□事実関係調査を開始する。	
5日以内	□要件を満たさない場合 　□提訴請求の宛先間違いであれば、正しい宛先の機関に回付する。 　□方針協議・理事会等への報告をする。 　□代表訴訟とは関係なく、事実関係を調査する要否の検討等を行う。	□会員からの理事会議事録の閲覧・謄写請求への対応（法37条の2第4項）
45日以内	□証拠収集・法的な検討を行う。 □提訴するか否かの判断をする。	
60日以内	□提訴相当と判断した場合 　□提訴および告知を行う。	
会員、役員等から請求を受けたとき	□不提訴理由通知書を提出する。	

2　提訴請求受領後の具体的な対応

(1)　形式要件の審査

①　提訴請求書受領日の把握

　提訴請求書を受領した機関（代表理事または監事）は、まずその受領日を正確に把握して記録を残しておきます。

② 会員要件

そして、提訴請求会員の本人確認、6か月前（定款により短縮している場合にはその期間）から会員であることを確認します。

③ 提訴請求の宛先

提訴請求の宛先が正しいことを確認します。

会員が提訴請求の宛先を間違えた場合（監事宛にしなければならないにもかかわらず、代表理事宛にしていた場合等）は、会員代表訴訟の提訴要件（法39条の6、会社法847条3項）を満たすことにはなりませんので、その後の会員代表訴訟は不適法却下となります。

もっとも、会員が提訴請求の宛先を間違えた場合は、誤った宛先の機関は正しい宛先の機関に提訴請求を回付するべきです。

裁判所は、正しい宛先の機関が請求内容を正確に認識したうえで訴えを提起するかどうか判断する機会があったときは、当該会員代表訴訟は不適法ということはできないと判断しています（農業協同組合の理事に対する代表訴訟の事例－最判平成21・3・31民集63巻3号472頁参照）。

④ 請求の特定

提訴請求書に、被告となるべき者、および請求の趣旨および請求を特定するのに必要な事実が記載されていることを確認します（法39条の6、会社法847条1項）。

そして、請求の対象とされている者が現在または過去の役員等であったか、請求の原因・損害額等が具体的に特定されて記載されているかを確認します。

(2) 形式要件を欠く場合の対応

① 提訴請求を受け付けない場合

監事が形式審査を担当した場合には他の監事と協議を行い、提訴請求を受け付けないと判断すれば、それを理事会および関係部署に報告

第6章 役員の責任

191

します。代表理事が宛先の場合には、理事会において協議を行い、提訴請求を受け付けない旨の決定を行います。

② 会員への応答

金庫に会員への応答の義務はありませんが、応答をするか否かを決定しておく必要があるでしょう。

③ 役員等の違法・不正行為が疑われる場合

提訴請求自体が形式要件を欠くとしても、役員等の違法行為・不正行為が疑われる場合には、代表訴訟とは関係なく、事実関係の調査をする必要があります。

(3) 提訴・不提訴の判断

① 責任の有無の調査

イ 事実調査・証拠収集・法的検討

提訴請求が形式要件を満たしている場合、金庫は、提訴するか否かの判断にあたり、対象とされている役員等や関係部署からの事実関係の報告、関係資料の収集、弁護士・公認会計士等の専門家の意見・見解の聴取などの必要な調査を実施しなければなりません。

そのうえで、類型ごとの責任が生じる要件を立証することができるかを確認して、責任追及等の訴えを提起するか否かを判断します（本章・Ⅲ・1・2「類型ごとの責任が生じる要件」参照）。

ロ 判断する機関

理事を対象とする提訴請求を受けた場合には、監事間で情報を共有し、協議したうえで、各監事が提訴するか否かを判断することになります（監事の独任制）。したがって、監事が1人でも提訴相当と判断をすれば理事に対する責任追及等の訴えを提起することになります。

監事を対象とする提訴請求を受けた場合には、理事会で協議をして監事に対する責任追及等の訴えを提起するか否かを判断することになります。

② その他の勘案要素

イ 勝訴可能性

　金庫が役員等に対して責任追及等の訴えを提起し、結果として敗訴した場合には、提訴を行った機関の判断についての適切性が問われることになります。

　場合によっては、訴訟追行費用等の損害を金庫に生じさせたことについて、訴訟追行した理事や監事の任務懈怠責任が問われることもあり得ます。仮に事実調査等によって、役員等に責任があると判断するに至ったとしても、それを立証するに足りる十分な証拠が存在するかどうかも勘案して、提訴・不提訴を判断する必要があります。

ロ 提訴の必要性

　役員等の責任が認められると判断した場合であっても、直ちに訴えを提起するのではなく、当該役員等が任意に損害賠償の支払に応じる可能性や提訴前の和解等についても検討するべきです。

　訴え提起によることなく解決することができれば、訴訟コスト等の費用等を抑えて解決することができるからです。

ハ 訴訟コストの検討

　金庫に生じている損害の額、役員等の資力などからの回収可能性、訴訟手続費用、弁護士費用、人的・時間的負担などを総合的に見て、訴え提起がこれらのコストに見合うかどうかを検討する必要もあります。

③ 専門家の関与の留意点

　金庫の顧問弁護士は、金庫業務の内容や過去の経緯等に理解がある一方で、提訴請求の対象となっている案件について、過去に執行部門が相談や依頼をしていた等、一定の関与をしていることもあります。そのような場合には、顧問弁護士に利害関係が生じてしまいますから、顧問弁護士の意見・見解は客観性を欠くことになります。

　提訴請求を受けた際には、事前に、提訴請求の対象となっている事

実について、顧問弁護士に相談することに問題がないかを確認したうえで、場合によっては、独自に弁護士を起用することも検討するべきでしょう。

④　訴え提起の告知

金庫が役員等に対して責任追及等の訴えを提起したときは、遅滞なくその旨を公告し、または会員に通知しなければなりません（法39条の6、会社法849条5項）。

⑷　不提訴理由通知書の提出等

①　不提訴理由の通知

金庫は、提訴請求から60日以内に役員等への責任追及等の訴えを提起しない場合、提訴請求をした会員、対象となった役員等から請求を受けたときは、当該請求者に対して、遅滞なく、責任追及等の訴えを提起しない理由を書面または電磁的方法で通知しなければなりません（法39条の6、会社法847条4項）。

②　不提訴理由通知書の記載事項

不提訴理由通知書に記載しなければならない項目は次のとおりです（規則40条参照）。

a　金庫が行った調査の内容および判断の基礎資料

b　責任追及等の訴えについて、対象となった役員等の責任・義務の有無についての判断とその理由

c　対象となった役員等に責任または義務があると判断した場合において、責任追及等の訴えを提起しないときはその理由

③　代表訴訟の証拠・任務懈怠の判断材料

上記の内容は、後日の代表訴訟の証拠とされることもあり得ますし、不提訴の判断を行った機関の任務懈怠の有無の判断にも用いられます。また、不提訴理由の通知により、会員が調査結果に納得すれば、不要な代表訴訟の回避につながることもあります。

④　不提訴理由通知書の通知方法

　独任制の監事は、それぞれが金庫を代表して請求者に対して個別に不提訴理由通知書を出すこともできますが、監事間に意見の相違がなければ1通の書面をもってすべての監事連名で不提訴理由通知書を交付するのが通常です。

(5)　調査・検討過程の記録・保管

　調査・検討過程は、しっかり記録・保管しておきましょう。これらは、役員等に対して責任追及等の訴えを提起した場合には、その請求を立証するための証拠となります。訴えを提起しない場合は、調査を行った監事（または代表理事）が善管注意義務を尽くしたことを明らかにする資料となります。また、会員等から請求があった場合、調査の内容や資料、判断の理由を不提訴理由通知書に記載して提出するためにも必要です。

　会員代表訴訟が提起された場合、これらの記録が民事訴訟上の文書提出命令（民事訴訟法220条4号）の対象になることもあり得ます。

3　会員代表訴訟における金庫の関わり

1　訴訟参加

　金庫は、会員が起こした役員の責任追及等の訴えについて、共同訴訟人として、または、当事者の一方を補助するため、訴訟に参加することができます（法39条の6、会社法849条1項）。馴れ合い訴訟を防止したり、会員にとって過剰に有利な内容での訴訟上の和解をすることを防止するためです。

2　補助参加

　会員代表訴訟を提起された場合、被告となった理事や監事に責任が

ないと考える金庫は、被告側に補助参加（民事訴訟法42条）すること
もできます（法39条の6、会社法849条1項）。ただし、その場合は監
事全員から同意を得なければなりません（法39条の6、会社法849条
3項）。補助参加の際に金庫を代表するのは代表理事になりますので、
金庫の判断の適正を確保するためにこのような要件が設けられていま
す。

3　理事会議事録の閲覧・謄写請求等

　会員は、役員等への責任追及等を検討している場合に、理事会議事
録の閲覧・謄写等を請求してくることがあります（法37条の2第4項）。
　会員の権利行使のための必要性がない場合に閲覧・謄写を認め、重
大な企業秘密が漏えいしてしまった場合等には、理事の善管注意義務
違反が問われることがありますので慎重な対応が必要になります。

4　提訴された役員の対応

1　弁護士の選任

　会員からの提訴請求において、責任追及等の対象とされた役員は、
その後、金庫から事情聴取を受けたり、金庫からの訴え提起あるいは
代表訴訟が提起されることが予測されますので、提訴請求書が金庫に
送られた時点で、弁護士への依頼を検討しておくほうがよいでしょう。
　なお、金庫と利害が相反するおそれがある場合には、金庫の顧問弁
護士への依頼は避けるのが通常です。また、同時に対象とされた他の
役員がいる場合に、それらの役員と利害関係が異なっている場合には、
個別に弁護士を依頼するようにするべきでしょう。

2 担保提供の申立

　代表訴訟の被告とされた役員は、裁判所に対し、会員に担保提供を命ずるよう申し立てることができます（法39条の6、会社法847条の4第2項）。これは、代表訴訟自体が不法行為を構成する場合に、被告とされた役員が会員に対して損害賠償請求をするための担保です。

　この場合、被告とされた役員は、当該訴訟が事実的・法律的根拠のないことを知りながら、またはその制度趣旨を逸脱し、不当な目的をもって被告を害することを知りながら提起されたものであること（悪意）を疎明しなければなりません（法39条の6、会社法847条の4第3項）。そのため、金庫と補償契約を締結している場合や役員等賠償責任保険の加入等によって弁護士費用等の費用分の支払が受けられている場合であれば、その悪意の疎明に力を注ぐよりも、あえて担保提供命令の申立はせずに請求棄却だけを求めて、早期解決をめざすほうが得策な場合もあります。

第 **7** 章

コンプライアンス

I 総 論

1 金融機関におけるコンプライアンスとは

　一般に、「コンプライアンス」とは、法令や各種ルールを遵守することをいいますが、法令用語ではないため、便利に、多義的に使われてきた面もあります。

　金融機関は、経済の基盤を支える役割を担うという公共性から、一般企業よりも高いレベルのコンプライアンスが求められているともいわれますが、ここでいう「コンプライアンス」は、単なる法令遵守にとどまりません。

　従来の取組みで見られたような、形式的な法令違反のチェックに終始して表面的な再発防止策の策定等で取りつくろう、発生した個別問題の事後的対応を偏重する、管理部門中心の局所的・部分的な対応にとどまってしまうといった問題点への反省から、金融庁では、意見募集の手続きを経て、2018年（平成30年）に「金融検査・監督の考え方と進め方」や「コンプライアンス・リスク管理に関する検査・監督の考え方と進め方（コンプライアンス・リスク管理基本方針）」を公表しました。そして、金融庁は、これまでのさまざまな事例等から抽出された傾向と課題をとりまとめて、2019年（令和元年）6月に「コンプライアンス・リスク管理に関する傾向と課題」を公表するとともに（翌年7月にその一部を更新）、金融機関がコンプライアンス・リスク管理を向上させていくために重要と考えられる着眼点を示す試みも行っています。

　そこで求められている金融機関のコンプライアンスは、単に法令遵

守にとどまらず、金融機関のあらゆる業務において生じ得る幅広いリスクを捕捉・把握することによって将来発生し得る問題を未然に予防しようという、経営の根幹たるリスクマネジメントとして位置付けられているのです。

2　金融機関における管理態勢

　金融庁が2018年（平成30年）10月に公表したコンプライアンス・リスク管理基本方針では、金融機関がコンプライアンス・リスク管理を向上させていくための着眼点として次の2つが重要だとされています。

①　経営・ガバナンスに関する着眼点

②　リスクベースの発想への視野拡大に関する着眼点

1　経営・ガバナンスに関する着眼点について

⑴　経営の根幹をなすものであることに関する着眼点（コンプライアンス・リスク管理基本方針4頁以下）

　コンプライアンス・リスク管理基本方針では、経営・ガバナンスに関する着眼点の重要性を説きます。コンプライアンス・リスクが経営と不可分一体で、往々にしてビジネスモデルや経営戦略自体に内在する場合が多いにもかかわらず、従前、経営陣には、コンプライアンス・リスク管理が経営の根幹をなすものだという発想が十分ではなかったためです。

①　経営陣の姿勢・主導的役割

　経営陣は、ビジネスモデル・経営戦略を検討する際に、十分な想像力を巡らせて、具体的な事実（数字・金額等）をふまえながら、幅広くリスクを捕捉し、検討することが必要です。

　コンプライアンス・リスク管理基本方針では、このような経営陣の姿勢が、実効的なコンプライアンス・リスク管理の根幹として重要な

企業文化にも大きな影響を与えるとします。たとえば、短期収益重視のメッセージを過度に発したり、事業部門の役職員への無理な収益プレッシャーを与えること、あるいは、収益を拡大している部門において内部管理態勢が追いつかないような事態は、問題事象を生じさせることになりかねないと注意を促しています。

② 内部統制の仕組み

組織として適切にコンプライアンス・リスク管理を行うためには、業務執行を行う役職員全員にコンプライアンス・リスクの的確な認識と正しい姿勢を浸透させる必要があります。

まずは、中間管理職の意識向上です。現場の職員に直接指示を出し、第一次的な人事評価を行うのが中間管理職です。この中間管理職に、自らの部署等の業務に合わせたコンプライアンス・リスクの正しい姿勢を具体的に理解させ、体現させることで、コンプライアンス・リスクの的確な認識と正しい姿勢を浸透させることが必要だとしています。

次に、人事・報酬制度の設計・運用の見直しです。人事・報酬制度は、役職員の行動に大きく影響を及ぼすインセンティブとなり得ます。この人事・報酬制度が、経営陣の示した姿勢やあるべき企業文化と整合する形で設計、運用されていることが重要だとしています。

さらには、内部通報制度の実効性の担保です。問題事象を感知した者が躊躇せずに内部通報制度が利用できるように、通報を適正に取り扱い、通報者の保護に関する懸念を生じさせない、安心できる制度として周知を図ることも重要です。

③ 企業文化

企業文化は、健全で風通しのよいものが醸成されていればコンプライアンス・リスクの抑止につながる一方、収益至上主義あるいは権威主義の傾向を有する場合には問題事象を誘発することもあるなど、役職員の行動や意思決定にも大きな影響を及ぼすことがあります。

そこで、経営陣は、経営方針をふまえた、あるべき価値観・理念や企業文化を明確にし、その醸成に努めることが重要だとされています。

④　外に開かれたガバナンス態勢

　経営陣が、客観的な見地からの意見や経営環境の急速な変化等に関する情報など、多様な意見・情報を容れながら経営に反映させる、または、第三者的立場にある者（金庫でいえば、職員外理事等）による実効的な監督・牽制等が適切に働く、といったガバナンス態勢の構築が重要だとされています。

(2)　リスク管理の枠組みに関する着眼点（コンプライアンス・リスク管理基本方針7頁以下）

①　事業部門による自律的管理

　事業部門は、収益を生み出す事業活動に起因するリスクの発生源となることから、現場での管理態勢は、事業部門の役職員自身がリスク管理の責任を担うのだという主体的・自律的な意識をもって業務を実施していくことが重要だとされています。

②　管理部門による牽制

　上記の事業部門の自律的なリスク管理に対して、独立した立場からそれを牽制すると同時に、支援もするという役割を担うのが管理部門（コンプライアンス部門、リスク管理部門等）です。管理部門は、リスクを全社的にみて統合的に管理する役割も担うことから、事業部門の業務とそこに潜在するリスクに関する理解とともにリスク管理の専門的知見をも併せもつことが求められます。

　経営陣は、管理部門がこういった重要な機能を十分に果たせるよう、担当の役職員に十分な権限や地位の付与、独立性の担保、質・量ともに十分な人材の確保を主導して図っていくことが必要だとされています。

第7章

コンプライアンス

③　内部監査部門による検証

　上記の事業部門や管理部門から独立した立場で、コンプライアンス・リスクに関する管理態勢について検証するのが内部監査部門です。内部監査部門は、もし管理態勢の構築やその運用に不備があれば、経営陣に対し指摘して是正を求め、あるいは管理態勢の改善等について経営陣に助言・提言をすることが期待されているため、その監督・牽制機能を有効に働かせるために質・量ともに十分な人材の確保、職員外理事や監事等との適切な連携も重要だとされています。

④　グループ会社管理および海外拠点管理

　問題事象がグループ内の複数社にまたがって生じることも少なくないため、金融グループにおいては、全体を統括する経営陣が、グループのコンプライアンス・リスク管理態勢の構築・運用を整備して、経営方針の実施に伴うリスクを的確に捕捉および把握することが重要だとされています。そして、リスクが顕在化した際には、適切に対応できる態勢を構築し、運用することが必要になります。

　グループ間で国・地域の異同がある場合にも、リスクはグループ全体が負うものであることから、経営陣の関与を前提とした本社による実効的な統制がなされることが重要とされています。

⑶　人材や情報通信技術等のインフラに関する着眼点（コンプライアンス・リスク管理基本方針９頁)

①　コンプライアンス・リスク管理に係る人材の確保

　昨今の金融機関におけるコンプライアンスは、法令遵守にとどまらず、金融機関のあらゆる業務において生じ得る幅広いリスクを捕捉し、把握することによって将来の問題の未然予防を図ることが求められることから、高度な専門的知識を必要とされる分野は拡大しています。加えて、コンプライアンス・リスク管理を実効的に行うには、金融機関のビジネスに関する深い知識・経験や、金融機関の経営に関する問

題意識を理解する能力も重要となってきます。

　そのような人材確保の有益な取組みとして、コンプライアンス・リスク管理基本方針では、コンプライアンス部門・リスク管理部門等の管理部門や内部監査部門と事業部門との人材のローテーションが例示されています。

②　情報通信技術の活用

　金融機関では、効果的で効率的なコンプライアンス・リスク管理を行う観点から、ますます進展が見込まれる情報通信技術の有効な活用のため、戦略的に予算・人員を投入することが必要であり、経営陣にも情報通信技術に対する高い意識や理解が求められるとされています。

2　リスクベースの発想への視野拡大に関する着眼点（コンプライアンス・リスク管理基本方針9頁以下）

　ともすれば、法令や検査マニュアルのチェックリストを形式的かつ厳格に遵守するというルールベースの発想に陥りがちであった従来の金融機関の姿勢への反省から、自らのビジネスが利用者保護に反しないか、市場の公正・透明性に重大な影響を及ぼさないか、ひいては金融機関自身の信頼を毀損する可能性のある重大な経営上のリスクの発生につながらないか、という本質的な観点に重点を置き、将来の問題まで未然に防止できるようなリスク管理を考える必要があるとされています。

　経営陣が、そのようなリスクベースの発想をもち、プロセスを実行に移すためのリスク管理態勢は、①リスクの特定・評価（幅広く情報収集をして、コンプライアンス・リスクを包括的かつ具体的に特定・評価し、重大なリスクの所在や態勢整備が急務である領域を洗い出す）、②リスクの低減・制御（特定のリスクまたは特定の部門・部署に関する態勢整備等、個別領域のリスクを低減・制御するための具体的

な行動計画を策定し、実行するプロセス）の2つに大別し、それぞれ
の金融機関の規模・特性等に応じた創意工夫で適切な管理態勢を構築
するとともに、そのプロセスの実質を向上させる努力（社内規程の見
直し、改廃、規模や特性に応じたメリハリある対応等による、より効
率的な態勢構築等）を続けることが重要だとしています。

【column】

コンダクト・リスクとは？

　近時、コンプライアンスという概念では捉えきれない問題事象の
発生のリスクを示す概念として「コンダクト・リスク」という言葉
が使われ始めています。

　これは、英国のFinancial Conduct Authority（英国金融行為規
制機構。FCA）がその重要性を指摘したことで世界的に注目され始
めた概念であり、コンプライアンス・リスク管理基本方針でも触れ
られています。

　「コンダクト・リスク」には確立した定義があるわけではありませ
んが、コンプライアンス・リスク管理基本方針では、「コンダクト・
リスクが生じる場合を幾つか類型化」した場合として、次のように
紹介しています。

　「金融機関の役職員の行動等によって、①利用者保護に悪影響が
生じる場合、②市場の公正・透明に悪影響を与える場合、③客観的
に外部への悪影響が生じなくても、金融機関自身の風評に悪影響が
生じ、それによってリスクが生じる場合等と紹介し、「コンダクト・
リスクは、金融機関に対する上記のような社会的な期待等に応えら
れなかった場合に顕在化するリスクを、比較的新しい言葉で言い換
えているにすぎないと考えることもできる」（コンプライアンス・リ
スク管理基本方針11頁〜12頁）

II 内部通報制度

1 内部通報制度について

1 内部通報制度とは

　内部通報制度は、職員等から、金庫内で現に起きているか、起きそうになっている法令違反、コンプライアンス違反、その他不正、不当、不適切な事実（以下「不正行為等」といいます）に関する通報を受け付ける窓口を設置して、不正行為等の早期発見、是正、再発防止を行う制度です。

2 内部通報制度の整備

　内部通報制度の整備は、理事会が決議すべき内部統制システムの整備（法36条5項5号）のうち、「金庫の損失の危険の管理に関する規程その他の体制」（規則23条2号）に該当する重要な手段です。

　パワーハラスメント防止法（労働施策の総合的な推進並びに労働者の雇用の安定及び職業生活の充実等に関する法律）で義務付けられた「必要な措置」（同法30条の2第1項）の具体的な内容となる相談窓口の設置（パワーハラスメント防止のための指針）、男女雇用機会均等法（雇用の分野における男女の均等な機会及び待遇の確保等に関する法律）で整備を義務付けられた「必要な体制」（同法11条・11条の3）としての「相談窓口」（事業主が職場における妊娠、出産等に関する言動に起因する問題に関して雇用管理上講ずべき措置についての指針）等はいずれも内部通報制度の整備を指します。

今や内部通報制度の整備は、法令等で要請された必須の制度です。実際に、近時は社会的なコンプライアンス意識の高まりや公益通報者保護制度の制定等とともに、内部統制の一環としての内部通報制度の定着等によって、窓口への連絡などによって不祥事が発覚する事例も増えてきています。

3　公益通報者保護法

　内部通報制度と似た制度として、公益通報制度があります。

　公益通報制度の通報対象事実は、内部通報制度で取り扱う不正行為等のうち、公益通報者保護法別表に掲げられた特定の法律に関する犯罪事実や違反事実のみです。最終的に刑罰や行政罰（過料）につながる事実のみが公益通報制度の通報対象事実になり、コンプライアンス上の問題は通報対象事実には当たらないのです。

　また、担当者の負う守秘義務の根拠、範囲や責任についても内部通報制度と公益通報制度とでは違いが生じてきます。公益通報従事者には守秘義務違反に刑事罰も科されることがあります。

　制度を利用できる者は、内部通報制度の場合は、その制度設計によっては通報者に取引先等を含める場合がありますが、公益通報制度の場合は、公益通報者は、労働者・派遣労働者・委託先の労働者や派遣労働者（これらの退職から1年以内の者）、役員（委託先の役員）のみが行うことができます（公益通報者保護法2条1項）。

　このように一見似た制度ではありますが、内部通報制度が企業価値の維持・向上を制度目的としているのに対し、公益通報制度は国民生活の安定および社会経済の健全な発展に資することを制度目的とするという違いにより、両者は必ずしも一致するものではないのです。

　もっとも、通報を受け付ける窓口では、一般的な内部通報も公益通報も区別なく受け付けるようにするべきです。通報対象は公益通報者

保護制度の対象事実に限定するべきではありません。コンプライアンス上の重大な問題も通報対象として受け付けることで金庫における企業改善を図ることができます。何よりも、通報者にとって、通報したい事実が公益通報の対象事実か否かを判断することは困難です。通報対象事実を限定したりすれば、通報者にとって、当該事実が対象となるかどうかがわからず、通報自体を萎縮させてしまうことにもなりかねないからです。

　なお、従業員300人を超える企業は、公益通報受付窓口を整備しなければなりません（公益通報者保護法11条３項）。

2　金庫外の通報窓口の設置

　通報窓口は、金庫内に設置して職員等が対応する場合と金庫外に設置するために外部の弁護士等に委託する場合があります。通報窓口を金庫内に設置するか、金庫外に設置するかによって、それぞれ次のようなメリットがあります。こういった違いから、金庫内と外に窓口を併設することも選択肢として考えられます。

1　金庫内の通報窓口のメリット

(1)　金庫内の事情に詳しい者が相談担当者となることで、より深く通報を理解することができる

　通報では、業界用語等が多用されることもあり得ますので、金庫外の相談担当者では、その内容をすぐに理解できないこともあるかもしれません。その点、金庫職員が相談担当者となる金庫内の通報窓口の場合には、業界や金庫内の用語も理解しながら、具体的なイメージをもって通報受付をすることができます。

(2)　通報者にとって担当者の顔がみえることで安心できる

　いろいろな不安を抱えた通報者にとっては、場合によっては担当者

の顔がみえるという安心感が通報しやすさにつながることもあり得ます。

(3) 直接的で早い対応が可能

匿名を希望しない通報の場合には、金庫内の通報窓口のほうが直接的で早い対応が可能になる場合もあります。

2 金庫外の通報窓口のメリット

(1) 不利益な取扱いを受けるという通報者の不安を解消できる

通報することで不利益な取扱いを受けるかもしれないという不安を抱えた通報者にとっては、外部の窓口は安心感につながります。通報窓口が外部であるということで、匿名性の保護や厳正な手続の履践の期待から、職員の内部通報制度利用の活発化が期待できます。

(2) 専門性をもった対応が期待できる

通報窓口を外部の弁護士に委託すれば、専門性をもって受付対応をしてもらえることが期待できます。

(3) 通報者が特定されるというリスクを軽減できる

金庫外で通報受付を行うことで、金庫内の通報担当部署にて通報者を特定させるような情報を保有せずに済むというリスク軽減も行えます。

3 金庫外の通報窓口の権限

金庫外の通報窓口を委託した弁護士に調査権限を与える制度設計も考えられますが、一般には、通報の受付と金庫への報告に専念する形が多いものと思います。窓口担当者には、あくまでも通報者からの聴き取りや連絡窓口に専念をしてもらう設計です。

もっとも、このような受付専念型の通報窓口であっても、金庫側から調査すべき事案かどうかの意見を求めることは可能です。

4　金庫外の通報窓口の選定基準

　内部通報制度は、法令やコンプライアンス上の重大な問題等の通報を受け付けて、是正し、再発防止を図ることで金庫の企業価値の維持・向上を図ります。

　こういった不正行為等の通報に対して、専門性をもって対応してもらうこと、通報者からみて中立・公正で安心感ある窓口であることといった期待からすれば、金庫外の通報窓口は弁護士に委託するのがよいと考えます。

　顧問弁護士に通報窓口を委託している例も少なくありません。確かに、通報窓口を顧問弁護士に委託すること自体は禁止されてはいませんが、顧問弁護士とは別の弁護士に委託するほうがよいでしょう。職員からみれば、顧問弁護士は「金庫側の弁護士」とみられかねませんので、通報を萎縮させるおそれがあります。また、通報対象は将来的に金庫との紛争や訴訟に発展することもあり得ますが、そのような場合に、金庫にとっては、受付業務を行った顧問弁護士に当該事案を依頼できなくなる可能性があります。

　そのほか、考え得る選定条件をあげてみます。

(1)　適切なコミュニケーションがとれること

　内部通報制度は、早期に不祥事の芽を把握するために有効な制度です。通報窓口担当者には予断を抱かずに聴き取りをしてもらうこと、通報者に萎縮させずに話してもらいやすい雰囲気と信頼感を作れることが大事になってきます。

　また、聴取した内容は、適正に金庫に報告いただく必要があります。

　こういった観点から、コミュニケーション能力が高い方を窓口に選定することが理想的です。

⑵ 通報内容からコンプライアンス上の問題点、リスクの度合い等を適切に把握できること

内部通報制度は、単に通報者のいいたいことを聴けばいいのではなく、適切に問題点を把握し、その後に調査の要否等につなげていけなければなりません。どういった事実が法令違反やコンプライアンス上の問題になり得るのかを考えながら、５Ｗ１Ｈも意識して聴き取りをすることができる方に担当いただく必要があります。

そのうえで、通報者の特定につながり得る情報を抽出し、その情報が金庫側には伝わらないようにしていただくという判断が求められます。

⑶ 適正な費用

外部に委託するからには無償とはいきませんので、適正な費用で受けてもらうことも選定条件になってくるでしょう。

3　内部通報制度の周知

1　不祥事が公になる前の把握

不祥事発生時の危機管理は、何よりも、不祥事等が公になる前に把握することが重要です（詳細は本章・Ⅵ「不祥事発生時の危機管理対応」参照）。

内部通報制度は、公になる前の不祥事等を把握するための有効な手段です。この内部通報制度を活用するためには、職員等に通報窓口設置の存在と利用方法が周知されていることが必要です。

2　企業内における不正の是正

裁判例の中には、「労働者は雇用契約上使用者に対して上記誠実義務を負っているのであるから、仮に企業内に看過し難い不正行為が行

われていることを察知したとしても、まず企業内部において当該不正行為の是正に向け努力すべきであって、これをしないまま内部告発を行うことは、企業経営に打撃を与える行為として上記誠実義務違反の評価は免れないものと解すべきである」（東京地判平成23・1・28労働判例1029号59頁）と判示したものもあります。雇用契約上の誠実義務として、マスコミ等に告発する前に、企業内での不正の是正に努力すべき要請が働くというものです。

　このことからも、内部通報制度を整備し、周知しておけば、唐突に金庫内の不祥事がマスコミ等に告発されることも防ぐことが可能になるのです。

3　内部通報制度の周知すべき内容

(1)　経営陣からの積極的な発信

　職員等に安心して内部通報制度を利用してもらうためには、経営陣から、当該制度の積極的な利用を望んでいる旨を発信することが望ましいでしょう。

(2)　さまざまな機会・手段を使った周知

　通報窓口設置の事実、通報先、利用方法は定期的な研修、リーフレットの配布、掲示、就業規則等での規定等、いろいろな時期や方法で周知できるとよいでしょう。

　通報先を明記することで、担当者が誰であるのかを知ってもらうことは通報者の安心感にもつながります。

(3)　通知者の保護の明確化

　通報者の匿名性の保護、探索や不利益扱いの禁止を徹底することを明確に打ち出すことは極めて重要です。通報者が安心して制度利用できるようにしなければなりません。

4　内部通報制度の点検、評価、改善

　内部通報制度は内部統制システムの一環です。

　設置したら終わりではなく、利用件数、運用体制、通報者の保護等、適正に利用されているか定期的に点検、評価を行い、中立公正で信頼性のある制度であるための不断の改善を続けて行かなければなりません。点検評価の方法としては、担当部署における反省会・意見交換会等の開催、内部監査機関や外部の第三者による点検、利用者となり得る職員や実際の通報者へのアンケートを実施するといったことが考えられます。

III　情報管理・個人情報保護

1　金庫の情報管理

1　金庫の守秘義務

　金庫は、その業務に関して取得した顧客情報を含むさまざまな情報を適正に取得・管理して取り扱わなければなりません（法89条、銀行法12条の2）。

　金庫が、業務において取得する情報には、信用情報（保有資産・負債、返済能力等）、相続等の身分関係、疾病や勤務先の退職等の多岐にわたります。こういった情報は金融取引の基礎をなすものであって、適切な管理態勢の確保が極めて重要です。そのため、明文上は、金庫の守秘義務を直接定めた法令はありませんが、金庫は、商慣習や黙示

の合意などを根拠として守秘義務を負っていると解されます。

　金融機関の顧客情報が民事訴訟法197条1項3号にいう職業の秘密として保護されるかどうかを判示した事例として（当該事案においては消極）、最高裁平成19年12月11日決定（民集61巻9号3364頁）が参考になります。ただし、一般には、顧客との契約上に明文の規定がない場合においても、商慣習または黙示の合意の存在などを根拠として、金融機関はその秘密を保持すべき義務を負っているものと解されています。

2　守秘義務の対象範囲

　前記最高裁平成19年決定は、守秘義務の対象について「顧客との取引内容に関する情報や顧客との取引に関して得た顧客の信用にかかわる情報などの顧客情報」であると判示しています。たとえば、取引内容に関する情報としては、預金額、貸付債権額等があり得ます。取引に関して得る情報には、資産・年収・売上げなどの財産情報があります。また、これらに付随した私的事項等として、死亡・遺言書の内容等の相続にかかわる身分等の事項や毎月の振込・引落しによる給与額、生活費の額等も業務上知ることになります。こういった情報は、守秘義務の範囲として厳格に取り扱う必要があります。

　他方、業務上知り得る情報であっても、公開されている情報（商号、本店所在地等）には守秘義務は生じません。

2　個人情報管理

1　個人情報の取扱い

　個人である顧客に関する情報については、個人情報の保護に関する法律（以下「個人情報保護法」といいます）、個人情報の保護に関する

法律についてのガイドライン（通則編）、同ガイドライン（外国にある第三者への提供編）、同ガイドライン（第三者提供時の確認・記録義務編）および同ガイドライン（仮名加工情報・匿名加工情報編）、金融分野における個人情報保護に関するガイドライン（以下「金融分野ガイドライン」といいます）および金融分野における個人情報保護に関するガイドラインの安全管理措置等についての実務指針（以下「実務指針」といいます）の規定に基づく適切な取扱いが確保される必要があります。

2 個人情報とは

(1) 個人情報

「個人情報」とは、生存する個人に関する情報であって、「当該情報に含まれる氏名、生年月日その他の記述等……により特定の個人を識別することができるもの（他の情報と容易に照合することができ、それにより特定の個人を識別することができることとなるものを含む）」または「個人識別符号が含まれるもの」をいいます（個人情報保護法2条1項）。

(2) 他の情報と容易に照合することができるもの

「他の情報と容易に照合することができるもの」とは、通常の業務における一般的な方法で、他の情報と容易に照合することができる状態をいいます。

(3) 個人識別符号

「個人識別符号」とは、情報単体から特定の個人を識別できるものとして個人情報の保護に関する法律施行令に定められた文字、番号、記号その他の符号をいいます（個人情報保護法2条2項）。

携帯電話番号やクレジットカード番号は個人識別符号とはいえませんが、こういった番号が氏名等の他の情報と容易に照合することがで

きて、特定の個人を識別することができる場合には個人情報に該当することになります。

⑷ 個人データおよび保有個人データ

「個人データ」とは、個人情報データベース等を構成する個人情報をいいます（個人情報保護法2条6項）。「個人情報データベース等」は、特定の個人情報をコンピュータや目次、索引、符号等を用いて検索することができるように体系的に構成した、個人情報を含む情報の集合物です（同条4項）。

「保有個人データ」は、「個人データ」のうち、個人情報取扱事業者が、開示、内容の訂正、追加または削除、利用の停止、消去および第三者への提供の停止のすべてに応じることのできる権限を有するものをいいます（政令で定める一定の要件を満たすものを除きます。同条7項）。

「個人情報」が「個人情報データベース等」に入力されて「個人データ」なると、個人情報取扱事業者の遵守すべき事項は「個人情報」よりも増えます（同法19条〜26条）。また、「保有個人データ」になると、個人情報取扱事業者の遵守すべき事項がさらに増えます（同法27条〜32条）。

⑸ 要配慮個人情報および機微（センシティブ）情報

「要配慮個人情報」とは、本人の人種、信条、社会的身分、病歴、犯罪の経歴、犯罪により害を被った事実その他本人に対する不当な差別、偏見その他の不利益が生じないようにその取扱いに特に配慮を要するものとして政令で定める記述等が含まれる個人情報を意味します（個人情報保護法2条3項）。要配慮個人情報は、一定の場合を除き、あらかじめ本人の同意を得ておかなければ取得することができず（同法17条2項）、第三者提供の場合のオプト・アウトも認められません（同法23条2項）。

「機微（センシティブ）情報」とは、金融分野ガイドラインにおいて、要配慮個人情報に、労働組合への加盟、門地、本籍地、保健医療および性生活に関する情報（一定の公開情報等を除きます）を加えたものをいいます。

センシティブ情報は、取得、利用および第三者提供を行わないことが原則とされ、取得等をする場合には、特に慎重に取り扱うこと等が規定されています（金融分野ガイドライン5条参照）。

3　情報管理態勢

1　個人情報保護と守秘義務

個人情報保護と守秘義務はしばしば混同されることがありますが、上述のとおり、守秘義務は、金庫と顧客間の取引における商慣習や黙示の合意などを根拠として導かれるものであるのに対し、個人情報保護は個人情報保護法等によって強制的に規律されるものであります。

それぞれが別個独立した規制となりますので、たとえば、情報開示の検討においても、それぞれ区別して検討することが必要になります（個人情報保護法の規制を遵守すれば、当然に個人顧客の情報を第三者に提供してよい、とは限らないのです）。

2　顧客情報の管理態勢

金融庁の「中小・地域金融機関向けの総合的な監督指針」では、顧客等に関する情報管理態勢の着眼点を次のとおりとしています（Ⅱ－3－2－3－2主な着眼点(1)）。金庫内において顧客情報の管理態勢を構築するにあたり参考になる観点だと思います。

(1)　顧客等の情報管理に関する内部統制システムの整備

・経営陣が次の3点を行えているか。

①顧客等に関する情報へのアクセスおよびその利用は業務遂行上
の必要性のある役職員に限定されるべきという原則（Need to
Know原則）をふまえること

②顧客等に関する情報管理の適切性を確保する必要性および重要
性を認識すること

③業務の内容・規模等に応じて、そのための組織体制の確立（部
門間における適切なけん制の確保を含む）、社内規程の策定、金
融グループ内の他の金融機関（持株会社を含む）との連携等、
内部管理態勢の整備を図ること

(2) 顧客等の情報管理の具体的な取扱基準の策定と周知

・顧客等に関する情報の取扱いについて、具体的な取扱基準を定め
たうえで、研修等により役職員に周知徹底を図っているか。

・当該取扱基準は、顧客等に関する情報に関し、銀行の行内もしく
は行外、または行内の同一の部門内もしくは異なる部門間、いず
れの共有についても、Need to Know原則をふまえたものとなっ
ているか。

・当該情報の他者への伝達については、上記の法令、保護法ガイド
ライン、金融分野ガイドライン、実務指針の規定等に従い手続が
行われるよう十分な検討を行ったうえで取扱基準を定めているか。

(3) 顧客等に関する情報の管理状況の検証体制

・顧客等に関する情報へのアクセス管理の徹底（アクセス権限を有
する者の範囲がNeed to Know原則を逸脱したものとなることや
アクセス権限を付与された本人以外が使用することの防止等）、
内部関係者による顧客等に関する情報の持出しの防止に係る対策、
外部からの不正アクセスの防御等情報管理システムの堅牢化、店
舗の統廃合等を行う際の顧客等に関する情報の漏えい等の防止な
どの対策を含め、顧客等に関する情報を適切に管理するための態

勢が構築されており、コンプライアンス部門の関与のもと当該顧客等に関する情報の管理状況を適時・適切に検証できる体制となっているか。

・特定職員に集中する権限等の分散や、幅広い権限等を有する職員への管理・けん制の強化を図る等、顧客等に関する情報を利用した不正行為を防止するための適切な措置を図っているか。

(4) 情報漏えい時の体制整備

・顧客等に関する情報の漏えい等が発生した場合に、適切に責任部署へ報告され、二次被害等の発生防止の観点から、対象となった顧客等への説明、当局への報告および公表が迅速かつ適切に行われる体制が整備されているか。

・情報漏えい等が発生した原因を分析し、再発防止に向けた対策が講じられているか。さらには、他社における漏えい事故等をふまえ、類似事例の再発防止のために必要な措置の検討を行っているか。

・顧客に重大な影響を及ぼす可能性があるなど、経営上重要な事案については、対応方針の意思決定に経営陣が適切に関与しているか。

(5) 内部監査部門の体制

・独立した内部監査部門において、定期的または随時に、顧客等に関する情報管理に係る幅広い業務を対象にした監査を行っているか。

・当該業務が金融グループ全体で統一的に行われている場合、グループ内の他の金融機関（持株会社を含む）の内部監査部門等との連携が図られているか。

・顧客等に関する情報管理に係る監査に従事する職員の専門性を高めるため、研修の実施等の方策を適切に講じているか。

3　個人情報の管理態勢

　金融庁の「中小・地域金融機関向けの総合的な監督指針」では、個人情報管理の着眼点を次のとおりとしています（Ⅱ－3－2－3－2主な着眼点(2)）。金庫内において顧客情報の管理態勢を構築するにあたり参考になる観点だと思います。

(1)　個人情報の安全管理体制の構築

・個人である顧客に関する情報については、銀行法施行規則13条の6の5に基づき、その安全管理および従業者の監督について、当該情報の漏えい、滅失またはき損の防止を図るために必要かつ適切な措置として以下の措置が講じられているか。

　①金融分野ガイドライン8条および9条の規定に基づく措置

　②実務指針Ⅰ、Ⅱおよび別添2の規定に基づく措置

(2)　センシティブ情報を利用しないための措置

・個人である顧客に関する人種、信条、門地、本籍地、保健医療または犯罪経歴についての情報その他の特別の非公開情報を、銀行法施行規則13条の6の7に基づき、金融分野ガイドライン5条1項各号に列挙する場合を除き、利用しないことを確保するための措置が講じられているか。

(3)　クレジットカード情報等の取扱い

・クレジットカード情報等については、以下の措置が講じられているか。

①　クレジットカード情報等について、利用目的その他の事情を勘案した適切な保存期間を設定し、保存場所を限定し、保存期間経過後適切かつ速やかに廃棄しているか。

②　業務上必要とする場合を除き、クレジットカード情報等をコンピューター画面に表示する際には、カード番号をすべて表示させ

ない等の適切な措置を講じているか。

③　独立した内部監査部門において、クレジットカード情報等を保護するためのルールおよびシステムが有効に機能しているかについて、定期的または随時に内部監査を行っているか。

(4)　個人データの第三者提供

・個人データの第三者提供に関して、金融分野ガイドライン12条等を遵守するための措置が講じられているか。特に、その業務の性質や方法に応じて、以下の点にも留意しつつ、個人である顧客から適切な同意の取得が図られているか。

①　金融分野ガイドライン3条をふまえ、個人である顧客からPC・スマートフォン等の非対面による方法で第三者提供の同意を取得する場合、同意文言や文字の大きさ、画面仕様その他同意の取得方法を工夫することにより、第三者提供先、当該提供先に提供される情報の内容および当該提供先における利用目的について、個人である顧客が明確に認識できるような仕様としているか。

②　過去に個人である顧客から第三者提供の同意を取得している場合であっても、第三者提供先や情報の内容が異なる場合、またはあらかじめ特定された第三者提供先における利用目的の達成に必要な範囲を超えた提供となる場合には、改めて個人である顧客の同意を取得しているか。

③　第三者提供先が複数に及ぶ場合や、第三者提供先により情報の利用目的が異なる場合、個人である顧客において個人データの提供先が複数に及ぶことや各提供先における利用目的が認識できるよう、同意の対象となる第三者提供先の範囲や同意の取得方法、時機等を適切に検討しているか。

④　第三者提供の同意の取得にあたって、優越的地位の濫用や個人である顧客との利益相反等の弊害が生じるおそれがないよう留意

しているか。たとえば、個人である顧客が、第三者提供先や第三者提供先における利用目的、提供される情報の内容について、過剰な範囲の同意を強いられる等していないか。

ハラスメント対応

1　ハラスメントとは

1　ハラスメントの種類

　「ちょっと注意すると『パワハラだ』、酒席に誘うと『アルハラだ』といわれ、やりづらい世の中になった」といった言葉を聞くことがあります。世間には、次のようなものがあります。

・セクハラ（セクシュアルハラスメント：職場における性的な嫌がらせ）

・パワハラ（パワーハラスメント：職場における優位性を背景とした業務の適正な範囲を超えた嫌がらせ）

・マタハラ（マタニティハラスメント：妊娠・出産・育児に関する嫌がらせ）

・カスハラ（カスタマーハラスメント：顧客や取引先による嫌がらせ）

・モラハラ（モラルハラスメント：言葉や態度によって人格の尊厳を傷つける嫌がらせ）

・ジタハラ（時短ハラスメント：長時間労働を改善する具体策を提案しないまま、経営者等から業務の切上げを強要される嫌がら

せ）

・ソーハラ（ソーシャルハラスメント：SNSに職場の上下関係を持ち込まれる嫌がらせ）

・スモハラ（スモークハラスメント：非喫煙者に対してタバコの煙やニオイで嫌な思いをさせる嫌がらせ）

・スメハラ（スメルハラスメント：ニオイに関する嫌がらせ）

上記のほか、

・ハラハラ（ハラスメントハラスメント：何でもかんでも「ハラスメント」と主張する嫌がらせ）というものもあります。

2　ハラスメント概念の誕生

　日本において、「ハラスメント」という言葉が広く認識されるようになったのは、1989年（平成元年）に出版社に勤務する女性が男性上司に対して損害賠償請求の訴えを提起した裁判がきっかけといわれています（福岡地判平成4・4・16判例時報1426号49頁）。その損害賠償請求の理由が、職場上司から「異性関係が派手である」などといった噂を社内外に流されたというものであったことから、福岡セクシュアルハラスメント事件として世間の注目を集めました。これにより、セクハラの概念が急速に広まり、この年は「セクシュアルハラスメント」が新語・流行語大賞の新語部門金賞を受賞しました。

　職場における性的嫌がらせは、この事件以前から多くあったでしょうけれども、この行為に「セクハラ」という呼称が付けられ、損害賠償請求の対象となる違法な行為だという認識が定着していくことで、その後、セクハラ裁判が増大することになります。また、社会的にもセクハラに対する問題意識が高まり、1997年（平成9年）に「雇用の分野における男女の均等な機会及び待遇の確保等に関する法律」（以下、「男女雇用機会均等法」といいます）に女性労働者に対するセクハ

ラ規定が創設され、2007年（平成19年）同法改正により男性労働者に対するセクハラ規定の適用も認められるようになりました。

　また、2001年（平成13年）には、組織内における優位性を利用した職場でのいじめなどを指す言葉として「パワーハラスメント」という造語（和製英語）も使われるようになってきました。「パワハラ」も世間的に定着し、2011年（平成23年）には「職場のいじめ・嫌がらせ問題に関する円卓会議ワーキング・グループ」が発足され、パワハラ問題の現状把握や予防、解決が必要な行為の具体化、パワハラ問題への取り組みのあり方の議論が開始されました。そして、2019年（令和元年）5月、通称「パワハラ防止法」と呼ばれる「労働施策の総合的な推進並びに労働者の雇用の安定及び職業生活の充実等に関する法律（労働施策総合推進法）」が成立し、法的にパワハラの定義が明確化されるとともに事業主にパワハラ防止の措置が義務付けられるようになりました。

　国際的にも、2019年（令和元年）6月には、国連で、職場でのセクハラ・パワハラなどハラスメント行為を禁止するという初の国際労働機関条約「仕事の世界における暴力及びハラスメントの撤廃に関する条約」が採択され、2021年（令和3年）に発効されるに至りました。

　「マタニティハラスメント」は、2014年（平成26年）、最高裁判所が、妊娠に伴う軽易業務への転換を契機とした降格処分を違法と判断したことでマスコミの注目を浴び、仕事と妊娠・出産・育児に関わる法的整備が進むようになりました（最判平成26・10・23民集68巻8号1270頁）。

　上記以外にも、アカデミックハラスメント、就活終われハラスメント、ジェンダーハラスメント、SOGIハラスメントなど、「●●ハラスメント」との呼称で新しいハラスメント概念が生まれ続けています。こうした傾向は、「●●」に該当する社会的な問題行為、ハラスメント

への社会的な関心の高まりを示す歓迎すべき一面をもちながらも、定義もあいまいなまま安易に言葉が濫用される結果、「●●ハラスメント」という言葉が巷にあふれる状況も生まれつつあります。上述の「ハラスメントハラスメント」は、こうした状況を見直すための警鐘の意味もあるのかもしれません。

3　ハラスメントの特徴

(1)　誰もがハラスメントの加害者にも被害者にもなり得る

　ハラスメントは、必ずしも相手を嫌がらせようと思ってやっているとは限りません。たとえば、セクハラの場合をみても、その動機は、性的欲求の場合もあれば、他人と交流したい、その場を楽しませたいといった場合もあり得ます（飲み会の場で下ネタをいって笑わせようとする等）。パワハラの場合でも、上司からみれば、普通の指示のつもりで大変な仕事を任せたつもりはない、部下は喜んでいた、部下のための愛ある指導だから大丈夫と、無意識なハラスメントや独善的なハラスメントをしてしまうこともあり得ます。

　このような無意識、無自覚なハラスメントが行われてしまう可能性のあることを意識しておかなければ、いつ、誰が加害者側になってもおかしくないのです。やった側が無意識、無自覚であっても、被害者にとっては非常に大きな苦痛となり得ます。

　そして、自分がいつ加害者になってもおかしくないということは、逆に、自分も被害を受ける可能性が常にあるということです。

(2)　グレーゾーンの幅が大きい

　上述のとおり、「●●ハラスメント」という言葉が次々と生まれています。その1つの要因は、ハラスメント（Harassment）という「いやがらせ」や「いじめ」を意味する言葉が使いやすいということもあるでしょう。

世の中にあふれる多様な「ハラスメント」には、単なる「不快だ」という内心の問題から、民事上の不法行為に該当する行為、刑法犯等の犯罪行為に該当する行為までを含み、しかも、違法か否かは当事者間の関係性によっても変わってくることがあるため、まったく問題のない行為（白）と完全な違法行為（黒）の間の不適切な行為（グレーゾーン）がグラデーションをもって広がっているようなイメージです。

金庫役員としては、法律的な適法・違法の境界を明確化することは難しい場合もあるため、より快適な職場環境維持の観点から、不適切なケースも防止するという姿勢で対応することが望ましいでしょう。

4　ハラスメントを予防するための心構え

とはいえ、概念も曖昧なまま使われる「ハラスメント」に対して、「不適切なケースを防止する」ということだけにとらわれては、本章冒頭の言葉のように、萎縮しか生みません。あくまでも快適な職場環境を維持することが目的ですから、金庫役員としては、「ハラスメント」の言葉に振り回されたりしないようにしておきたいところです。

⑴　パワハラで気をつけるべき点

不用意に萎縮しないためにパワハラで気をつけるべき点を端的に挙げれば、以下の２点となります。

①　必要性：業務上必要な行為か

業務上必要のない指示指導はパワハラに該当する可能性があります。たとえば、延々と封筒ののり付けだけを行わせるとか、１人だけ窓のない狭い部屋で作業をさせて孤立させるといった行動等です。

②　相当性：人格、尊厳を傷つける行為になっていないか

行き過ぎた叱責など、相手の人格や尊厳を傷つける言動は、たとえ業務上の必要性があったとしてもパワハラに該当する可能性があります。たとえば、他の職員がいる朝礼等の場で、１人を名指しして前に

立たせ、業務上の失敗について他の職員の面前で叱責する行為等がこれに当たります。このような対応をとろうとする理由として、「同じ失敗を他の職員にもさせないために、注意指導をみんなの前で行って、共有しておく必要がある」ということが考えられるかもしれません。

しかし、ａ．業務の失敗を注意して指導をすること、ｂ．類似の失敗を予防することは区別をすることができます。注意指導は、個別に直接職員に行えばいいのです。そして、予防は、失敗した職員が特定されない形で事案を共有することでも行えます。これを同時にやろうとすれば、職員の尊厳を害することにつながり、パワハラとなるのです。

この必要性と相当性だけ意識しておけば、「職員を不快にさせてハラスメントといわれないか」等と不必要におびえる必要はなくなります。萎縮して業務上必要な指導さえ何もできなくなってしまうといった事態は避けましょう。

(2) セクハラで気をつけるべき点

セクハラで気をつけるべきは、「性的な言動は行わないこと！」の1点のみです。金庫業務において、性的な言動が業務に関係することはまず考えられません。性的な言動で職員を不快にさせれば、すべてセクハラになると肝に銘じ、とにかく相手が不快に感じた場合にはストップをかける、性的言動を行った本人だけではなくこれに気付いた周りも行為を止めるということが必要です。

(3) ハラスメントが起こった場合の早期のリカバリー行動

ハラスメントは好意やコミュニケーションの一環のつもりが、相手に不快を与えていたという場合にも起こり得ます。そこで、万一、ハラスメントが起こってしまった場合のリカバリーの仕組みを作ることが重要です。

軽微なものに留まっていれば、加害行為をした者に適切に謝罪を行わせ、無意識・無自覚な言動を意識付けさせて再発防止策を講じるといった事後対応を迅速、適切に行って、ハラスメントの深刻化を防ぐ心がけが大事なのです。

2　パワーハラスメント

1　パワーハラスメントとは

　職場のパワーハラスメントとは、職場において行われる①優越的な関係を背景とした言動であって、②業務上必要かつ相当な範囲を超えたものにより、③労働者の就業環境が害されるものであり、①から③までの３つの要素をすべて満たすものをいいます（パワハラ防止法30条の２第１項）。

⑴　優越的な関係を背景とした言動

　「優越的な関係を背景とした」言動とは、事業主の業務を遂行するに当たって、当該言動を受ける労働者が当該言動の行為者に対して抵抗または拒絶することができない蓋然性が高い関係を背景として行われるものを指します（「事業主が職場における優越的な関係を背景とした言動に起因する問題に関して雇用管理上講ずべき措置等についての指針」（以下「事業主が講ずべき措置等の指針」という）2020年（令和２年）１月15日厚生労働省告示５号）。

　これは、必ずしも上司と部下の上下関係に限定されません。同僚や部下であっても、その者の業務上必要な知識や経験による協力を得なければ業務を円滑に遂行していけないような関係にあったり、同僚や部下が集団化することで上司であっても抵抗・拒絶が困難であれば「優越的な関係」といえます。

(2) 業務上必要かつ相当な範囲を超えた言動

「業務上必要かつ相当な範囲を超えた」言動とは、社会通念に照らし、当該言動が明らかに当該事業主の業務上必要性がない、またはその態様が相当でないものを指します（事業主が講ずべき措置等の指針2(5)）。たとえば、次のようなものです。

・業務上明らかに必要性のない言動
・業務の目的を大きく逸脱した言動
・業務を遂行するための手段として不適当な言動
・当該行為の回数、行為者の数等、その態様や手段が社会通念に照らして許容される範囲を超える言動

事業主が講ずべき措置等の指針は次の点も補足しています。

「この判断に当たっては、様々な要素（当該言動の目的、当該言動を受けた労働者の問題行動の有無や内容・程度を含む当該言動が行われた経緯や状況、業種・業態、業務の内容・性質、当該言動の態様・頻度・継続性、労働者の属性や心身の状況、行為者との関係性等）を総合的に考慮することが適当である。また、その際には、個別の事案における労働者の行動が問題となる場合は、その内容・程度とそれに対する指導の態様等の相対的な関係性が重要な要素となることについても留意が必要である」

(3) 労働者の就業環境が害されるもの

「労働者の就業環境が害される」とは、労働者の就業環境が不快になったために、能力の発揮に重大な悪影響が生じる等、就業するうえで看過できない程度の支障が生じることを指します（事業主が講ずべき措置等の指針2(6)）。

【column】

役員同士でもパワハラはある⁉

　「優越的な関係を背景とした」言動であるパワハラは、通常、上司から部下への叱責等による言動として問題とされることが多いですが、裁判上、不法行為が認定されたものの中には、上司と部下の上限関係にないものもあります。

　たとえば、2022年（令和4年）3月1日の福岡地方裁判所の判決（判例タイムズ1506号165頁）では、代表取締役という同じ職務上の地位同士での言動にパワハラを認定しました。すなわち、具体的な両者の関係、言動の内容、言動のなされた状況に照らして、社会通念上許容される範囲を逸脱したと認められるような場合には、たとえ役員同士であってもパワハラの認定をされることがあり得るのです。この裁判例の事案は次のようなものでした。

【請求の内容】

　生え抜きだった元・代表取締役社長が、①同族会社の経営者一族である代表取締役会長から経営者会議等で罵声を浴びせられる等のパワハラで精神的を受けたことによる慰謝料、②本来受けられるべき退職慰労金支給を取締役会に上程しなかったために受給できなかったことによる退職金相当額の損害賠償等を求め、会社と会長個人を訴えた。

【事案の概略】

　会長は、経営会議や中間業績報告の会議において、同席している他の取締役の面前で、元社長に対し、「馬鹿、無能、サラリーマン根性丸出し、会社の経営を考えない、会社の金を横領した者より始末が悪い」といった言葉を繰り返すだけではなく、「一生恨む、引きずり倒す、呪い殺してやる」等といった強い嫌悪を示す発言を感情の赴くままにしていた。

　また、取締役の退職慰労金については、取締役会において役員服務規程および退職慰労金内規により算定基準等を定められ、内規違反等による退任での不支給以外は、業務評価の低い役員であっても退職慰労金を支給することとされていたが、会長は、元社長の退任

にあたり、退職慰労金支給に係る株主総会の議案等を取締役会に上程しなかった。

【裁判所の判断】

1 パワハラについて

裁判所は、本事案において、会長の同族会社内での経歴等に照らして、元社長よりも優越的な地位にあったことを認定した。

会社の業績は、前年比で営業利益が5億円減少する等、十数年以内の経営状況の悪化があったことから、裁判所は、取締役ら全員に対する業務指導や叱咤激励をする必要性自体は認めつつも、他の取締役の前で繰り返し元社長の人格を否定するような言動を繰り返す会長の行為は、業務指導等のために正当化されるものではなく、社会通念上許容される範囲を逸脱しているとして違法と評価した（慰謝料額100万円）。

2 退職慰労金不支給について

退職慰労金支給の件を取締役会に上程しなかったことについては、各内規の定めおよび会社役員に対する退職慰労金の支給状況からすれば、会長は、元社長が退任する際、各内規に従って取締役会に元社長への退職慰労金支給についての株主総会の議案を上程するか、退職慰労金を支給しないのが相当とするならば、これを取締役会に諮るべきであったとして、かかる不作為について善管注意義務違反を認めた（損害額は元社長の取締役在任時の退職慰労金相当額となる850万円）。

上記の裁判例は、「優越的な関係を背景とした」言動が形式的に判断されるものではなく、たとえ代表取締役間であったとしても（金庫であれば、理事間であったとしても）、具体的な事情によっては、その言動がパワハラに当たり得るということを示した参考事例といえます。

その労働者の受ける身体的または精神的に苦痛、不快さの基準は「平均的な労働者の感じ方」（同様の状況で当該言動を受けた場合に、

社会一般の労働者が、就業するうえで看過できない程度の支障が生じたと感じるような言動であるかどうか）で判断します。

2　パワーハラスメントの行為類型

「職場のいじめ・嫌がらせ問題に関する円卓会議ワーキング・グループ」がとりまとめた報告書では、パワハラの行為類型を6つに分類しました（なお、パワハラがこの6類型に限られるものではないことには留意が必要です）。

① 　身体的な攻撃（暴行・傷害）

② 　精神的な攻撃（脅迫・名誉毀損・侮辱・ひどい暴言）

③ 　人間関係からの切り離し（隔離・仲間外し・無視）

④ 　過大な要求（業務上明らかに不要なことや遂行不可能なことの強制・仕事の妨害）

⑤ 　過小な要求（業務上の合理性なく能力や経験とかけ離れた程度の低い仕事を命じることや仕事を与えないこと）

⑥ 　個の侵害（私的なことに過度に立ち入ること）

3　金庫が対応しなければならないパワハラ防止措置

パワハラ防止法に基づき、金庫はパワハラ防止のために必要な措置（パワハラ防止法30条の2。「労働者からの相談に応じ、適切に対応するために必要な体制の整備その他の雇用管理上必要な措置」を講じる義務を負います（事業主が講ずべき措置等の指針）。

(1)　パワハラ禁止の方針明確化および周知・啓発（事業主が講ずべき措置等の指針4(1)）

金庫は、パワハラを行ってはならない旨と厳正な処分を行う旨を明確化し、管理監督者を含む職員に周知・啓発していきます。

　・就業規則等の服務規律を定めた文書において、パワハラ禁止規定

を設けて、職場においてパワハラの内容、発生原因や背景を周知・啓発すること

・社内報、パンフレット、ホームページ等広報や啓発のための資料等にパワハラ禁止の方針を記載して配付すること

・パワハラに関する研修、講習等を実施すること

・就業規則等の服務規律を定めた文書において、パワハラを行った者に対する懲戒処分を定めて職員に周知・啓発すること

以上が具体的な活動例です。

(2) 相談窓口設置等の必要な体制整備（事業主が講ずべき措置等の指針4(2)）

金庫は、職員からの相談に対し、その内容や状況に応じ適切かつ柔軟に対応するために必要な体制の整備を行わなければなりません。

具体的には、以下の点に留意した相談窓口の設置を設置し、職員に周知します（内部通報制度）。

・相談に対応する担当者をあらかじめ定める

・相談に対応するための制度を設ける

・外部の機関に相談への対応を委託する

・相談窓口の担当者が、相談に対し、その内容や状況に応じ適切に対応できるようにする

・相談は、相談者の心身の状況や当該言動が行われた際の受け止めなどその認識にも配慮する

・相談は、現にパワハラが行われている場合に限定せず、広く受け付ける

・相談窓口の担当者が、相談内容等に応じて人事部門とが連携を図れる仕組みを作る

・相談における留意点などを記載したマニュアルをあらかじめ作成して対応する

・相談窓口の担当者に対し、相談を受けた場合の対応についての研修を行う

(3) パワハラ事案に対する事後の迅速かつ適切な対応（事業主が講ずべき措置等の指針4(3)）

金庫は、職場におけるパワハラに係る相談の申出があった場合において、その事案に係る事実関係の迅速かつ正確な確認および適正な対処として、次の措置を講じなければなりません。

・事案に係る事実関係を迅速かつ正確に確認すること
・パワハラの事実が確認された場合は、速やかに被害者に対する配慮のための適正な措置と行為者への懲戒処分等の厳正な措置を行うこと。たとえば、被害者と行為者の間の関係改善に向けての援助、被害者と行為者を引き離すための配置転換、行為者の謝罪、被害者の労働条件上の不利益の回復、メンタルヘルス不調への相談対応等の措置、調停等の第三者機関の紛争解決案に従った措置等
・再発防止に向けた措置をとること

(4) プライバシー保護と不利益扱いの禁止（事業主が講ずべき措置等の指針4(4)イ）

金庫は、相談や事後対応にあたって、相談者・行為者等のプライバシー（性的指向・性自認や病歴、不妊治療等の機微な個人情報を含みます）を保護する旨、および、職員がパワハラ相談をしたこと等を理由に解雇その他不利益な取扱いをされない旨の必要な措置を講じ、その旨を職員に対し周知します。

(5) 相談窓口はセクハラ、マタハラ等のハラスメントに関して一元的に対応できる体制とすること（事業主が講ずべき措置等の指針5）

パワハラがその他のハラスメントと複合的に生じることが想定され

ることから、相談窓口は一元的に相談できる体制を整備することが望ましいとされています。その場合、他のハラスメント等の相談窓口も兼ねていることを明示して周知します。

⑹ **職員以外の者に対する言動や顧客からの迷惑行為に対する取組み（事業主が講ずべき措置等の指針6、7）**

職員以外の者（就活中の学生等）に対する言動（オワハラ等）や顧客からの迷惑行為に対する取組み（カスハラ等）についても、上記と同様な体制整備が望ましいとされています。

3　セクシュアルハラスメント

1　セクシュアルハラスメントとは

職場において行われる性的な言動（セクシュアルハラスメント）は、雇用する労働者の対応により当該労働者がその労働条件につき不利益を受け、または当該性的な言動により当該労働者の就業環境が害される性的な言動のことをいいます（男女雇用機会均等法11条）。

職場におけるセクシュアルハラスメントには、職場において行われる性的な言動に対する労働者の対応により当該労働者がその労働条件につき不利益を受けるものと、当該性的な言動により労働者の就業環境が害されるものがあります。なお、職場におけるセクシュアルハラスメントには、同性に対するものも含まれます。また、被害を受けた者（以下「被害者」といいます）の性的指向または性自認にかかわらず、当該者に対する職場におけるセクシュアルハラスメントも、本指針の対象となります（「事業主が職場における性的な言動に起因する問題に関して雇用管理上講ずべき措置についての指針の一部改正」2020年（令和2年）1月15日厚生労働省告示第6号）。

2　金庫が対応しなければならないセクハラ防止措置

　男女雇用機会均等法11条は、「事業主は、職場において行われる性的な言動に対するその雇用する労働者の対応により当該労働者がその労働条件につき不利益を受け、又は当該性的な言動により当該労働者の就業環境が害されることのないよう、当該労働者からの相談に応じ、適切に対応するために必要な体制の整備その他の雇用管理上必要な措置を講じなければならない」として、必要な措置を義務付けています。

　厚労省が定めるセクシュアルハラスメントに関するハラスメント防止のための指針では、その必要な措置はパワハラにおける措置と同様である旨がうたわれています。

【column】

銀行頭取が顧客からの職員へのセクハラ行為を防止しなかったとして辞任した事例

　2018年（平成30年）10月、銀行の頭取（代表取締役会長）が辞任を発表したとの報道がありました。取引先との会食の席で、同席していた女性行員に対するセクハラ行為を制止しなかったためということでした。

　その経緯は、当初、社内調査で取引先による不適切行為が発覚したことから、報酬・賞与の減額処分を受けていたそうです。その後、社外取締役の指摘があり、第三者である弁護士による再調査が実施され、会長が同席していたにもかかわらず、不適切行為を制止できなかったことが問題視されるところとなり、会長が引責辞任するに至ったとのことでした。

　取引先から職員へのセクハラは、カスタマーハラスメントにもなります。取締役としてそれを制止、防止する義務が生じるでしょう。

　そもそも、会食において女性職員を同席させる必要性がなかった

とすれば、会食への同席をさせること自体、セクハラの要素も絡んできます。取引先との会食、お酒が入る場であっても、ハラスメント行為には厳正に対処する姿勢を忘れてはいけません。

【column】

アウティングのパワハラ・労災認定

本人の性的指向・性自認（SOGI：Sexual Orientation and Gender Identity）について、その了解を得ずに、第三者に暴露する行為（ハラスメント）のことをアウティングといいます。

2023年（令和5年）7月25日の報道によると、職場の上司からアウティングの被害を受けて精神疾患を発症した保険代理店の従業員について、池袋労働基準監督署が労災を認定したとのことです。アウティングが労災認定されたのは初めてのケースかもしれませんが、性的指向・性自認や病歴、不妊治療等の機微情報を本人の同意なく他人に開示することが違法であることは間違いありません。職場において、アウティングがされれば、パワハラに該当することもあるでしょう。

4　ハラスメントへの対応上の留意点

1　指導・監督を行う場合

職員等への業務遂行上の指導・監督を行う場合は、勤務態度、ミスの重大性等を勘案しつつ、指導を行う必要性、言葉選びや文章の表現、指導を行う場所、タイミングにも配慮して、過度な人格否定や侮辱的な表現を用いないようにしましょう。必要な指導であっても、執拗に繰り返したり、他の職員の面前で指導することは避けなければなりま

せん。

2　懲戒処分を行う場合

　一般的な懲戒処分の有効性と同様に、問題行為が就業規則上の懲戒
事由に該当し、かつ加害者を懲戒処分とすることに客観的に合理的な
理由があることを確認します。

　ハラスメント対応には厳正な処分が求められるとしても、当該行為
の性質・態様、過去の同種事例の処分との比較、その他の事情に照ら
して、懲戒処分の内容が社会通念上相当なものと認められなければ、
懲戒権の濫用として無効になる可能性があるので慎重な検討を行うよ
うにしましょう。

Ⅴ　反社会的勢力への対応

1　反社会的勢力との関係遮断

　金庫には、反社会的勢力との関係を遮断すべき法的義務があります。
そこで、金庫としては、反社会的勢力による関係遮断を、業務の適正
を確保するために必要な法令遵守・リスク管理事項として内部統制シ
ステムに位置付け、組織全体で、①入口段階（反社会的勢力とは関係
を作らない）、②中間管理段階（既存取引等の反社会的勢力該当性の事
後検証）、③出口段階（反社会的勢力との取引解消の観点から反社会的
勢力への対応）に取り組む必要があります。

2　反社会的勢力対応の流れ

1　政府指針の公表

　2007年（平成19年）6月19日、政府は、反社会的勢力を排除していくことが企業の社会的責任の観点から重要であり、反社会的勢力に資金提供を行わないことがコンプライアンスそのものであるとして、犯罪対策閣僚会議幹事会申合せ「企業が反社会的勢力による被害を防止するための指針」（いわゆる「政府指針」）を公表し、不当要求を断固拒絶し、反社会的勢力とは一切の関係を遮断するという指針が示されました。

2　全国暴力団排除に関する条例の制定

　そして、2009年（平成21年）10月に福岡県で暴力団を排除するための条例が制定されたのを皮切りに、今では、すべての都道府県で暴力団排除に関する条例が制定・施行されています。

3　金融業界

　金融機関における暴力団排除ついては、金融庁が「主要行等向けの総合的な監督指針」をはじめ、「中小・地域金融機関向けの総合的な監督指針」等の業態ごとの監督指針等を策定しています。

3　反社会的勢力との関係遮断のための内部統制システム構築

　金庫等の金融機関は、上記指針および暴力団排除条例等によって、暴力団等の反社会的勢力との関係を遮断する義務を負っています。
　したがって、金庫としては、業務の適正を確保するために必要な法

令遵守・リスク管理事項として、反社会的勢力との関係遮断を内部統制システムに明確に位置付け、組織全体で対応することが必要になるのです。

4　反社会的勢力との関係におけるリスク

1　反社会的勢力の判断

　反社会的勢力には、暴力団とその構成員等の警察から情報提供を受けられる「ブラック」な者たちだけではなく、合法な企業を装って活発な経済取引を行っているフロント企業、暴力団に所属せずに犯罪行為を繰り返す半グレ集団、過度な要求を繰り返すハードクレーマー等、濃淡さまざまな「グレーゾーン」の者たちが存在します。

　「反社会的勢力との関係を断つ」というだけなら簡単ですが、その外延は明確にはなっておらず、何をもって反社会的勢力とするかという判断が簡単ではないのです。

2　反社会的勢力と関係を断つリスク・継続するリスク

　反社会的勢力との関係遮断のため、反社会的勢力ではない者を反社会的勢力であると認定して関係を解消した場合（反社会的勢力であることの疑いが強いにもかかわらず、それを立証できない場合）には、相手方からの債務不履行による損害賠償請求だけでなく、名誉毀損を理由にした損害賠償請求等を受けることもあり得ます（東京高判平成24・11・29判例秘書登載・判例番号L06720641参照。会社の元代表取締役が、虚偽の事実（知人が代表を務める投資会社が反社会的勢力に関与しているとの情報があるため、会社に上場廃止の危険が生じている等）で不当に辞任させられたとして、会社等に損害賠償請求をした事案。請求自体は棄却されました）。

他方、調査が十分でなかったために反社会的勢力であることを見逃して関係を継続していた場合、あるいは、反社会的勢力だと知りつつ関係継続を放置した場合には、他の取引先等から取引を停止・解消されたり、報道等を通じて社会的信用を失うこともあり得ます。

金庫が、反社会的勢力との関係遮断の努力を行っていない場合には、金融庁から業務改善命令を受けることになります（参考：2013年（平成25年）9月27日、金融庁は、M銀行に対し、反社会的勢力への融資を放置していたとして業務改善命令を出しています）。

また、信用保証協会から保証債務の履行を拒絶される場合もあります（東京高判平成28・5・26金融・商事判例1495号15頁参照。当該事案では、主債務者が反社会的勢力であったことを理由に、信用保証協会が信用金庫からの保証債務の履行請求に応じませんでした。ただし、判決では、まず、金融機関に主債務者が反社会的勢力であるか否かについて相当な調査をすべきであるという付随義務を認めたうえで、その義務を果たしていれば、結果として反社会的勢力への融資をしたとしても、保証協会への保証債務履行を行えるとして、金庫が「一般的に行われている調査方法等」によって当該義務を履行していたかを詳細に審理し、金庫に当該義務違反はなかったと認定して、保証債務履行請求が認められました）。

5 反社会的勢力との関係遮断のための対応策

1 反社会的勢力の定義・範囲

(1) 反社会的勢力の定義・要件

反社会的勢力とは、暴力・威力と詐欺的手法を駆使して経済的利益を追求する集団または個人のことをいいますが（政府指針）、一義的に定まるものではないので、金庫としてどのような者を「反社会的勢力」

とするか、その範囲を明確にしておかなければなりません。

　何をもって反社会的勢力とするかについては、事業者ごとに、その事業特性等をふまえたリスクに応じた運用がなされることが許容されています（2014年（平成26年）6月4日公表の「『主要行等向けの総合的な監督指針』及び『金融検査マニュアル』等の一部改正（案）に対するパブリックコメントの結果等について」における金融庁の考え方No.1参照。以下「金融庁の考え方」といいます）。

　反社会的勢力は、その所属団体などの属性だけで捉えることは困難なため、①属性要件と②行為要件の2段階で画するのが一般的です。具体的には次のとおりです。

　① 属性要件

　以下のイからリのいずれかに該当すること。

　イ 暴力団

　その団体の構成員（その団体の構成団体の構成員を含む）が集団的にまたは常習的に暴力的不法行為等を行うことを助長するおそれがある団体をいいます（暴力団員による不当な行為の防止等に関する法律2条2号参照）。

　ロ 暴力団員

　暴力団の構成員をいいます（同条6号参照）。

　ハ 暴力団準構成員

　暴力団または暴力団員の一定の統制下にあって、暴力団の威力を背景に暴力的不法行為等を行うおそれがある者または暴力団もしくは暴力団員に対し、資金、武器等の供給を行うなど暴力団の維持もしくは運営に協力する者のうち暴力団員以外の者をいいます。

　ニ 暴力団関係企業

　暴力団員が実質的にその経営に関与している企業、準構成員・元暴力団員が実質的に経営する企業であって暴力団に資金提供を行うなど

暴力団の維持・運営に積極的に協力し、もしくは関与する企業または業務の遂行等において積極的に暴力団を利用し暴力団の維持もしくは運営に関与している企業をいいます（いわゆる「フロント企業」）。

ホ　総会屋等

総会屋、会社ゴロ等企業等を対象に不正な利益を求めて暴力的不法行為等を行うおそれがあり、市民生活の安全に脅威を与える者をいいます。

ヘ　社会運動等標ぼうゴロ

社会運動・政治活動を仮装し、または標ぼうして、不正な利益を求めて暴力的不法行為等を行うおそれがあり、市民生活の安全に脅威を与える者をいいます。

ト　特殊知能暴力集団等

上記イからヘ以外の者で、暴力団との関係を背景に、その威力を用い、または暴力団と資金的なつながりを有し、構造的な不正の中核となっている集団または個人をいいます。

チ　共生者

暴力団に資金を提供し、または暴力団から提供を受けた資金を運用した利益を暴力団に還元するなどして、暴力団の資金獲得活動に協力し、または関与するなど、暴力団と共生する集団または個人をいいます。共生者を次の5類型で規定する場合もあります。

a　暴力団員等が経営を支配していると認められる関係を有する者

b　暴力団員等が経営に実質的に関与していると認められる関係を有する者

c　自己、自社もしくは第三者の不正の利益を図る目的または第三者に損害を加える目的をもってするなど、不当に暴力団員等を利用していると認められる関係を有する者

d　暴力団員等に対して資金等を提供し、または便宜を供与するな

どの関与をしていると認められる関係を有する者

e　役員または経営に実質的に関与している者が暴力団員等と社会的に非難されるべき関係を有する者

リ　その他これらに準ずる者

反社会的勢力はその形態が多様であり、社会情勢等に応じて変化し得るため、あらかじめ限定的に基準を設けることはその性質上妥当でないと考えられています（「金融庁の考え方」No.1参照）。

そこで、上記イからチの類型に準ずる者も対象になることを明記しておきます。

② 行為要件

自らまたは第三者を利用して次に該当する行為を行うこと。

a　暴力的な要求行為

b　法的な責任を超えた不当な要求行為

c　取引に関して、脅迫的な言動をし、または暴力を用いる行為

d　風説を流布し、偽計を用いまたは威力を用いて信用を毀損し、または業務を妨害する行為

e　その他これらに準ずる行為

(2) 金庫として取引をすべきではないと考える属性を有する者

金庫は、上記1・(1)・①の属性要件に加えて、自金庫が「反社会的勢力」と捉えるものをその要件に定義しておくことができます。

① 元暴力団員

暴力団員を辞めた者であっても、これまでの人間関係等が直ちに希釈化されるわけではないため、暴力団員を辞めて一定期間が経過していない者は、一般的に、反社会的勢力に準じて関係を排除しておくべき対象となり得ます。

たとえば、暴力団員でなくなった日から5年を経過しない者は、貸金業の登録拒否事由（貸金業法6条1項6号）など、一定の業法にお

ける許認可を付与しない要件として定められています。

　また、金融機関が作成する誓約書でも、「暴力団員でなくなった日から５年を経過しない者」は、反社会的勢力の属性要件に掲げられています。元暴力団員を反社会的勢力の属性要件に定義する場合には、この５年が１つの目安になるでしょう。

②　犯罪者

　一般的には、犯罪者であることのみをもって、直ちに反社会的勢力に該当するわけではありませんが、金庫の事業特性等をふまえて、一定の犯罪に該当する行為をした者を反社会的勢力の属性要件に定義付けて排除することは考えられます。

2　入口段階 – 取引の未然防止

(1)　実務対応の現状

　現在では、ほぼすべての金融機関が以下のような対策をとり、反社会的勢力との取引の未然防止に力を注いでいます。

①　新規口座開設の前には、顧客から反社会的勢力に該当しない旨の誓約書を差し入れさせる

②　取引約款に暴力団排除条項（暴排条項）を盛り込む

③　警察および暴力追放運動推進センター等から得られる情報、自前の反社会的勢力データベース等によるフィルタリングを行い、該当可能性のある者の新規取引を断る

(2)　事前チェックの重要性

　「金融庁の考え方」No.77 では、「金融機関において契約当事者が反社会的勢力に該当するとの疑いを認知したものの、警察から当該契約当事者が反社会的勢力に該当する旨の情報提供が得られず、かつ、他に当該契約当事者が反社会的勢力に該当すると断定するに足りる情報を入手し得なかった場合に、期限の利益の喪失等の特段の措置を講じ

ないことは必ずしも利益供与となるものではなく、また、必ずしも金融機関の業務の適切性が害されていると評価されるものではないと解されるが、そのような理解でよいか」とのコメントに対し、「ご指摘の場合は、様々な手段を尽くしたものの反社会的勢力であると判断できなかった場合と理解されます」との回答をしています。

すなわち、金庫としては、単に、警察等からの情報で反社会的勢力に該当する旨の回答が得られなかったから特段の対応をしなかったというのでは足りず、「様々な手段を尽くしたものの反社会的勢力であると判断できなかった」と合理的に説明できるだけの調査を尽くさなければなりません。そのための労力等もふまえれば、反社会的勢力との関係による被害を予防するための最大の措置は、新規に取引を開始しないことに勝る方策はないでしょう。

また、「一般に行われている調査方法等」に比して、事前の調査が十分ではなかったと認められる場合には、信用保証協会から保証債務の免責を主張され、履行を拒絶される場合があります（前掲東京高判平成28・5・26等参照）。

そこで、金庫としては、新規取引の開始前のチェックの徹底、そのための反社会的勢力データベースの構築・充実化、そして、データベース登録情報の収集強化に力を注ぐ必要があります。

(3)　取引未然防止のための体制整備

①　暴排条項

イ　暴排条項の導入

反社会的勢力関係排除のためには、なるべく多くの取引・契約に（口座の新規開設や企業間取引だけではなく、職員の雇用契約にも）暴排条項を導入し、事前チェックの対象とするべきでしょう。

ロ　暴排条項の効果

暴排条項には、以下のような効果まで明記しておく必要があります。

a 口座の解約、契約の解除等ができる旨

b 金庫は、当該規定による解約・解除によって生じた損害の責任を負わない旨

c 当該規定による解約・解除によって金庫に損害が生じたときは、その損害賠償義務を負う旨

② 反社会的勢力データベースの構築、専従部門の創設等

イ データベースの構築・充実化

金融業界では、業界全体の反社会的勢力データベースのほかに、警察庁データベースとの接続、他の業界団体との連携等に向けた取組みも進められていますが、金庫ごとにリスクに応じた運用を行うため、自前のデータベースの構築・充実化も進めておくことが重要です。

データベース構築のための情報収集元には、新聞、経済誌、その他の雑誌記事の検索、インターネット情報、警察の暴力団検挙情報、捜査関係事項照会、警察や暴力追放運動推進センターから個別に得た情報、公益社団法人警視庁管内特殊暴力防止対策連合会から得た情報、行政による指名停止措置等の公表情報、役職員が業務を行う中で見聞きした情報、調査会社の報告等が有用です。

なお、福岡県警WEBサイトでは、暴力団員検挙速報として、罪名・逮捕日・逮捕警察署・被疑者の住居・所属暴力団・容疑の内容等が1週間に限り、実名で公表されています（「福岡県警 暴力団員検挙速報」で検索）。

ロ データベース構築のための社内体制

データベース構築等の対策を行うため、金庫にて反社会的勢力対応の専従の職員を配置することも有用です。

反社会的勢力対応部署において対応マニュアルの整備や継続的な研修活動、警察・暴力追放運動推進センター・弁護士等の外部専門機関と平素から緊密な連携体制の構築を行うなどの取組みも重要になって

きます。特に、日常より警察とのパイプを強化し、組織的な連絡体制と問題発生時の協力体制を構築することにより、脅迫・暴力行為の危険性が高く緊急を要する場合には直ちに警察に通報することができるようにしておく必要があります（東京高判平成28・4・14金融・商事判例1491号8頁参照）。

ハ　データベース登録情報の留意点

　反社会的勢力との取引の未然防止という観点からは、少しでも疑わしいものは、グレーの濃淡にかかわらず反社会的勢力のデータベースに登録をしていく対応につながりやすくなります。

　しかし一方で、金庫には、反社会的勢力との関係遮断の義務がありますから、自らデータベースに登録した以上は、その取引先との関係解消に取り組まなければなりません。自金庫で反社会的勢力と認定しているのですから、「さまざまな手段を尽くしたものの反社会的勢力であると判断できなかった」という主張は通りません。

　何をもって反社会的勢力とするかについては、事業者ごとに、その事業特性等をふまえたリスクに応じた運用がなされることが許容されていることの裏返しのリスクとして、十分注意しておくべきだと思います（「金融庁の考え方」No.1参照）。

　なお、前述の2013年（平成25年）9月27日のM銀行への業務改善命令の件では、M銀行がOを保証会社として行っていた販売提携ローンのうち228件が、Mフィナンシャルグループの反社会的勢力の基準に該当していたとのことです（2013年（平成25年）10月28日付「提携ローン業務適正化に関する特別調査委員会の調査報告書」）。

③　取引開始の拒絶

イ　取引拒絶の理由

　取引候補者が反社会的勢力に該当する場合には、新規取引を拒絶します。その際、理由は告げる必要はありません。反社会的勢力に該当

しているためとの理由を告げることは、名誉毀損の損害賠償請求等のリスクしか生みません。「総合的に判断した結果」あるいは「当金庫の内規に基づいて取引ができない」旨を告げ、相手から具体的な理由を求められても、繰り返し同じ理由だけを告げるようにします。

　□　取引拒絶事案における裁判所の判断

　この点について、銀行から口座開設を拒絶された者が、銀行に対して、普通預金口座の開設申込を合理的理由もなく拒絶してはならない義務があるにもかかわらず拒絶したとして損害賠償を求めた事案があります。

　これについて、裁判所は、銀行に口座開設申込に対する承諾義務はないとして請求を棄却しています（東京地判平成26・12・16金融法務事情2011号108頁）。そこで判示された事項には、「被告は、本件口座開設申込を拒否した理由について、総合的に判断した結果である旨回答しており……（中略）……原告が、当時、既に他の支店に普通預金口座を有していたことを考慮すると、被告が、原告の父が過去に政治団体に所属していたという事実をもって、本件口座開設申込を拒否したと認めることはできず、他にこれを認めるに足りる的確な証拠はない」とあります。

　このことからも、新規取引を拒絶する場合には、具体的な理由を述べないほうがよいということがいえます。

3　中間管理段階－事後チェックと内部管理

(1)　取引開始後に反社会的勢力と判明した場合

　取引未然防止のための体制を整備しても、すでに反社会的勢力が口座を開設していたり、フィルタリングにかからずに取引を開始してしまうことも皆無ではありません。

　そのような場合には、いったん取引を始めてしまった相手との関係

を解消するための方策を検討しなければなりません。

　なお、口座開設後に追加された暴排条項を理由にMS銀行とM銀行が指定暴力団の構成員の口座を解約した事例で、その元顧客の構成員２人が当該口座解約の無効確認を求めた事件がありましたが、裁判所はこれを有効と判断しました（福岡高判平成28・10・４金融・商事判例1504号24頁。その後上告棄却、上告不受理の決定により確定。最決平成29・７・11金融法務事情2071号６頁）。

⑵　取引解消のための体制整備

　反社会的勢力と取引を開始してしまった場合には、取引解消等の対応をとらなければなりません。速やかな対応がとれるよう、以下のような体制整備が必要になります。

　①　反社会的勢力の該当性が判明した旨や不当要求のあった旨の情報を反社会的勢力対応部署へ報告・相談する体制の構築

　②　反社会的勢力対応部署における担当者の安全の確保とそのための担当部署を支援する体制整備

　③　反社会的勢力データベースの更新・取引先の事情変動によるスクリーニング、内部監査、外部からの情報提供等を受けられる体制整備

　④　取引先が反社会的勢力に該当する疑いがある場合には、金庫役員への報告、取引先の訪問、取引の実態、取引の経緯・原因の解明その他の事実調査を行う体制整備

4　出口段階－反社会的勢力との取引発覚後の事後対応

⑴　反社会的勢力との取引が判明した場合

　反社会的勢力との取引が判明した場合には、次の対応が必要です。

①　速やかな取引関係の解消

後記⑵のとおり、速やかに取引関係を解消するか、それができない

場合には取引先を監視対象とするといった対応が必要です。

② 原因の究明・調査委員会設置の検討

取引開始の経緯、事後まで反社会的勢力であることを把握できなかった原因等を究明します。取引関係を解消できない場合にはその合理的な説明も必要になります。

また、公正な原因究明と信頼回復のために調査委員会（第三者委員会）を設置するべきかを検討します。

③ 再発防止策の策定等

反社会的勢力との関わりの原因等から再発防止策を策定します。

万一、役員等との癒着が発覚した場合には、その責任追及等も行います。

④ 公表の要否

発覚の経緯、社会的関心の程度等によっては公表が必要な場合もあります。

(2) 取引関係の解消等

① 強制的な取引関係の解消

警察情報等によって、取引先が反社会的勢力に該当することが立証可能な場合には、暴排条項の適用あるいは錯誤取消し（民法95条。反社会的勢力に該当することを知っていたら契約をしなかったのだから、当該契約は取り消すという主張）等によって取引契約の解除あるいは取消しの主張を行います。

なお、前述した預金契約締結後に取引約款に追加された暴排条項を遡及適用して預金契約を解約した事案において、前掲福岡高裁平成28年10月4日判決はこれを有効としています。

② 上記以外の取引関係の解消

取引先が任意に合意解約に応じる場合もなくはありません。あるいは、契約期間の満了等のタイミングで、更新や再契約を行わない、そ

の他の条項（債務不履行等）を理由に解除するといった方法もあり得ます。預金保険機構による特定回収困難債権の買取制度や整理回収機構のサービサー機能等を活用して取引解消を推進することもあり得ます。

　または、債権回収をしないことが反社会的勢力への利益供与となり得ることから、可能な限り債権の回収を図って取引を終えるということも選択肢になってきます。

　①の場合の立証が難しい場合には、取引先が反社会的勢力に該当することを明示して取引関係の解消を行うことは、かえってその取引先から名誉毀損による損害賠償請求を受けるおそれもあるため、反社会的勢力の該当性以外の理由で取引関係を解消できる場合には、その方法を選択するほうが穏当です。

VI　不祥事発生時の危機管理対応

1　不祥事とは

1　「不祥事件」の届出義務

　金庫は、自金庫、子会社または業務委託先の委託業務に係るものについて、「不祥事件」が発生したことを知ったときは、30日以内に財務(支)局長（以下「当局」といいます）に所定の書式を用いて届出をしなければなりません（法87条1項6号・88条、規則100条1項35号、2項4号、6項、7項、施行令10条の2）。

　届出の要否等については、理事側が不祥事件と疑われる事項を知っ

た際にただちに当局に相談して対応することになりますが、ここでいう「不祥事件」とは、金庫等の役員もしくは職員または信用金庫代理業者もしくはその役員（役員が法人であるときは、その職務を行うべき者を含みます）もしくは従業員が次の①から⑤のいずれかに該当する行為を行った場合に限られます（規則100条7項）。

① 金庫の事業、信用金庫代理業者の信用金庫代理業の業務または信用金庫電子決済等取扱業者の信用金庫電子決済等取扱業の業務を遂行するに際しての詐欺、横領、背任その他の犯罪行為を行った場合

②「出資の受入、預り金及び金利等の取締りに関する法律」または「預金等に係る不当契約の取締に関する法律」に違反する行為を行った場合

③ 現金、手形、小切手または有価証券その他有価物の紛失（盗難に遭うこと、および過不足を生じさせることを含む）のうち、金庫の業務、信用金庫代理業者の信用金庫代理業の業務または信用金庫電子決済等取扱業者の信用金庫電子決済等取扱業の業務の特性、規模その他の事情を勘案し、これらの業務の管理上重大な紛失を認められるものがあった場合

④ 海外で発生した上記①から③に掲げる行為またはこれに準ずるもので、発生地の監督当局に報告した場合

⑤ その他金庫の業務、信用金庫代理業者の業務または信用金庫電子決済等取扱業者の信用金庫電子決済等取扱業の業務の健全かつ適切な運営に支障を来す行為またはそのおそれのある行為であって上記①から④に準ずる行為を行った場合

2 上記以外の不祥事

上記の不祥事件に当たらない場合であっても、財務不祥事（業務報

告書等の虚偽記載等）、サービス等不祥事（顧客への虚偽申告等）ある
いは個人情報等の漏えい、労働関係法令違反、善管注意義務違反等、
役職員が法令または定款に違反する行為から法令等には違反しないも
のの社会規範等に照らして不適切とされる行為まで、広くすべてが
「不祥事」に含まれます。

　なお、金庫は、不祥事件の届出義務以外に、個人情報漏えい等の不
祥事が生じた場合にも、直ちに金融庁長官等の監督当局に報告する義
務を負っています（個人情報保護法26条、同法についてのガイドライ
ン（通則編）３－５－３、金融分野ガイドライン11条１項等）。

2　不祥事対応の心構え

　ヒューマンエラーをなくせない以上、不祥事を完全に防ぐことは不
可能です。したがって、役員の心構えとしては、自金庫あるいは業界
等のいわゆる「ヒヤリ・ハット事例」を収集したり、内部統制システ
ムの構築・運用状況の実効性を監視・検証するなどして、リスクや問
題点の洗い出し等を行うとともに、不祥事が起きた場合の対応につい
ても日頃から準備しておく必要があります。

　不祥事が発生した場合、原則として不祥事に関与していない理事
（理事の不祥事の場合には監事）が主導して次の流れで対応を進めま
す。

① 初動対応の決定
② 事実関係の把握・調査
③ 調査委員会の設置の検討
④ 関与した役職員の責任追及、人事処分
⑤ 再発防止策の策定
⑥ 公表・開示

その際には、主に次の３点を目標に行動します。

・損害を抑える（損害の最小限化と被害拡大の防止）

・自浄作用を働かせる（損害の回復と金庫内の規律の回復）

・信頼を回復する（説明責任の履行、再発防止策の策定・徹底）

3　初期対応

1　初　動

　不祥事の内容もさまざまですが、その発覚の端緒もまたさまざまです。不祥事対応は、発覚の端緒や不祥事の内容によっても変わります。

(1)　金庫内部での発覚

　不祥事発生時の危機管理対応を考える場合に、端緒が金庫内部か外部かの区別は極めて重要な意味をもちます。

　金庫内部から発覚した場合には、できる限り、不祥事が公になる前に社内調査、不正関与者の処分、再発防止策の策定までを先行し、その後に公表を行って、自浄能力のある組織であることをアピールできるようにすることを目指します。

　不祥事が内部から発覚するケースは、次のような場合があります。

【公になる前に不祥事を把握できる例】

・不正関与者の自主申告

・役職員による内部通報（内部通報の窓口の存在が重要）

・人事異動による発覚（役員の変更、職員の担当交替など）

・日常業務での発見（業務上のチェックが機能することで異常・不自然な取引等の発見など）

・内部監査、会計監査人の監査、監事の監査等

・他の不正がうかがわれる金庫内の案件調査などで発見

　ただし、公になる前に不祥事を把握した役員が絶対に避けなければ

ならないのは、隠ぺいによるリスクです。内部で不祥事を把握していながら適切な対応を怠った場合、その後に、不祥事とともにその不適切な対応が世間の知るところとなれば、金庫の存続を揺るがすほど深刻な損害を与えることになりかねません。

　隠ぺいをする・放置をすること自体が役員自身の不祥事になるということを肝に銘じて、不祥事をうかがわせる事情を知ったときには迅速な対応を心がけることが必要です。

⑵　外部からの発覚

　不祥事対応は、迅速な把握と対応が肝となります。

　しかし、中には、捜査機関による捜査やマスコミ報道等、不祥事が外部から発覚し、すでに公になっているという場合もあり得ます。このような場合には、必要な調査・マスコミ対応から再発防止策の策定に至るまで、すべて後手に回らざるを得ないことになります。段取りをとることもできず、場当たり的な対応をしてしまうことで、その対応の不手際さえも問題視されるということにもなり兼ねません。

【外部からの発覚の例】

・警察・検察の捜査、税務調査や行政機関による調査など

・マスコミ報道

・インターネット、ＳＮＳ等の投稿

・事件、事故の発生（情報漏えい、労災事故等）

　役員として、適切に不祥事対応を行うためには、公になる前に不祥事を把握し、リスクについて一定のコントロール下におけるようにすることが肝要です。上記の外部からの発覚の場合も、事前に何らかの兆候があることが通常ですから、いかに不祥事の兆候を見逃さないようにするかが重要となります。もっとも、インターネットの情報やゴシップ記事など、中には断片的な情報や憶測等に基づいてその出所も

真偽も明らかではないような形で発信されているものもありますので、先入観をもたずに、正確な状況判断を行っていくことが必要です。

(3) 内部通報制度の窓口

公になる前に不祥事を把握する手段としては、内部通報制度が有効です。社会的なコンプライアンス意識の高まりや公益通報者保護制度の制定等とともに、内部統制の一環としての内部通報制度の定着等によって、窓口への連絡などによって不祥事が発覚する事例も増えてきています（内部通報制度は、理事会が決議すべき内部統制システムの整備（法36条5項5号）のうち、「金庫の損失の危険の管理に関する規程その他の体制」（規則23条2号）に該当する重要な手段です）。

金庫としても、いきなり役職員がマスコミ等に金庫内の不祥事を暴露するよりも、内部通報制度を利用して、先に不祥事を把握するほうが得策といえます。

そこで、金庫としては、内部通報制度の窓口として、外部の弁護士や調査担当部署などの経営陣からの距離のある者を連絡先とし、さらには、提供された情報が厳重に管理されること、情報の提供によって不利益に扱われることがないこと等、公益通報者保護制度に準じた安心できる制度を十分に周知することで、不祥事把握を容易にすることも有用な方法の1つです。

2 方針決定・体制の確立

不祥事がうかがわれる事情があった場合、①不祥事の存在について合理的な疑いがあるか、②不祥事の拡がりや対外的な影響の見通し、③調査の難易度を勘案して、速やかに大きな方針を決める必要があります。

当初把握した事案の緊急性・重大性にもよりますが、まずは担当部署が、必要に応じて法務部、内部監査部、コンプライアンス部等と連

携をしながら、調査を開始することが多いのではないかと思います。

4　本格調査の実施

1　客観的証拠の収集

　事案解明には、客観的な証拠の収集が不可欠です。事案により異なりますが、収集する対象には、主に次のようなものが考えられます（これらは、かなりの分量となることがあるため、収集と並行して、リスト化して整理しておくとよいでしょう）。

① 関係者の机、ロッカーの中身の確保

② 関係者の使用していたPC、ハードディスク、メモリ、貸与していた携帯電話の履歴等の保全

③ 稟議書、議事録、手帳、予定表、通帳、メールその他紙媒体または電子媒体の情報

④ 自宅への訪問

⑤ 企業の商業登記情報、会社資産等の不動産登記情報の取得

2　関係者からの事情聴取

　金庫の組織、所掌事務をふまえながら、聴取対象者を選定し、聴取すべき項目を挙げ、それらの聴取事項と関連する客観的証拠を確認したうえで、個別に聴き取りを行います。

　事情聴取は、調査協力者が特定されないように秘匿する配慮が必要なのはもちろんですが、短期集中で、事情聴取の実施自体をなるべく密行的に行う必要もあります。そうすることで、事情聴取実施が知れ渡って、証拠を隠滅されたり、聴取対象者同士で口裏を合わせるといったことを防ぐことができます。あわせて、不祥事に関与していることが疑われる者は別室や自宅等で待機させる等の措置をとり、証拠

の隠滅や他の者との口裏合わせなどをさせないようにします。

3　その他の情報収集方法

　広く情報を集めるための手段として、独立した立場の第三者委員会専用ホットラインを設置する方法があります。第三者委員会専用ホットラインを窓口とすることで、安心して情報提供をしてもらうのです。

　組織全体に関わる不祥事の調査の場合には、職員にアンケート調査を行うという方法も有用です。不祥事の全体像の把握あるいは把握できていなかった別の不祥事の露見につながることもあり得ます。

　こういった情報提供については、調査事項にかかわらず関連する情報を広く提供してほしいと伝えることで、「気になることがあるけれど今回の件とは関係しないかも」と情報提供者が萎縮してしまわないようにする配慮や、業務時間外でも対応可能な体制をとることで連絡をしやすくして、多くの情報が集められるようにすることが重要です。

　また、提供を受けた情報は、直ちに客観的証拠等と照らし合わせたり、情報提供者や関係者への追加の事情聴取を行う等してその真偽や重要性を確認しましょう。

5　調査委員会の設置の検討・手続

　不祥事に関する事実関係・原因を明らかにし、再発防止策を策定するためには、調査委員会を設置するという選択肢もあります。

　企業不祥事の調査委員会として、日本弁護士連合会では「企業等不祥事における第三者委員会ガイドライン」を策定しています。調査委員会を設置する場合、このガイドラインに準拠して第三者委員会を設置するのか、あるいは顧問弁護士や理事等を中心にした調査委員会として立ち上げるのか、その中間をとるのか、調査目的等に応じて構成員の人選、委員会の役割・権限の決定等を行っていくことになります。

社会に対する説明責任を果たすべき場合（不祥事の内容が社会的に重大で、その原因究明・責任の所在を明らかにして再発防止策等を対外的に公表すべき場合等）や社会的信頼回復を要する場合（反社会的勢力との癒着等の疑いを晴らす必要のある場合等）には、ガイドラインに準拠した独立性・中立性の高い第三者委員会の設置が有用です。

6　関与した役職員の責任追及、人事処分

調査が終わり役職員の責任が明らかになった場合は、刑事責任の追及、損害賠償請求、報酬の減額・退職慰労金の不支給、解職・解任・辞任、懲戒処分等の責任追及を行い、金庫内の規律を回復させます。

7　再発防止策の策定

調査の結果明らかになった事実等をもとに、不祥事の原因（誰が、どの時点において、なぜ不祥事を起こしたのか）、その不祥事はなぜ未然に防止できなかったのか等を検証し、再発防止策を策定します。

再発防止策は、原因等の調査の結果によって定まるものですが、一般的な項目としては、次のようなものになります。

なお、再発防止策は、策定をして終わりとなるものではありません。定期的な再発防止策の実効性や改善点の洗い出し、検討によって常に改善を図っていく必要があります。

1　意識改革

経営陣がコンプライアンス意識の重要性を再認識し、経営方針をふまえた、あるべき価値観・経営理念を明確にすることが必要です。

価値観、経営理念が各役職員とも共有できるように、教育内容の改善や研修の実施を行い、コンプライアンスに対する十分な意識や理解の浸透、法令等の不知によるうっかり法令違反の防止を図ります。

また、意識改革も閉じた世界での独りよがりなものになってしまわないよう、職員外理事の登用など、多様な意見・情報を経営に反映できるような態勢構築も重要です。

2　業務分掌、職務権限の明確化

　代表者に権限を集中させてワンマン独裁とならないよう、適切に業務分掌を行い、複数の者の関与の下で相互にチェック機能が働くようにすることです。そのためには、規程やマニュアル等の見直しを行うことが考えられます。

3　業績評価・人事制度の見直し

　利益至上主義の評価制度や短期収益重視のメッセージの過度な発信は、役職員へのプレッシャーとなり不祥事を誘発しかねません。

　不祥事の温床になりやすい業績評価・人事制度は刷新し、経営陣が示すあるべき価値観・経営理念と役職員の評価を整合させる形での制度設計をするべきです。

4　人事交流等の役職員間のコミュニケーション

　健全で風通しのよい企業文化は不祥事を抑止することになります。正しいことは正しい、ダメなものはダメと自由にものをいい合える雰囲気が悪いものを駆逐するのです。金庫内の人事交流、人事ローテーション、金庫内行事の実施等で交流の機会を増やし、コミュニケーションを活性化させることで役職員相互の理解を深めていくことができます。経営陣が示すあるべき価値観・経営理念も役職員間のコミュニケーションの活性化で浸透していきます。

　また、人事ローテーションや休暇制度による担当の交代は、特定の職務が1人や少数の者だけに集中・専門化してしまうことによる不祥

事の温床を防ぎ、透明化を図ることにつながります。

5　監査体制の強化

　監事と内部監査部門の連携を強化したり、人員を増強することなども有用です。監事の監査環境、内部監査部門等の充実、強化が再発防止につながります。また、再発防止策の実施状況を内部監査する計画に組み込むことも必要になるでしょう。

8　公表・広報対応

　広報の対応1つで不祥事の被害が拡大することも、沈静化することもあり得ます。公にならないのであれば自ら公表することはやめておきたいという気持ちが起こるかもしれません。しかし、ダスキン株主代表訴訟事件では、代表取締役らが他の取締役らの不正行為を認識しながらこれを世間に公表しなかったことについて善管注意義務違反が認められています（大阪高判平成18・6・9判例タイムズ1214号115頁参照）。

　不祥事が発覚した場合には、不祥事が公表を要するものか否かの慎重な判断を要します。必ず公表を要する場合として、法令等による開示が義務付けられている場合が挙げられます。また、近時は、顧客や世間の目線で開示が必要かどうかという観点が重要になってきています。個人の生命・身体の安全等に関わる問題等の2次被害の発生を回避すべき場合はもちろん速やかな公表が求められますが、そのような事案ではなくても、公表しなかったことが憶測を呼んだり、その行為自体を「隠ぺい」ととられて金庫が非難の対象とされ、企業イメージに深刻なダメージが生じることもあり得ます。そのような事案については、速やかに適切な情報開示をしていくことが必要でしょう。

　たとえば、金庫業務ではありませんが、2022年（令和4年）には、

ある石油元売り大手の企業ホールディングス会社の会長が、突然、代表取締役会長と取締役を辞任すると公表したことがありました。要職を突然辞任した理由について、当初、「一身上の都合」としか公表されなかったため報道が過熱。その後、同氏の性加害の事実が詳らかにされ、会社が報道を事実と認める旨のコメントを公表して、被害者、関係者に謝罪するという事案がありました。

　公表をするか、するとしてどの範囲まで情報を開示していくのか、どういった方法をとるのかの判断は慎重に見極める必要があります。たとえば、公表する方法には、プレスリリースやホームページの掲載、記者会見などがあり得ます。また、会員や顧客への説明責任を果たすため、法令上の明文規定はありませんが、業務報告へ記載するという方法もあります。いずれにしても対外的に何を、どこまで、どのように伝えるかを慎重に判断するためにも、弁護士の意見を聴取しておくといった対応はするべきだと思います。

　また、記者会見を開いて謝罪するような場合は、会見の場所、時間帯、謝罪の方法等の留意点もありますので、弁護士に加えて、メディアコンサルタントにも相談をするほうがよい場合もあるでしょう。

【column】

個人情報等の漏えい時の対応

　情報漏えい事故も、不祥事発生時の危機管理対応に含まれるのですが、特有の対応が必要となることから「個人情報等の漏えい時の対応」としてまとめます。

1　監督官庁への報告

　金庫は、個人情報の漏えい等の事故が発生した場合には、直ちに金融庁長官等へ報告する義務を負っています（金融分野ガイドライン11条、個人情報保護法施行規則7条、個人情報の保護に関する法律についてのガイドライン（通則編）3－5－3）。また、個人情報

取扱事業者として金庫は、その取り扱う個人である顧客等に関する個人データの漏えい等が発生し、または発生したおそれがある事態を知ったときは、関係法令に従って、監督当局に報告しなければなりません（個人データの漏えい等が発生し、要配慮個人情報が含まれる場合等の個人の権利利益の侵害のおそれが大きい事態については、個人情報保護委員会への報告および本人への通知が義務となります。個人情報保護法26条、同法施行規則7条）。

2 必要な措置の実施

個人情報取扱事業者として金庫は、発生した事故内容等に応じて、次の各事項について必要な措置を講じなければなりません（金融分野ガイドライン11条4項）。

(1) 被害報告、拡大の防止

まずは被害を最小限に食い止めることが必要です。

情報漏えいのおそれがある場合には、すぐに責任者間で情報を共有し、以下の事項を調査します。

- ① 漏えいしている可能性の程度
- ② どういう内容の情報が漏えいしている可能性があるのか
- ③ 何件程度漏えいしている可能性があるのか
- ④ どの範囲まで拡散しているのか
- ⑤ いつごろから漏えいしている可能性があるのか
- ⑥ 考えられる漏えいの原因や経路は何か

上記の調査の結果、システム障害や脆弱性に漏えいの原因の可能性がある場合には、直ちにシステムをシャットダウンしたり、修復を試みて、被害拡大を防止する必要があります。

また、大規模な漏えいの可能性がある場合などには、調査のための専門チームを立ち上げることも検討が必要です。

(2) 事実関係の調査、原因究明、影響範囲の特定（漏えいした件数、内容、漏えいした手段、原因）

- ① 個人情報・特定個人情報ファイル、関連システム等のアクセスログの解析
- ② 入退室データや監視カメラの映像解析

③　アクセス権限をもつ者のスケジュールや行動確認
　を実施します。
　不正アクセス行為の禁止等に関する法律（不正アクセス禁止法）や不正競争防止法上の営業秘密の侵害罪、窃盗罪やマイナンバーの故意の持出しなどの犯罪のおそれがあるときには、警察に被害届を提出し、捜査を依頼することを検討します。

⑶　**再発防止策の検討・実施**
　調査の結果明らかになった事実等をもとに、漏えい事故の原因（誰が、どの時点において、なぜ事故を引き起こしたのか）、その事故はなぜ未然に防止できなかったのか等を検証し、再発防止策を策定します。見直し対象としては、
①　ヒューマンエラーが原因の場合は組織・人的安全管理措置の不備
②　電子媒体等の持出し等が原因の場合は物理的安全管理措置の不備
③　システム設備の不備が原因の場合は、技術的安全管理措置の不備

3　漏えい等の事実関係等の公表
　個人情報取扱事業者として金庫は、個人情報漏えい事故が発生した場合には、2次被害の防止、類似事案の発生回避等の観点から、事実関係および再発防止策等について速やかに公表する必要がある場合があります（金融分野ガイドライン11条4項）。

4　人への漏えい等の事実の通知
　個人情報取扱事業者として金庫は、個人情報の漏えい等の事故を把握したときは、個人情報の保護に関する法律についてのガイドライン（通則編）3－5－4（本人への通知）に従って、速やかに本人への通知をしなければいけません。

第8章

その他の重要事項

Ⅰ 金庫子会社に対する監督責任

1 子会社のリスク管理・不祥事防止体制の整備

　金庫は、信金法54条の21第1項で認められた国内の会社に限り子会社とすることができます。

　信金法54条の21第1項（規則64条）で許容された子会社の範囲は次のとおりです。

① 　金庫の行う業務に従属する業務を行う会社（同項1号イ）

② 　金庫業務に付随、関連する業務を行う会社（同項1号ロ）

③ 　新たな事業を開拓する会社、経営の向上に寄与する新たな事業活動を行う会社（同項2号・3号）

④ 　地域の活性化に資すると認められる事業活動を行う会社（同項4号）

⑤ 　情報通信技術その他の技術を活用した業務を行う会社（同項5号）

⑥ 　上記①～⑤の会社のみを子会社とする持分会社（同項6号）

　金庫が子会社を有する場合には、グループ全体の業務の適正を確保するために必要なコンプライアンス・リスク管理事項として、子会社のリスク管理・不祥事防止のための体制を整備する必要性があります（法36条5項5号、規則23条参照）。

　コンプライアンス・リスク管理基本方針では、リスク管理の枠組みに関する着眼点として、「グループ会社管理及び海外拠点管理」を掲げ、全体を統括する経営陣が、グループのコンプライアンス・リスク管理態勢の構築・運用を整備して、経営方針の実施に伴うリスクを的

確に捕捉および把握することが重要だとしています（同基本方針8頁）。

2　理事の子会社に対する監督責任

　理事は、金庫の重要な業務執行の決定等を行うのが職務であり、子会社の業務執行の決定・執行行為は子会社の取締役等が行いますから、従来の考え方からすれば、理事には子会社の監督責任はないと理解されていました（野村證券事件－東京地判平成13・1・25金融・商事判例1141号57頁参照）。

　しかし、福岡魚市場株主代表訴訟事件（最判平成26・1・30金融・商事判例1439号32頁）では、代表取締役等に対し、完全子会社の不適切な在庫処理について適切な調査等を怠ったという善管注意義務・忠実義務違反が認定されていますので、今後は、理事が子会社に対する監督義務を負うという判断がなされる可能性があります。もっとも、この事件では、親会社の代表取締役自身も不適切な在庫処理の当事者として関与しており、また、完全子会社の非常勤役員を兼務していたという特殊事情がありました。したがって、この判決から直ちに、裁判所が親会社役員の子会社に対する監督義務一般を肯定しているとまでいえるのかどうか明らかではありません。

　理事としては、少なくとも、自金庫や子会社等のグループ会社においてコンプライアンス・リスク管理体制を整備し、法令等の遵守に関する相談窓口を設ける等したうえで、異常な業務状況がうかがわれる場合や異常な状態を把握した場合には、金庫の理事会を通じて、子会社取締役等に働きかけて業務の状況を調査する等、具体的な対応をとるようにしておくべきでしょう（親会社が自社および子会社等のグループ会社における法令遵守体制を整備し、相談窓口を設けて実際に相談対応を行っていた場合に、子会社従業員による相談の申し出に対

応をしなかったことをもって、信義則上の義務違反を否定した事例として最判平成30・2・15判例タイムズ1451号81頁参照）。

II 決算スケジュール等

1 決算後に行わなければならない計算書類等の作成等

1 計算書類等の作成

金庫は、内閣府令（規則25条）で定めるところにより、各事業年度に係る計算書類（貸借対照表、損益計算書、剰余金処分案または損失処理案その他金庫の財産および損益の状況を示すために必要かつ適当

なものとして内閣府令で定めるものをいいます）および業務報告ならびにこれらの参考になるように作成される附属明細書を作成しなければなりません（法38条1項）。

2　計算書類等の監査（特定金庫以外の金庫）

　作成した計算書類および業務報告ならびにこれらの附属明細書は、内閣府令（規則26条・28条・29条）で定めるところにより、監事の監査を受けなければなりません（法38条3項）。

　計算関係書類、業務報告およびその附属明細書の監査は、次の監事監査報告の内容の通知を特定理事（規則27条4項）が受けた日に監査を受けたものとされます（規則27条2項・30条2項）。また、特定監事（同条5項）が当該通知をしない場合には、その通知をすべき日に計算関係書類・業務報告の監査を受けたものとみなされます（同条3項・30条3項）。

【column】

監事監査報告の内容の通知（特定金庫以外の金庫）

　特定監事は、計算書類およびその附属明細書の監査報告の内容、ならびに業務報告およびその附属明細書の監査報告の内容それぞれを、次の①から③のいずれか遅い日までに特定理事に通知しなければなりません（規則27条1項・30条1項）。
　① 　計算書類の全部／業務報告を受領した日から4週間を経過した日
　② 　計算書類／業務報告の附属明細書を受領した日から1週間を経過した日
　③ 　特定理事および特定監事の間の合意で定めた日

3　特定金庫の場合の計算書類等の監査

(1)　特定金庫監事および会計監査人の監査

　特定金庫の場合も、前記2同様、作成した計算書類および業務報告ならびにこれらの附属明細書は、内閣府令（規則26条・28条・31条4項）で定めるところにより、監事の監査を受けなければなりません（法38条3項）。また、特定金庫の計算書類およびその附属明細書については、会計監査人の監査も受けなければなりません（法38条の2第3項、規則31条2項）。

　したがって、特定金庫の計算書類を作成した理事は、会計監査人と監事に計算書類を提供する義務を負います（法38条の2第3項、規則31条1項）。

(2)　業務報告の監事監査報告

　業務報告およびこれらの附属明細書の監査は、次の監事監査報告の内容の通知を特定理事が受けた日に監査を受けたものとされます（規則27条2項）。また、特定監事が当該通知をしない場合には、その通知をすべき日に業務報告の監査を受けたものとみなされます（同条3項）。

【column】

業務報告の監事監査報告の内容通知

特定監事は、次の①から③のいずれか遅い日までに特定理事に対して、業務報告およびその附属明細書の監査報告の内容を通知しなければなりません。

① 業務報告を受領した日から４週間を経過した日

② 業務報告の附属明細書を受領した日から１週間を経過した日

③ 特定理事および特定監事の間の合意で定めた日

⑶ 計算書類の会計監査報告

計算関係書類は、下記の会計監査報告の内容の通知を特定監事および特定理事が受けた日に会計監査人の監査を受けたものとされます（規則32条２項）。また、会計監査人が当該通知をしない場合には、その通知をすべき日に計算関係書類の会計監査を受けたものとみなされます（規則32条３項）。

【column】

会計監査報告の内容通知

会計監査人は、計算書類およびその附属明細書について、次の①から③のいずれか遅い日までに特定監事および特定理事に対して、監査報告の内容を通知しなければなりません。また、会計監査人は特定監事に対して会計監査人の職務の遂行に関する事項（規則33条）についても通知することを要します（ただし、すべての監事がすでに当該事項を知っている場合を除きます）。

① 計算書類の全部を受領した日から４週間を経過した日

② 計算書類の附属明細書を受領した日から１週間を経過した日

③ 特定理事、特定監事および会計監査人の間の合意で定めた日

⑷ 計算書類の会計監査報告

　計算関係書類は、下記の監査報告の内容の通知を特定理事および会計監査人が受けた日に監事の監査を受けたものとされます（規則34条2項）。特定監事が当該通知をしない場合には、その通知をすべき日に計算関係書類の監事監査を受けたものとみなされます（同条3項）。

---- **【column】**

計算関係書類の監事監査報告の内容通知

　特定監事は、次の①から②のいずれか遅い日までに特定理事および会計監査人に対して、監査報告の内容を通知しなければなりません。
　①　会計監査報告を受領した日（または会計監査を受けたとみなされた日）から1週間を経過した日
　②　特定理事および特定監事の間の合意で定めた日

4　計算書類等の理事会承認、総（代）会招集通知時の提供

　金庫は、これらの監査を受けた計算書類および業務報告ならびにこれらの附属明細書について理事会の承認を受けたうえで（法38条4項・38条の2第4項・11項）、通常総（代）会の招集通知の際に、計算書類および業務報告（監査報告）を会員（総代）に対して提供します（法38条5項、38条の2第5項・11項、49条）。

5　理事の計算書類等の総（代）会への提出等義務

　理事は、理事会において承認を受けた計算書類および業務報告を通常総（代）会に提出し、または提供しなければならない義務を負います（法38条6項・38条の2第6項および11項・49条）。

6　計算書類等の総(代)会での承認・報告義務

　総(代)会に提出された計算書類は、総(代)会の承認を受けなければ
ならないのが原則です（法38条7項・38条の2第7項および11項・49
条）。もっとも、特定金庫において、計算書類（剰余金処分案または損
失処理案を除きます）が法令および定款に従い特定金庫の財産および
損益の状況を正しく表示しているものとして次の要件に該当する場合
には、当該計算書類については、総(代)会の承認を要しません。この
場合においては、理事は、当該計算書類の内容を通常総(代)会に報告
しなければならないことになります（法38条の2第9項・49条、規則
37条・34条3項）。

① 　会計監査報告において無限定適正意見が表明されていること
② 　会計監査報告にかかる監事の監査報告の内容として、会計監査
　　人の監査の方法または結果を相当でないと認める意見がないこと
③ 　監事が監査報告の内容を通知しないことによって監事の監査を
　　受けたものとみなされた計算書類ではないこと（規則34条3項参
　　照）

7　業務報告の内容の総(代)会での報告義務

　理事は、総(代)会に提出された業務報告の内容を通常総(代)会にお
いて報告しなければなりません（法38条8項、38条の2第8項・11項、
49条）。

8　会計監査人の意見陳述権

　会計監査人（会計監査人が監査法人である場合には、その職務を行
うべき社員）は、計算書類およびその附属明細書が法令または定款に
適合するかどうかについて監事と意見を異にするときは、通常総(代)

会に出席して意見を述べることができます（法38条の2第10項・49条）。

9　計算書類等の備置き義務

各事業年度に係る計算書類および業務報告ならびにこれらの附属明細書（監事等の監査報告を含みます）は、主たる事業所において通常総(代)会の日の2週間前の日から5年間、従たる事業所においてはこれらの写しを通常総(代)会の日の2週間前の日から3年間備え置かなければなりません（法38条9項・10項および38条の2第12項）（電磁的記録で作成された場合には、従たる事業所においては電磁的記録に記載された事項が紙面や映像面に表示できればよいとされています（規則3条6号））。

10　計算書類等の閲覧請求に応ずる義務

金庫は、会員および金庫の債権者から金庫の業務取扱時間内において、次の請求を受けたときには、いつでも応じなければなりません（法38条11項）。ただし、②または④については費用を定めることで、当該請求者に費用を請求することができます（同項ただし書）。

① 計算書類等またはその写しの閲覧の請求
② 計算書類等の謄本または抄本の交付の請求
③ 電磁的記録で作成された計算書類等の紙面や映像面での表示による閲覧の請求
④ 上記③の事項を記載した書面の交付等の請求

2　具体的な決算スケジュール

　信金法および信金法施行規則では、計算書類等の作成から備置きに至るまで、監査報告の通知期限や備置き期間等、一定期間になすべきことを定められています。

　そのため、理事、監事および会計監査人は、各期限を把握したうえで、決算スケジュールを組み、法定の期限を遵守することが必要です。

　そこで、決算スケジュールにおける各期限を図示すると以下のとおりとなります。

　具体的に、3月31日期末の特定金庫（総代会設置、「通常総代会は毎事業年度終了後3月以内に招集する」旨の定款の定めあり）を例とした日程は次頁以降のとおりとなります。

※特定金庫の場合

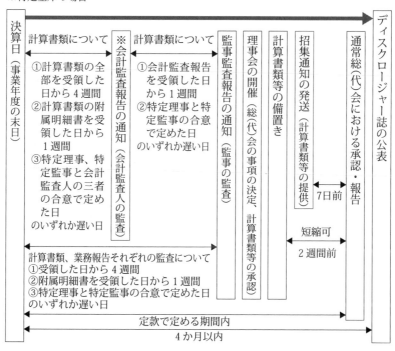

日程例（【】は法定期限）	実施内容	根拠条文等
3/31	決算日（事業年度末日）	定款の定め
4/24	**計算書類・業務報告の提供** ・業務報告を監事が受領。 ・理事が計算書類を監事および会計監査人に提供。 ※計算書類・業務報告を監事・会計監査人に提供することについて、事前に理事会の承認を得ることが望ましい。	規則26条・31条1項
5/15	**附属明細書の提供** ・業務報告の附属明細書を監事が受領。 ・理事が計算書類の附属明細書を監事および会計監査人に提供。 ※附属明細書は、計算書類・業務報告書と同時に提出しても構わない。また、附属明細書についても、監事・会計監査人に提供することについて、事前に理事会の承認を得ることが望ましい。当該承認決議は計算書類等の提供についてと同時に行っても差し支えない。	規則26条・31条1項
5/26 【計算書類およびその附属明細書の会計監査報告の内容の通知は、次のいずれか遅い日 **5/26期限** ①計算書類の全部を受領した日から4週間を経過した日 →5/23	**会計監査人の監査** ・会計監査人が計算書類およびこれらの附属明細書に係る会計監査報告を作成し、その内容を特定監事および特定理事に通知。 ・会計監査人の監査は、この通知を受けた日に受けたものとされる。	規則31条2項〜4項、32条1項・2項

②附属明細書を受領した日から1週間を経過した日　→　5/23 ③特定理事、特定監事および会計監査人の間で合意した日 今回は、期限を5/26と合意していたとする。】		
5/29	**監事会開催** 計算書類、業務報告、これらの附属明細書および会計監査の内容を判断。 **監査報告の作成。**	規則26条・31条4項
6/2 【業務報告およびその附属明細書の監査報告の内容の通知は、次のいずれか遅い日　**6/2期限** ①業務報告を受領した日から4週間を経過した日　→　5/23 ②附属明細書を受領した日から1週間を経過した日　→　5/23 ③特定理事と特定監事の間で合意した日 今回は、期限を6/2と合意していたとする。】 【計算書類およびその附属明細書の監査報告の内容の通知は、次のいずれか遅い日 **6/3　期限** ①会計監査報告を受領した日から1週間を経過した日　→　6/3	**監事の監査** ・特定監事が業務報告およびその附属明細書に係る監査報告の内容を特定理事に通知。 ・特定監事が計算書類およびその附属明細書に係る監査報告の内容を特定理事および会計監査人に通知。 ・監事の監査は、これらの通知を受けた日に受けたものとされる。 ※監査報告は、①業務報告およびその附属明細書に係るものと、②計算書類およびその附属明細書に係るものの2つを作成しなければならない。両者を別個に作成することも認められるが、両者は相互に密接に関連し、共通性も多いので、一体化して作成されるケースがほとんどであると考えられる。	法38条3項、規則27条・34条

第8章

その他の重要事項

279

②特定理事と特定監事の間で合意した日 今回は、期限を6/2と合意していたとする。 ※法定期間よりも早い日で合意しているため期限にはならない。】		
6/9 ※監査を受けた後で、かつ、計算書類等を備置きしなければならない日（6/14）よりも前の時期	**理事会開催** ・通常総代会の招集に関する事項の決議。 ・前事業年度に係る計算書類、業務報告、これらの附属明細書の承認。	法36条5項柱書・45条1項および3項・38条の2第4項
6/14【総代会の日の2週間前の日】	**計算書類等の備置き** ・前事業年度に係る計算書類、業務報告、これらの附属明細書、監事・会計監査人の監査報告の備置き開始。	法38条9項および10項・38条の2第12項
6/21【総代会の会日の7日前まで】	**通常総代会招集通知発送** ※発送で足り、会員に到達している必要まではない。 ・総代への計算書類および業務報告（監査報告）の提供。	法38条の2第5項・45条・49条
6/29	**通常総代会開催** ・理事の計算書類および業務報告の提出・提供。 ・計算書類の報告（承認）。 ・業務報告の報告。	法38条の2第6項〜10項・49条、規則37条・34条3項 開催時期は定款の定め
7/29【事業年度経過後4か月以内】	**ディスクロージャー誌の公表**	法89条、規則134条1項、銀行法21条1項・2項

3年後の6/14まで【総代会の日の2週間前の日から3年間】	従たる事業所における計算書類等の写しの備置期間満了日。	法38条10項
5年後の6/14まで【総代会の日の2週間前の日から5年間】	主たる事業所における計算書類等の備置期間満了日。	法38条9項・38条の2第12項

【column】

日数の数え方

　決算スケジュールについて、「理事、監事および会計監査人は、各期限を把握したうえで、決算スケジュールを組み、法定の期限を遵守することが必要です」と述べましたが、信金法には期間の計算についての定めはありません。

　そこで、法の原則に則って、民法の規定（138条〜143条）が適用されることになります。

　日、週、月または年によって定められた期間は、午前零時から始まるときを除いて、初日を算入しないのが原則です（民法140条）。

　たとえば、総代会を6月29日に開催したい場合、招集通知は会日の7日前までには発送していなければなりません（法45条1項）。6月29日を起算日として初日を算入しないので6月28日から7日間さかのぼります（6月22日になります）。この6月22日の時点で、すでに通知が発送されていないといけないので、総代会の招集通知の発送期限は6月21日ということになります。

　すなわち、通知の発信日と会日を算入せずに、間に7日間以上の期間が空いている必要があるということになります（大判昭和10・7・15民集14巻1401頁参照）。

第9章

役員の責任が問われる具体的場面

Ⅰ 業務の執行に関する責任

ここでは、実際に金庫および役員の責任が問われた事案、金庫の実務上参考になる株式会社等の事例について、事案の概要、裁判所の判断、ポイント等を紹介します。

1 融資実行における理事の責任

金庫が、回収不能となる具体的なおそれのある融資を漫然と続けている場合には、その融資判断を行った理事に善管注意義務違反ないし忠実義務違反の責任が生じます（宮崎地判平成23・3・4判例時報2115号118頁参照。上告審 最決平成24・1・31事件番号平成23年（オ）2003号）。

一方で、金庫の顧客の中には、業務実績不足や担保力不足等のため銀行からの融資を受けることが困難である者も少なくありません。金庫には、リスクの比較的高い事業者を取引先とせざるを得ないという実態もあります。そこで、倒産危機の取引先への融資を行った理事らの責任が否定された事案を紹介します。

●O信用金庫事件（岡山地判平成19・3・27判例タイムズ1280号249頁）

【事案の概要】

ある造船会社が倒産の危機にある状況の下、手形の支払期日までの10日間という短期間で当該造船所を支援するか否かの判断を迫られて行った金庫の実質無担保融資の実行について、理事らの善管注意義務違反の責任が問われました。

この造船会社は、当該金庫の地域の数少ない造船業者であり、伝統

と高い技術力のある企業で、存続させる価値の高い企業と評価されていました。

　また、この造船会社の倒産は他の中小の造船所の倒産を誘発する危険があり、また、地域の基幹産業でもある造船業者の倒産が地域経済全体に相当な影響を与えることが予想されたことや造船会社の大口債権者にはこの金庫の大口融資先があるといった事情もありました。

　さらに、金庫は、債権者団から造船会社の支援要請を受けており、造船会社の手形支払期日が到来する前の10日間という限られた期間内で融資の実行の適否を判断しなければならない状況に迫られていました。

【裁判所の判断】

　理事らが、造船会社や地域経済のため、多少のリスクを冒しても造船会社の支援に踏み切ったことは社会的に十分許容されるところであり、善管注意義務に違反するということもできないと判断しました。

【事案のポイント】

　融資実行にあたって考慮された地場産業・地域経済への影響などの要素が、金庫の存立目的に沿うものであって合理性を有しているという判断がなされたものといえます。

(1)　注意義務の程度

　一般企業の場合は、企業収益の向上を図る義務があるために一定のリスクをとることが不可欠であり、業務執行について広い裁量が認められていますが（経営判断の原則）、金融機関は、預金者からの預金を預かるという業務の性質上、これらの一般企業と同様にリスクをとることは許容されていません。

　したがって、金庫の理事や銀行の取締役の融資業務に関する注意義務は、一般企業の取締役よりも高い水準が要求されます。融資には一般企業よりも慎重な調査・検討を要し、これを怠って漫然と融資を行

えば、責任を免れることはできません（北海道拓殖銀行事件－最決平成21・11・9刑集63巻9号1117頁参照）。

　もっとも、上記の造船会社への融資のように、多少のリスクを冒してでも融資・支援に踏み切ることが信用金庫の存立目的に沿うなど、一定の合理性があれば、結果として融資先が破綻することになったとしても、理事の責任は否定されることもあるのです。

(2)　理事の負う善管注意義務の内容

　理事は、金庫の経営の健全性を確保するため、融資については、その回収可能性の判断を慎重に行う義務を負います。

　本判決では、経営判断の原則の枠組みに沿って、①融資判断の過程について、理事らは、限られた期間内で「できる限りの情報収集に努めてほぼ正確に造船会社の経営状況や業界事情を把握し（ていた）」、「金庫の職員を出向させて造船会社の経理、経営状況を的確に把握する措置をとってい（た）」と認定し、②融資判断の内容については、「相当な支援条件を提示（していること）」、再建にあたっても、当時の金庫は業績が良好でリスクをとるだけの余力があったことや再建資金の提供を受けながら、なお支援を拒絶するというのは、信用金庫の存立目的に違背する方策と考えられたであろうと推察されるとして、理事らの融資判断は、適切な裁量の範囲を逸脱し、社会的に許容されない行為であったということはできないと結論付けています。

(3)　無担保融資における注意義務（北海道拓殖銀行特別背任事件－最決平成21・11・9刑集63巻9号1117頁　裁判官田原睦夫の補足意見参照）

　融資業務における理事の判断において、相手方が正常企業の場合と実質破綻企業の場合では経営判断の内容が異なるとの指摘がされています。

① 正常企業の場合

　金庫は、地元金融機関として、その融資先が地元の中小企業中心となります。そのため、必ずしも十分な担保を有するとは限りません。そうすると、理事としては、以下の項目等から厳しく総合的な判断を行うことが求められ、これらすべてが合理的であると判断できてはじめて融資の実行が許されることになります。

---

① 　融資先の状況に対する慎重な審査
　・貸付金の使途
　・融資先の業績および資産融資先とのそれまでの取引状況、将来の見込み
　・景気の動向等の経営の外部条件
② 　貸出条件の設定
　・融資額
　・返済方法
　・担保の有無、内容等
③ 　その融資によって信用金庫が得る利益と回収の確実性など
　負担するリスク等

　また、いったん、融資を実行した後であっても、その後の融資先の業務の状況、資金使途、業績等に係る情報を継続的に入手したうえで分析する等のモニタリングを継続してリスク管理を徹底することが求められます。モニタリングにより、債権回収に不安を生じるおそれが認められるに至ったときは、融資先にその原因、事態解消のための方策を問い合わせ、そのうえで、その不安が現実化する危険が生じる場合には債権回収を図る必要があります。

② 実質破綻企業の場合

前記造船会社への融資の場合等、融資先が実質破綻している場合で

あっても、既存の融資の回収の最大化と損失の極小化を図るうえで、一定の資金の融資が必要となる場合もあります。

　実質破綻企業への融資は、それが既存の融資の回収の増大に必要な費用としての性質を有している場合や当該融資先の救済目的を超えて信用金庫の存立目的（地域経済の維持、発展等）に資する事情がある場合にはじめて肯認されます。そうすると、その融資の実行にあたっては、下記項目の詳細な検討が必要とされます。

①　既存融資の回収可能性
　・客観性をもった再建・整理計画の有無
　・追加融資に伴う回収増加見込みの有無・程度
　・その投入費用（実質破綻企業に対する赤字補填を含む）と回収増加額の関係
②　リスク評価
　・回収見込額の増減の変動要因の有無
　・その変動の生じるリスク率
③　融資継続・打ち切りのタイミング
　・追加融資を継続する期間
　・新たに生じた損失を負担してでも新規融資を打ち切る時点
④　金庫本体の財務状況（強い経営体質）
　・融資を行う金額と、回収不可能となったときに金庫の経営基盤に与える影響の有無・程度
⑤　金庫の存立目的との関係
　・融資先について地元企業として存続させる価値の有無
　・倒産した場合の地元地域経済への影響の有無・程度
　・その他、地域経済の発展・維持への寄与度

　また、いったん、融資を実行した後においても、融資先の動静を常

に注視し、その企業の状況、企業グループを取り巻く外部の状況変化による回収見込額の増減、予測される追加融資額を点検する等のモニタリングを継続し、見込まれる追加融資額が回収見込増加額を超える危険が生じた場合には、追加融資の実行を停止することが求められることになります。したがって、理事は、上記の追加融資の適否の判断において、常に時機に応じて適確な情報を入手し、合理的な分析をしたうえで新たな判断を行うことが求められます。

なお、実質破綻企業への融資実行の判断が著しく合理性を欠く場合には、民事上の損害賠償責任だけではなく、刑事法上、背任罪の責任が問われる場合もあります（北海道拓殖銀行特別背任事件－最決平成21・11・9刑集63巻9号1117頁および北海道拓殖銀行カブトデコム事件－最判平成20・1・28金融・商事判例1291号38頁等参照）。

> **【column】**
>
> **金庫が要注意先に区分された取引先に手形貸付および手形割引を行った後、当該取引先が破産して融資回収不能となった事例**（福岡高宮崎支判令和元・6・19金融法務事情2154号46頁）
>
> 手形貸付および手形割引を行った取引先が破綻したことで金庫に約3億円の損害を被らせたとして、会員から、金庫理事らの善管注意義務違反による会員代表訴訟を起こされた事案において、一審、二審ともに理事らの責任を否定した事例です。
> 金庫理事の善管注意義務違反等にかかる判断については次のように判示しています（金庫理事固有の判断というよりは、一般的な経営判断の原則にのっとったものといえます）。
>
> **1　金庫理事の注意義務**
> 金庫の理事は、その職務の遂行に関し、金庫に対して善管注意義務を負っているところ、金庫の業務の公共性（法1条）に照らせば、金庫が融資を実行する際に引き受けることのできるリスクにはおの

ずと限度がある。

2 融資判断について（経営判断の原則）

理事が融資の可否を判断するにあたっては、利息収入、取引機会の拡大、既存融資の回収可能性の増加など融資を実行することによって期待される利益を検討するとともに、当該融資に付随するリスクを適切に分析、評価し、その適正化を図ることも要求されている。もっとも、このような融資の判断は、当時の金融経済情勢、融資先の財務、経営状況やこれらについての将来予測等をふまえて行う専門的かつ総合的な判断であるから、理事の経営判断に属する事項として一定の裁量が認められる。

金庫理事の善管注意義務違反等の有無については、理事一般に期待される知識、経験等を基礎として、当該判断をするためになされた情報収集、分析、検討が当時の状況に照らして合理性を欠くものであったか否か、これらを前提とする判断の推論過程および内容が明らかに不合理なものであったか否かによって判断されるべきである。

3 いわゆる信頼の原則

理事の情報収集、分析、検討が合理性を欠くものであったか否かを判断するにあたっては、分業と権限の委任を本質とする組織における意思決定の特質が考慮に入れられるべきである。融資の際に取引支店および本部融資部等がそれぞれの立場から重畳的に情報収集、分析、検討を加える手続が整備された金庫においては、理事は、特段の事情のない限り、各部署の行った情報収集、分析、検討に依拠して自らの判断を行うことが許される。そして、上記の特段の事情の有無は、当該理事の知識、経験、担当職務、案件とのかかわり等を前提に、当該状況に置かれた理事がこれらに依拠して意思決定を行うことに当然躊躇を覚えるような不足、不備があったか否かによって判断すべきである。

4 非常勤理事の責任

非常勤理事らは、内部分掌上、金庫の日常的な業務執行に関与することは予定されておらず、実際に本件各手形貸付および本件手形

割引の稟議にも関与していないのであるから、これらの融資の実行について直接善管注意義務違反等を問うことはできない（なお、一般論として、理事が、自らの業務執行権限外の事項について、他の理事や使用人等に対して負っている監督義務に違反したか否かが問われる場合があり得る旨は言及されている）。

5 当該事案の結論

手形貸付が実行された平成18年から19年頃（リーマンショック前）の当時の経済情勢等において、当該取引先の経営状況や資金繰りが、返済期限までの間に急速に悪化するような事態は、理事らにとって予測困難であったこと、手形割引については稟議資料や支店の意見および審査部審査意見においても、割引に応じることについて特段の問題点は指摘されておらず、支店や融資部が行った情報取集、分析、検討の結果に依拠して意思決定を行うことに当然躊躇を覚えるような事情もうかがわれなかったこと等を理由に、融資を行った理事の善管注意義務違反は否定された。

⑷ 金庫と銀行（株式会社）の相違

① 融資業務に関して求められる注意義務の裁量の広さ

金庫の理事と銀行の取締役につき、融資業務に関して求められる注意義務の程度（裁量の広さ）は、基本的には同程度のものであると解されています（東京地判平成18・7・6判例タイムズ1235号286頁参照。第6章・Ⅲ・1・1コラム「信用金庫理事の注意義務と銀行取締役の注意義務」参照）。

② 存立目的の違いから差異が生じる可能性

もっとも、法人の存立目的の違いから、融資実行の合理性の判断における結論に差が生じることはあり得るものと考えます。

すなわち、金庫は、会員からの出資によって成り立つ地域繁栄と相互扶助を目的とした協同組織です。その会員は、地域の中小企業や地域に勤務または居住する住民の方になります。他方、銀行は株主から

広く資本を集めて企業収益の向上を目指す株式会社です。その株主は全国にも、国内外にも存在し得ます。

　たとえば、災害等によって特定の限定された地域に大きな被害が生じた場合、災害復興のための融資が必要になりますが、被害が大きい場合には再建の見通しや回収の見込みがつかないこともあり得ます。

　株式会社である銀行の場合には、そのような段階で復興支援のための融資を実行することに二の足を踏むことがあるかもしれません。しかしながら、地域密着型金融機関である金庫の場合には、地元の復興なくして自金庫の経営もあり得ません。地域の復興支援のために積極的に融資・支援を行うことが期待されます。この場合の融資は、地元の方の生活再建、地域産業の維持、発展や地域経済にも寄与する側面を有し、金庫としての存立の目的に沿い、そして全会員の利益にもなり得ます。

　このような極限状態の場合には、金庫は、地域密着型金融機関として、具体的な再建の見通しや回収の見込みが立つ前に率先して支援を行うべきだという判断があってよいと考えます。このようなときには、金庫と銀行の存立目的の違いにより、融資実行の判断の合理性について結論が分かれる場合もあるのではないかと考えます（もっとも、その一事をもってすべて正当化されるわけではなく、金融機関の経営体力、融資条件等、各要素を十分検討しなければならないことはいうまでもありません）。

【column】

理事と銀行の取締役の裁量の広さに差異が生じる可能性を示唆する裁判例

　信用組合の事例ではありますが、理事が行った融資判断につき、広範な裁量が認められると言及した裁判例があります（札幌地判平

成17・4・22事件番号平成14（ワ）2341号。ただし、理事の注意義務の判断基準は、経営判断原則そのものです。この裁判例では、一般論として、信用組合理事の判断には広範な裁量が認められるとしながらも、結論として、広範な裁量によっても正当化する余地のない杜撰あるいは不適切な融資だとして、当該理事の注意義務違反を肯定していることに留意が必要です）。

この裁判例は、信用組合理事の注意義務について、次のように判示しています。

1　信用組合の目的

信用組合は、中小規模の商業、工業等の事業を行う者や勤労者が、相互扶助の精神に基づき協同して事業を行うため、これらの者の公正な経済活動の機会を確保し、もってその自主的な経済活動を促進し、かつ、その経済的地位の向上を図ることを目的とする組織（中小企業等協同組合法1条・3条2号）である。

2　信用組合の組合員資格を有する者と信用組合の事業内容

信用組合の組合員たる資格を有する者は、組合の地区内において商業、工業等の事業を行う小規模の事業者、同地区内に住所若しくは居所を有する者または同地区内において勤労に従事する者で定款に定めるものとされ（同法8条4項）、その事業内容は、組合員に対する資金の貸付、組合員のためにする手形の割引、組合員預金または定期積金の受入れ等を行うものとされている（同法9条の8）。

3　信用組合理事の職責

信用組合の理事は、金融機関の運営を任された者として、専門的な判断を要求されることはもちろんであるが、信用組合は、地域経済の安定と発展を期するという使命をも有するものであり、公益的な要請による政策的考慮に基づく総合的な判断をすることが要求されているというべきである。すなわち、信用組合の理事が融資を行うにあたっては、これにより組合が得るであろう利益と被るであろう損失の較量のみならず、地域社会に与える影響、将来における事情の変動の可能性を見越した総合的な判断が要求されるのである。

4 信用組合理事の判断について

このような理事の判断については、その性質上、おのずと広範な裁量が認められているというべきである。

したがって、信用組合の理事が行った融資につき、結果としてこれが回収不能になったとしても、そのことだけで理事が直ちに善管注意義務に違反するとするのは相当でなく、これを判断するにあたっては、信用組合の理事一般に期待される知識、経験等を基礎として、当該融資判断の推論過程および内容が不合理なものであるか否か、その前提となった情報収集、分析、検討が合理性を欠くものであるか否かによって判断すべきである。

2 資金支出についての理事の責任

金庫が、自己資本額を基準としたリスク限度を考慮せずにリスクあるファンドなどの債券を購入した場合、その判断を行った理事に善管注意義務違反ないし忠実義務違反の責任が生じ得ることになります。

そこで、金庫の会員勘定（自己資本額）を超過してアジア債を大量購入した理事の責任が認められた事案を紹介します。

●○信用金庫事件（岡山地判平成19・3・27判例タイムズ1280号249頁）

【事案の概要】

金庫の会員勘定（自己資本額）を超過して行ったリスクの高いアジア債の大量購入等について、理事らの善管注意義務違反の責任が問われました。

【裁判所の判断】

アジア債購入行為について、理事には、自己資本額を基準として、金庫の財務体質を脆弱にせしめない程度の範囲内で行うべき注意義務

があり、アジア債全体の保有高が自己資本の範囲を超えることは違法な投資となるとして、アジア債を購入した理事の責任を認めました。

　また、アジア債購入の理事以外の理事らには、アジア債を購入した理事に完全に任せきりにし、この理事が明らかに積極的な投資に傾いていたのに、これを問題視して自らその投資を調査、検討することもせず、むしろ運用報告書に押印して違法な各投資を承認してきたとして、監視義務違反としての善管注意義務違反の責任を認めました。

【事案のポイント】

　金庫は、預金を預かる金融機関として、信用の維持と預金者の保護に努め（法1条）、自己資本比率の向上に努めなければならないものとされていますから（法89条1項、銀行法14条の2）、信用リスクを管理する義務を負っています。

　理事は、本件のような投資を行う場合、リスクの分散に努めながら、考え得るリスクの中で最大限の損失が金庫に発生した場合でも、経営の健全性を維持できるよう、資本配賦を管理していなければなりません。この経営の健全性を維持できるかどうかの指標は、金庫の自己資本額を念頭に置いて判断するべきです。

　金庫に自己資本額を超過する損失が生じる事態になると預金払戻しに支障が生じることになることから、金庫の本来業務である貸付けについて自己資本の20％が大口融資限度額だとされています。

　本来的業務がそうである以上、付随業務に過ぎない有価証券運用についても、この自己資本によるリスク限度が当然に妥当し、有価証券保有額は、リスクの程度とリスクの所在に応じて自己資本額でもって限界が画されます。金庫においては、自己資本額がリスクをとり得る限界の指標となっているのです。

　このことから、理事が自己資本額を超える融資・資金支出を行う判断をした場合、基本的に善管注意義務違反の責任を免れることはでき

ないと考えられます（当該行為を行った理事にその故意・過失がないことは考えにくいため）。

　また、他の理事においても、そのような過大な投資等を問題視して調査・検討し阻止しようとしなかったことについては、当該投資等自体を知り得なかったといった事情がない限り、善管注意義務違反は免れられないことになります。

3　融資についての金融機関の責任

　不動産購入の際には、その購入資金のために購入者との間で金銭消費貸借契約が締結されることも一般的ですが、近時、投資用マンションの購入等の勧誘方法等に問題があった場合に、購入者から不動産業者だけではなく、金銭消費貸借契約を締結した金融機関も被告として、金銭消費貸借契約の取消請求や損害賠償請求等の訴えが提起される事例が出てきていますので紹介します。

●東京地裁平成26年10月30日判決（金融・商事判例1459号52頁）

【事案の概要】

　いわゆるデート商法を用いて投資用マンションを購入させられた者が、住宅ローンとして金銭消費貸借契約を結んだ銀行に対して、主位的に、金銭消費貸借契約について公序良俗違反による無効、予備的に、金銭消費貸借契約締結についての説明義務違反に基づく損害賠償請求等を求めて訴訟を提起しました。

【裁判所の判断】

　(1)　公序良俗違反について

　当該事案では、銀行の責任は否定されましたが、判決は一般論として、下記の規範を示しています。

　　「金銭消費貸借契約（住宅ローン）と不動産売買契約は、経済的、実質的に密接な関係にあるので、売主（不動産業者）と貸主（銀行）

との関係、売主の本件消費貸借契約手続への関与の内容および程度、売主の公序良俗に反する行為についての貸主の認識の有無、程度等に照らし、売主による公序良俗違反の行為の結果を貸主に帰せしめ、売買契約と一体的に金銭消費貸借契約についてもその効力を否定することを信義則上相当とする特段の事情がある場合には、本件消費貸借契約も無効となると解するのが相当である」

(2)　説明義務違反について

銀行の説明義務違反についても、責任は否定されているのですが、傍論で以下のような言及がなされていました（もっとも、当該裁判例の控訴審（東京高判平成27・5・26判例時報2280号69頁）では、当該義務の言及部分を削除する訂正がなされています）。

　「一般に、金融機関である被告銀行には、投資用の住宅ローン契約に関する知識の乏しい顧客に対し、顧客の要望を真摯に聞いてローン返済に係る負担の軽減に努め、適切な情報提供とリスク等に関する説明をすべき義務がある」

【事案のポイント】

本件は銀行についての事案ですが、住宅ローンを扱う金庫においても参考にすべき事案です。

金融機関として行うべき本人確認や借入意思の確認を怠って、不動産業者等にこれらの業務を丸投げしているような状態になれば、金融機関が不動産業者に金銭消費貸借契約の媒介を委託していたと同視されることもあり得るでしょう。

そのような場合には、不動産売買契約上の瑕疵が金銭消費貸借契約でも主張されて無効となるおそれ（最判平成23・10・25民集65巻7号3114頁参照）や説明義務違反による損害賠償請求を受けるおそれもあるということを念頭においておくべきでしょう。

銀行の不正融資問題について、銀行が現旧取締役および旧執行役員に対する損害賠償請求訴訟を提起した事例

　2018年（平成30年）にはサブリース事業に絡む銀行の不正融資問題が大きく取り沙汰されました。サブリース業者が展開したシェアハウスのブランド名から「かぼちゃの馬車事件」と呼ばれた不祥事です。

　銀行の行為として問題視されたのは、①銀行員が関わった借入申込者の預金通帳や収入証明書類の違法改ざん行為、②サブリース業者が土地仕入価格やシェアハウス建築工事費を大幅に上乗せしていることを知りながら融資実行して被害者オーナーに高づかみをさせた行為、③銀行とサブリース業者、仲介会社が共同して不当な取得諸経費を上乗せした行為、④破綻必至のサブリース事業による収入保証を信じ込ませて借入れをさせた行為等です。

　銀行が当該問題について設置した第三者委員会では、その報告書において、当時の代表取締役ら7名の取締役にシェアローンについての監視義務違反、内部統制システム構築に関する善管注意義務違反があるとされました。また、Co-COO・カスタマーサポート本部長を兼任していた執行役員1名にも、直ちにシェアハウスローンの新規融資を停止し、あるいはシェアハウスローンをこのまま取り扱うことについての危険性を管掌取締役や執行会議、経営会議において報告し、それ以上に損害が拡大する可能性をなくす義務があったにもかかわらず、これを怠った義務違反があるとされました（なお、そのほかの取締役1名と社外取締役、監査役については義務違反なしとされました）。

　当該銀行のプレスリリースによれば、同銀行は、社外監査役が会社を代表して、平成30年（2018年）11月12日付で現旧各取締役（またはその相続人）に対する責任追及の訴え（損害賠償請求訴訟）を静岡地方裁判所に提起しているとのことです。

4 不適切な金融商品の勧誘・販売

　金庫は、金融サービスの提供に関する法律（以下「金融サービス提供法」といいます）に基づき、金融商品の販売等に際して勧誘の適正の確保を図る義務があります（金融サービス提供法9条）。

　不適切な勧誘を行えば、理事には不法行為責任等の責任が生じます。

　そこで、代表取締役の不適切な投資ファンドの勧誘について、行為を行った代表取締役の責任と、その行為を防止できなかった名目的取締役の責任が認められた事案を紹介します。

●東京高裁平成23年12月7日判決（判例タイムズ1380号138頁）

【事案の概要】

　投資ファンドへの出資金名下に金銭を詐取するという違法な勧誘行為を行った販売会社の代表取締役とその名目的取締役らの不法行為責任が問われました。

【裁判所の判断】

　裁判所は次のように判断して、販売会社の代表取締役、名目取締役の責任の一部を認めました。

　「代表取締役の販売行為は、各ファンドが、本来預り資金の流れもリスクの具体的内容も明らかでない不適正な金融商品であることを秘して、顧客らに対して、確実に利益が上がる投資である旨虚偽の事実を述べて勧誘を行い、出資金名下に金員を詐取したことになるので、不法行為に該当する。

　また、販売会社の名目的取締役については、取締役である以上、対外的に、販売会社の代表取締役が行う業務執行につきこれを監視し、必要があれば、取締役会を通じて代表取締役による業務の執行が適正に行われるように監視する義務があり、その責任を免れることはできない」

【事案のポイント】

　本件は株式会社の事案ですが、金融商品を取り扱う金庫についても不適切な金融商品の勧誘・販売を行えば、同様に理事の責任となります。金庫としては、もちろん出資金を詐取することは論外ですが、金融商品に関する勧誘方針として、次の項目を定めて金融商品の販売等に際して勧誘の適正の確保を図る義務があります（金融サービス提供法10条2項）。

①　顧客の知識、経験、財産の状況および当該金融商品の販売に係る契約を締結する目的に照らして配慮するべき事項（適正な情報の提供と商品説明を行うこと等）

②　勧誘の方法および時間帯に関し顧客に対し配慮すべき事項（金融商品の重要事項を説明すること、顧客に不都合な時間帯や場所での勧誘を行わないこと等）

③　その他勧誘の適正の確保に関する事項

　また、本事案に限りませんが、名目的な理事は、他の理事が違法または不適切な業務執行を行った場合、名目的であることをもって監視義務違反の責任が免れるわけではないことも認識しておくべきでしょう。

5　内規違反等の役員の行為

　理事の金庫内規に違反する行為によって、金庫や第三者に損害を生じさせた場合には、理事に善管注意義務違反ないし忠実義務違反の責任が生じます。そこで、形式的には内規に反しないものの、実質的には内規（取締役会の専決事項）に反し、取締役会決議を経ずに重要な業務執行を行った取締役の責任が認められた事案を紹介します。

●名古屋地裁平成27年6月30日判決（金融・商事判例1474号32頁）

【事案の概要】

株式会社が、自社の元取締役らに対し、元取締役らが業務提供の実体を伴わない業務委託契約等を複数締結し、その契約によって正当な理由なく会社の財産を流出させたこと等について、取締役の任務懈怠または不法行為等に基づく損害賠償請求をした事案です。

この会社の職務権限基準表上は、1件1億円以上の債務負担の決定を取締役会決議事項と定めていたところ、当時の取締役が形式的には1件1億円未満となるコンサルティング契約を3本締結していました。しかし、これらの契約は、実質的には1件と評価できるものであり、契約金額の合計は1億5750万円を超えていました。

【裁判所の判断】

元取締役の内規違反の有無について、会社の職務権限基準表上に定められている取締役会決議事項は、会社にとって「重要な業務執行」（会社法362条4項）を類型化したものと解するのが相当であり、取締役会決議を経ずに、実質1件1億5750万円（税込）の支出をしたことは、「重要な業務執行」について取締役会決議を要求する会社法の規定に違反し、善管注意義務違反（法令違反）に該当すると判断しました。

【事案のポイント】

(1) 法令に定める手続違反行為についての故意・過失

法令に定める手続違反行為には、裁量の余地はほぼないものの、役員に責任が認められるためには故意・過失が必要と解されています（最判平成12・7・7民集54巻6号1767頁参照）。

当該事案においても、元取締役は「コンサルティング契約締結およびこれに基づく金員の支出に当たって、取締役会決議を経るべきであるとの認識がなかった」と主張していました。

しかし、裁判所は、故意・過失の検討をしているものの、その認定

においては「コンサルティング契約を各1億円未満の金額の3本の契約に分けて締結したことに合理的理由は見出せない上、会社の職務権限基準表上には、1件1億円以上の契約案件等には取締役会決議を要する旨が明記されており、元取締役がかかる規定の存在を認識していなかったとは考え難い。したがって、元取締役が取締役会決議を経なかったことについて、故意あるいは少なくとも過失が認められる」と比較的簡単に故意・過失を認定しています。

法令に定める手続違反行為について故意・過失がないという主張が認められる場合というのはかなり限られると考えるべきでしょう。

(2) 理事会付議事項の該当性

理事としては、理事会の付議事項の基準の該当性は形式的に考えるのではなく、実質的に見るべきです。

実質的に1本の契約を、理事会決議を省略するために分割する等の行為は、理事会の付議事項を定める規程の潜脱であり、理事会の専権事項を定めた信金法36条5項違反になり得ます。それによって金庫や第三者に損害を生じさせた場合には、善管注意義務違反として金庫や会員から責任追及がなされる可能性があります。

6 所管事業の報告・説明の不履行

代表理事は、合理的な方法で情報収集・分析・検討を行い、その結果を前提として合理的と考える判断を行って経営を行います。この情報収集・分析・検討の過程では、所轄事業を担当する理事からの説明・報告の内容が重要となりますから、担当理事には、所轄事業に関する判断に必要な情報の収集・分析および検討とその結果を代表理事に説明・報告すべき善管注意義務が認められるのです。

そこで、所轄事業の報告・説明を怠った取締役の責任が肯定された事案を紹介します。

● 東京地裁平成22年6月30日判決（判例時報2097号144頁）

【事案の概要】

　代表権のない取締役が、自己の所管の事業について必要な情報の収集・分析・検討をしたうえで代表取締役に説明・報告するという義務を履行しなかったことにより、代表取締役の判断を誤らせて会社に損害を与えたとして、当該取締役の善管注意義務違反の責任が問われました。

【裁判所の判断】

　取締役は、インターネットを利用した通信販売等の事業を担当する取締役として、事業の前提となる事実関係について合理的な情報収集・分析および検討を加えたうえで、代表取締役にそれを説明、報告すべき注意義務を負い、当該取締役がその義務に違反した結果、代表取締役をして当該事業の重要な事実について誤信させて判断を誤らせ、これによって会社に約1億7600万円の損害を生じさせたものと認定しました。また、当該事業は代表取締役の経営判断によって決定されたものであり、その代表取締役の判断に善管注意義務違反がないとしても、これによって当該取締役に善管注意義務違反がなかったとする理由にはならないとも判示しています。

【事案のポイント】

　理事には、自己の所管する事業について、代表理事等が業務執行を行うために必要な情報を収集・分析および検討し、代表理事等にそれを説明、報告して、代表理事等が誤った業務執行をしないようにする注意義務があります。

　理事が事業の担当を任されたときには、担当する事業において、代表理事が経営判断を行うために重要な要素となるのは何かを常に念頭におきながら、情報収集・分析・検討した結果を理事会その他必要な方法で代表理事等に説明・報告することを怠らないようにしましょう。

7　信用金庫の破綻

　金庫が破綻した場合には、破綻に至る経緯において歴代の理事が下した判断についての責任が問題となり、歴代の理事長、専務理事、常務理事等の業務執行を行った理事らが共同で訴えられることもあります。

●○信用金庫事件（岡山地判平成19・3・27判例タイムズ1280号249頁）

【事案の概要】

　本事案は、①前記本章・Ⅰ・1の造船会社への実質無担保融資の実行、②同2のアジア債の大量購入と同じ事案です。理事の放漫経営について、これらの責任追及のほか、③退職慰労金を得られなくなった元理事から後任理事への損害賠償請求、④整理回収機構の元理事に対する貸金返還請求、⑤詐害行為取消権に基づく元理事から配偶者への贈与契約等の取消請求、および⑥金庫破綻により失職した元職員から理事への半年分の給与相当額の損害賠償請求の合計6件の事件が併合されていました。

【裁判所の判断】

(1)　造船会社への実質無担保融資

　社会的に十分許容される融資であったとして理事の責任は否定されました。

(2)　アジア債の大量購入

　自己資本額を超過するアジア債の大量購入は善管注意義務違反であるとして理事の責任が肯定されました。

(3)　元理事の退職慰労金請求

　退職慰労金が得られなくなったことについては、不法行為は成立しないとして理事の責任は否定されました。

(4) 整理回収機構の元理事に対する貸金返還請求

(5) 詐害行為取消権に基づく元理事から配偶者への贈与契約等の取消請求

(4)・(5)はいずれも請求が認容されました。

(6) 元金庫職員の理事に対する損害賠償請求

理事にはアジア債を売り逃げなかったこと等について重過失まではないとして責任が否定されました。

【事案のポイント】

役員の金庫または第三者に対する責任の消滅時効期間は民法の規定に従うこととされています（最判昭和49・12・17民集28巻10号2059頁、田中亘『会社法　第4版』302頁参照）。したがって、平成29年（2017年）5月に成立した「民法の一部を改正する法律」（債権法改正）の施行日（令和2年4月1日）を基準として、それよりも前の行為については消滅時効が10年間（旧民法167条1項）、それ以後の行為については、債権者が権利を行使することができることを知った時から5年間（権利行使をすることができる時から10年間（生命・身体の侵害による損害賠償請求権の場合は20年間））となります（改正後の民法166条1項1号・2号、改正法附則10条）。この間は、すでに役員を退任していたとしても直ちに責任を免れるわけではありません。

また、金庫が破綻に至ったとなれば、過去に遡って役員の責任が追及されることがあり得ます。もっとも、その際は、結果論から責任追及がなされるわけではなく、当時の経済情勢や個々の金庫特有の事情も斟酌したうえで、役員の責任が判断されることになります。

1 反社会的勢力との取引

　第7章・V「反社会的勢力への対応」で詳しく述べていますが、金庫は、反社会的勢力との関係を遮断すべき法的義務を負っています。

　反社会的勢力との関係遮断の努力を行っていない場合には、金融庁から業務改善命令を受ける等、さまざまなペナルティを負います。

　以下は、主債務者が反社会的勢力であることが判明したことから、信用保証協会から保証債務の履行を拒絶された事案です。

●信用金庫保証債務履行請求事件（東京高判平成28・5・26金融・商事判例1495号15頁）

【事案の概要】

　金庫と信用保証協会との間で保証契約が締結され融資が実行された後に主債務者が反社会的勢力であることが判明したために、信用保証協会が動機の錯誤により保証契約が無効である旨および「保証契約に違反したとき」という免責事由に該当する旨を主張し、主債務者から返済されなくなった融資の肩代わりを拒否した事案です。

【裁判所の判断】

　第一審、第二審はいずれも動機の錯誤（要素の錯誤）により保証契約が無効になるとの判断を示して金庫の請求を棄却していたところ、最高裁は、これを認めず、控訴棄却判決を破棄して、免責の抗弁についての審理を尽くすよう、東京高裁に差し戻す旨の判決を出していました（最判平成28・1・12金融・商事判例1483号19頁。なお、同日付で同様の事件が他に3件（金庫、銀行および信用組合各1件）あり

ます）。

　最高裁は、保証契約について、主債務者がその債務を履行しない場合に保証人が保証債務を履行することを内容とするものであり、主債務者が誰であるかは同契約の内容である保証債務の一要素となるものであるが、主債務者が反社会的勢力でないことはその主債務者に関する事情の１つであって、これが当然に同契約の内容となっているということはできない、と判示したのです。

　そして、差戻審である本判決では、以下(1)～(4)の理由から、信用保証協会が融資の肩代わりをするべきだとして、金庫に対して約１億1260万円と遅延損害金を支払うよう命じました。

　(1)　中小企業者等が銀行その他の金融機関から貸付け等を受けるにつき、信用保証協会がその貸付金等の債務を保証する場合には、金融機関および信用保証協会は、保証契約に関する基本契約上の付随義務として、個々の保証契約を締結して融資を実行するのに先立ち、相互に主債務者が反社会的勢力であるか否かについてその時点において一般的に行われている調査方法等に鑑みて相当と認められる調査をすべき義務を負う。

　(2)　金庫がこの義務に違反して、その結果、反社会的勢力を主債務者とする融資について保証契約が締結された場合には、基本契約に定められた免責条項である金庫が「保証契約に違反したとき」に当たることになる（前掲最判平成28・1・12）。

　(3)　金融機関に求められる「一般的に行われている調査方法等」とは、次の各事情をふまえて、「反社会的勢力対応部署を整備して一元的な管理態勢を構築すること、融資に伴う審査等の通常業務の中で、主債務者およびその関係者について反社会的勢力でないかどうかを調査、確認すること、前記部署において反社会的勢力に関する情報を一元的に管理したデータベースを構築し、取引先の審査に活

用すること」、「相手方が反社会的勢力であることの疑念が生じるなど、必要な場合には警察に対しても相手方が反社会的勢力か否かについて情報提供を求めること」等だとされた。

①　政府の犯罪対策閣僚会議幹事会が平成19年6月19日付けで公表した「企業が反社会的勢力による被害を防止するための指針」及び金融庁の策定した金融機関や信用保証協会向けの監督指針では、次のような対応が求められ、かつ、金融機関や信用保証協会はそのように指導を受けていた。

・企業は反社会的勢力による不当要求に備えて、平素から、警察、暴力追放運動推進センター、弁護士等の外部専門機関と緊密な連携関係を構築しておくこと（連絡先等を確認して担当者同士で意思疎通を行うこと等）

・平素からの対応として、反社会的勢力とは、一切の関係を持たないこと

・反社会的勢力と関係を遮断するために、相手方の反社会的勢力の該当性について、常に、通常必要と思われる注意を払うとともに、反社会的勢力とは知らずに何らかの関係を有してしまった場合には、相手方が反社会的勢力であると判明した時点や反社会的勢力であるとの疑いが生じた時点で、速やかに関係を解消すること

・取引先の審査や株主の属性判断等を行うことにより、反社会的勢力による被害を防止するため、反社会的勢力の情報を集約したデータベースを構築すること

・当該データベースは、暴力追放運動推進センターや他企業の情報を活用して逐次更新すること

・暴力追放運動推進センター、企業防衛協議会、各種の暴力団排除協議会等が行う地域や職域の暴力団排除活動に参加すること

308

② 警察庁暴力団対策部長から各地方機関の長等に宛てて発出された平成12年9月14日付「暴力団排除等のための部外への情報提供について」では、暴力団対策に資すると認められる場合は、暴力団情報を当該情報を必要とする者に提供することとする旨が記載されており、部外者からの照会に応じて情報提供を行うことが示されていた。

⑷ そのうえで、当該金庫において、反社会的勢力対応部署を設けていたこと、審査業務等において徴求した審査資料や訪問調査時に反社会的勢力であることをうかがわせる事情は認められなかったこと、前記部署において構築されたデータベースやその他利用可能なデータベースを用いても該当結果が出なかったことから、反社会的勢力該当性をうかがわせる事情に接していない金庫には、警察に対して照会していないとしても、その時点において一般的に行われている調査方法等に鑑みて相当と認められる調査は行っていたということができる

⑸ 以上の点から裁判所は、金庫に調査義務違反はないとして、免責事由の該当性を否定した。

【事案のポイント】

本判決は、金融機関に主債務者が反社会的勢力であるか否かについて相当な調査をすべきであるという付随義務を認めたうえで、その義務を果たしていれば、結果として反社会的勢力への融資をしたとしても、保証協会への保証債務履行を行えるとしたものです。

その付随義務である調査義務違反の有無については、「一般的に行われている調査方法等」を行っているかを基準に判断することとし、金融機関に調査義務違反がなければ保証債務の免責条項（「保証契約に違反したとき」）には該当しないとしました。

ただし、本判決が、各金銭消費貸借に際してどのような調査を行っ

たのか、当時の指針等を詳細に検討したうえでその当否を判断しているとおり、「一般的に行われている調査方法等」は一義的にその内容が決まるものではありません。求められる水準は、時代に応じて変わってくるものと考えるべきです。

このように、事前に反社会的勢力と呼ばれる者との取引を100％防止することは無理だとしても、未然防止のため、時代に応じた水準での必要な調査を十分に行っておくことが重要になります。

なお、銀行の融資先に反社会的勢力に該当するものが含まれていたことから持株会社取締役の善管注意義務違反が問われた事案において、銀行の企業グループとしての反社会的勢力防止のための内部統制システムが相当なものであり、その構築義務に違反するところはないこと、内部統制システムに支障は生じていないこと等から、持株会社取締役には、子会社の監視・是正を行わなかったことについてもその判断に裁量違反はないとして、取締役の善管注意義務違反による責任を否定した事例があります（東京地判令和2・2・27金融法務事情2159号60頁）。

2 顧客情報の漏えい

金庫の業務では、顧客の個人情報や資産の状況等の信用情報（保有資産・負債、返済能力等）を保有することになり（法89条、銀行法12条の2）、金庫は顧客情報についての守秘義務を負います（金融機関の顧客情報が民事訴訟法197条1項3号にいう職業の秘密として保護されるかどうかを判示した事例として（当該事案においては消極）、最判平成19・12・11民集61巻9号3364頁参照）。ただし、一般には、顧客との契約上に明文の規定がない場合においても、商慣習または黙示の合意の存在などを根拠として、金融機関はその秘密を保持すべき義務を負っているものと解されています。

個人情報等とあわせて預金残高などの資産状況が漏えいすることがあれば、その情報が犯罪にも利用されかねません。漏えいの規模が大きな場合には、金庫の信用を揺るがし、その存続さえ危うくなるほどの深刻な損害が生じることになるでしょう。

以下は、顧客情報が漏えいしたことについて責任が問われている事案です。個人情報漏えいの事後対応については、第7章・Ⅲ「情報管理・個人情報保護」を参照してください。

●子ども向け通信教育事業会社の顧客情報流出事件（東京地判令和5・2・27事件番号平成27年（ワ）2236号他）

【事案の概要】

こども向け通信教育事業会社（B社）の4次委託先のシステムエンジニアが、自身のスマートフォンに顧客情報（氏名、性別、生年月日、郵便番号、住所、電話番号、メールアドレスまたは保護者の氏名といった情報項目の1つまたは複数）を持ち出して名簿業者に売却し、これらの個人情報が漏えいした事案です。

この漏えい行為によって流出した顧客情報は、転売されるなどして、不特定多数の者が、漏えい対象原告らの個人情報を取得するなど、回収が不可能な状態にまで広く拡散されました。その結果、情報を漏えいされた原告ら約5700名は、

① システムエンジニアの委託元（3次委託先S社）に対する情報漏えいを防止すべき措置を講じなかった不法行為責任とシステムエンジニアを被用者とする使用者責任

② B社に対して委託先の選定および監督を怠ったこと不法行為責任とS社を被用者とする使用者責任

③ B社の親会社BHD社に対するBグループを統括し、B社およびS社の全株式を保有する立場として、グループ全体における個人情報の利用・管理に責任をもつ部門を設置しなかったこと等を

理由とする不法行為責任

④　上記の各社に対する共同不法行為成立

を主張して、各社に原告1人あたり慰謝料5万円と弁護士費用5000円を請求しました。

　　＊情報を漏えいさせたシステムエンジニアについては、その漏えい
　　　行為の一部につき、不正競争防止法違反の罪で起訴され、控訴審
　　　である東京高等裁判所において、平成29年3月21日、懲役2年6
　　　月および罰金300万円の有罪判決が宣告されています。

【裁判所の判断】

(1)　B社とS社の情報漏えいの予見可能性について

　裁判所は、情報漏えい行為があった当時の公表されていた情報、技術的状況等から、データベースにアクセスする権限を有する者において、業務用パソコンのUSBポートにスマートフォンを接続し、データを転送することによって顧客情報を不正に取得し得るという予見可能性を認めました。

　これに対して、過去に当該手法による情報漏えいの事故が存在しなかったことやガイドライン等によってその危険性を具体的に指摘したものが存在しなかったこと等による反論があるものの、当時のインターネット記事や講演会等で一定の規格に対応するスマートフォンを利用した情報漏えいの危険性が指摘され、また、当該規格に対応したスマートフォンが当時の国内で一定の普及状況にあったことも考え合わせて、予見可能性を否定することにはならないとの判断を示しました。

　また、B社やS社がセキュリティソフトの研究者や開発事業者ではなく、一般ユーザーでしかないとしても、情報セキュリティについては各企業の業務、環境およびリスク等を勘案して必要な対策が求められるところ、大量の個人情報を取り扱う事業活動を行う企業にはその

性質上必要とされる対策を講じる義務があり、情報セキュリティ対策に精通しているか否かは関係ないとの判断も示されています（情報セキュリティの専門業者でなければ予見できないという内容ではないため、S社がさまざまなセキュリティ対策を講じているというB社の信頼も予見可能性を否定するものにはならないとしました）。

(2) S社の私物スマートフォン等の持込禁止措置、業務用パソコンのUSBポートUSB接続禁止措置の義務違反について（消極）

いずれもその禁止措置の有効性と弊害のバランス、他の効果的な代替手段の存在等からこれらの措置をとらなかったことが義務違反にはならないとしました。

(3) S社の情報書き出し制御措置義務違反について（積極）

S社は、当時、セキュリティソフトの設定を変更することで業務用パソコンからスマートフォンへの情報書き出しを防止することが可能であり、スマートフォンを利用した情報漏えいを防止する最も効果的な方法であったとして、S社の過失を認定しました。

(4) B社の委託先の選定および監督に関する注意義務違反（積極）

B社が個人情報取扱事業者に該当するところ、個人情報保護法、平成21年経産省ガイドライン、JIS基準（平成22年JISガイドライン）およびB社のこれまでの事業活動から、B社は、顧客に対して、信義則上、委託先選定監督義務を負っていたと認定し、上述の予見可能性のもと、セキュリティソフトの設定が適切に行われているかどうかについて適切に報告を求めていれば、S社において、スマートフォンに対する書き出し制御または接続制御が不十分であることに気が付き、自らセキュリティソフトの設定変更等を行うか、S社に対してセキュリティソフトの設定変更等を指示することができたというべきであって、委託先への監督が不十分であったとして、その過失を認めました。

⑸　BHD社の監督義務違反、B社・S社の使用者責任について（消極）

　BHD社は、Bグループを統括する立場として、回顧的にみれば、本件当時、同グループ内により適切な部署を設置することが、グループとしての戦略上も個人情報を提供する顧客らに対する道義上の責任からも望ましいかたちであったと言及したものの、裁判所は、情報書き出しを制御するというセキュリティソフトの設定内容に関わる具体的なS社の注意義務違反とB社の業務委託先への監督義務違反については、Bグループ内に特定の部門を設置していたか否かによって本件漏えい行為という結果に影響を与えたとはいえないとして、BHD社の責任を認めませんでした。また、B社からS社およびS社からシステムエンジニアには、それぞれ実質的な指揮監督関係が認められないため、使用者責任の成立は否定されました。

⑹　違法性と損害額

　漏えいの事実を認定した個人情報（氏名、性別、生年月日、郵便番号、住所、電話番号、メールアドレスまたは保護者の氏名といった情報項目の1つまたは複数）について、原告らにおいて、自己が開示を欲しない第三者に対してはみだりに開示されたくない情報（プライバシーに係る情報）として法的保護の対象を侵害するものとして違法性を認定しました（最判平成15・9・12民集57巻8号973頁、最判平成29・10・23判例タイムズ1442号46頁参照）。

　そして、プライバシー侵害による本件の損害額については、次の①～④事情等の総合考慮から1人あたり3000円の慰謝料と弁護士費用300円を相当とし、かかる行為はB社が保有し、その取扱いをS社に委託していた個人情報の管理に関するものであって、客観的に関連するといえるから、共同不法行為（民法719条1項）を認め、B社とS社の連帯責任としました。

① 漏えいした情報は、個人を識別するために必要な情報または個人に連絡をとるために必要な情報であり、社会生活を営むうえで一定範囲の他者に開示することが予定されているものであるから、秘匿する必要性が高い情報であるとはいえないこと。

② 本件漏えい行為による損害は、約500社に個人情報が流出したとの報道がされているところ、ダイレクトメール等が増えたような気がするなどという印象以上に、実害が生じていることを認めるに足りる的確な証拠は見当たらないこと。

③ 一方で、S社は、情報を漏えいさせたシステムエンジニアから、業務上知り得た個人情報および機密情報を開示・漏えいしないことを誓約する内容の同意書を提出させていたほか、同氏に対し、本件業務に従事させる前後において、情報セキュリティ研修等を受講させていたことが認められること。

④ B社は、a.本件漏えい行為の発覚後、情報漏えいの被害拡大を防止する手段を講じ、警視庁に対する捜査依頼や監督官庁に対する相談・調査報告等を行い、b.個人情報が漏えいしたと思われる顧客に対しては、通知書を送付するとともに、顧客の選択に応じて500円相当のお詫びの品の交付を申し出るなどして損害の軽減に努めたこと等。

【事案のポイント】

　顧客情報は、営業秘密であり、個人顧客であれば個人情報にも該当します。それらがいったん流出すれば企業の信用を大きく損ないます。

　本件事案は、氏名、住所などの「個人を識別するために必要な情報又は個人に連絡をとるために必要な情報であり、社会生活を営む上で一定範囲の他者に開示することが予定されているもの」ということから、プライバシーの侵害による慰謝料額が3000円とされていますが、1人1人の損害の認容額は大きくなくとも、その件数が膨大なもので

あれば、巨額な損害賠償請求となり得ます。実際、前記の事件では、顧客情報漏えいに関する損害賠償請求訴訟が各地で提起され、Ｂ社らの責任が認容されています。金庫が扱う預金残高等の資産に関わる情報が漏えいしたとなれば、この慰謝料額もより高額な認定となることが想定されますし、厳密に管理されるものと期待された資産情報が金庫から漏えいしたとなれば、金庫の信用は回復し得ないほどの打撃となるものと想像されます。

　また、本件のように漏えいは委託先等の第三者からということもあり得ます。金庫役員としては、職員や業務委託先からの情報漏えいを防止するための組織体制の整備が重要となります。具体的には、「金融分野における個人情報保護に関するガイドライン」および「金融分野における個人情報保護に関するガイドラインの安全管理措置等についての実務指針」ならびに個人情報保護委員会の「特定個人情報の適正な取扱いに関するガイドライン（事業者編）」および「（別冊）金融業務における特定個人情報の適正な取扱いに関するガイドライン」に沿った情報管理体制等を構築する必要があります。

3　労務対応

　金庫の労務対応として、実際に金庫および理事の責任が問われた事案を紹介します。

1　合理性のない役職定年制を導入（就業規則の不利益変更）したことについての金庫の責任

●Ｋ信用金庫事件（熊本地判平成26・1・24労働判例1092号62頁）
【事案の概要】

　金庫の元職員が、金庫に対して、役職定年制の導入という就業規則の不利益変更により得られなくなった基本手当の差額分等について労

働契約に基づく給与請求および不法行為に基づく損害賠償請求を求めた事案です。

【裁判所の判断】

役職定年制の導入という就業規則の変更は、職員らに多大な不利益を与える一方で、変更の必要性はさほど高度なものではなく、適切な代替措置も講じられていないので、当該就業規則の変更は、合理性を欠き無効だと判示しました。

そして、金庫に異議がない旨の意見書を提出した者以外の元職員については、積極的に反対の意思を表明することなく変更後の給与等を受け取っていたとしても、それを就業規則の変更についての黙示の同意だとすることはできない、としています。

【事案のポイント】

就業規則の不利益変更には、変更後の就業規則を職員に周知させること、そして就業規則の変更に合理性が認められることが必要です。そして、その合理性の有無は、職員の受ける不利益の程度、労働条件の変更の必要性、変更後の就業規則の内容の相当性、労働組合等との交渉の状況その他の就業規則の変更に係る事情等に照らして総合的に判断されます（労働契約法10条）。就業規則の不利益変更において合理性があるといえるためには、相当高度な経営上の必要性と不利益を緩和する代償措置の存在が必要になります。

不利益変更にこれだけの合理性まで認められると断言できないような場合には、念のため、すべての職員から個別に同意を得ておくことも検討しなければなりませんが（同法9条の反対解釈）、事後的に不利益変更の有効性が争われることになったときには、その同意に①変更による不利益性を十分に認識して、②自由な意思に基づき、③同意の意思を表明したという事情を立証していかなければならなくなります。

これらを立証できない場合には、金庫側の責任となり、本事案のよ

うに給与請求等がされることがあり得ます。

2　組織再編に伴う労働条件変更

●Y信用組合事件（東京高判平成28・11・24労働判例1153号5頁）

【事案の概要】

　A信用組合は、B信用組合の経営破綻を回避するために救済合併し（Aが存続組合、Bは解散）、B職員ら全員の雇用契約を承継しました。このとき、B職員らの退職金は合併後の退職する際に勤続年数を通算してA信用組合の職員と同一水準の待遇（B職員らにとっては大幅な減額）にするという内容で同意書をとっていました。

　さらに、その翌年にA信用組合は他の3信用組合と合併し、Y信用組合となりました。この合併に先立ち、合併に伴う新労働条件は、各支店で支店長が説明書を読み上げ、職員がその説明書に署名するという手続をとりましたが、就業規則改定は行いませんでした（その5年後に新労働条件での就業規則改定（新退職金規程の制定）を実施）。

　この新労働条件の退職金規程制定前後に退職した元B職員らが、従前のB信用組合の退職金規程による退職金支払をY信用組合に求めて訴え提起したのが本件です。

　一審、二審は元B職員らの請求を棄却しましたが、最高裁は労働条件変更への同意が自由意思に基づくものであるか審理が尽くされていないとして原判決を破棄して差し戻しました（最判平成28・2・19民集70巻2号123頁）。

【裁判所の判断】

　差戻審では、元B職員らは、基準変更により退職金の支給につき生ずる具体的な不利益の内容や程度についての必要十分な情報提供や説明を受けられていなかったとして、同意が自由な意思に基づいてされたものとはいえない等とし、労働条件の変更を認めず、B信用組合の

退職金規程に基づいた元Ｂ職員らの退職金請求を一部認めました。

【事案のポイント】

　本件は、退職金の条件変更について就業規則の改定よりも先に職員らから同意を取得していることから、就業規則の不利益変更の有効性ではなく、同意の有効性が主な争点となりました。

　退職金にかかわる問題は、その性質上、労働条件変更から長期間経ってから紛争化することになります。

　個々の職員らの同意が自由意思に基づいてなされたことを立証していくのはかなり困難であるといえます。

　本件では、Ｂ信用組合が経営破綻の危機に瀕していた事情があるので、職員らの個別の同意をとるという措置をとる前に、就業規則変更手続として変更後の就業規則を職員らに示し、退職金の条件変更に合理性があることを説明するというアプローチをとるべきだったかもしれません（就業規則を変更する際の留意点は、前記１の【事案のポイント】参照）。

３　懲戒解雇が無効であるとの司法判断が確定したことについての理事の責任

●Ｏ信用金庫会員代表訴訟事件（札幌高判平成16・9・29労働判例885号32頁）

【事案の概要】

　理事が職員に対して行った懲戒解雇について、労働委員会から原職復帰等の仮処分および救済命令が出てもこれに従わず、その後、訴訟において解雇無効が確定した後の事案です。

　解雇無効が確定したことにより、金庫は、当該職員に対し、懲戒解雇から復職までの期間の賃金等相当額を支払うことになりました。

　金庫の会員は、当該理事に対し、懲戒解雇から復職までの間、当該

職員を就労させないまま、その賃金等相当額を支払うことが金庫の損害であるとして、その損害賠償を求める会員代表訴訟を提起しました。

【裁判所の判断】

司法の判断によって懲戒解雇が無効であることが最終的に確定した場合には、特段の事情がない限り、懲戒解雇をした理事らには善管注意義務違反および忠実義務の違反が認められるとして、一般に、賃金は、労働者によって供給される労働の対価であり、賃金を支払う以上、それに見合う労働を受けない場合には、原則として、賃金相当分の損害が使用者側に生じているものと解するのが相当であると判示しました。

【事案のポイント】

裁判所は、理事が行った無効な懲戒解雇により、当該懲戒解雇から復職までの間に当該職員を就労させないまま、その賃金等相当額だけを支払うことになった点で、理事の善管注意義務違反による損害賠償責任を認めました。

懲戒解雇は、労働者に対する最も重い懲戒処分であり、被解雇者が解雇無効を争う可能性も低くはありません。被解雇者からは解雇日から原職復帰までの賃金等相当額の支払を請求されることになりますので、紛争が長期化する場合には請求金額も多額になります。

この判決に従って考えれば、理事は、職員の懲戒解雇を行う場合、当該解雇が無効となったときには、会員代表訴訟を提起され、多額の損害賠償を請求されるリスクがあることになります。

懲戒解雇を行う前に、必要に応じて顧問弁護士にも相談したうえで、その要件（①懲戒解雇事由の規定とその該当性、②懲戒解雇の相当性、③過去の事例等に照らした平等取扱い、④弁明の機会付与などの適正手続の履践）を慎重に検討し、適正な手続を履践する必要があるでしょう。

4　監督・監査上の責任

1　他の理事の不正行為の監視義務

　他の理事の監督は、理事の重要な職務の１つです（第１章・Ⅱ・6・1・(3)「理事会の内外での監督義務（法36条３項２号）」参照）。

　ある理事に違法行為・不正行為があれば、それ以外の理事については監視を行っていたか、違法行為等を防止することはできなかったかが問われます。そこで、理事の監視義務違反が肯定された事例と否定された事例を紹介します。

(1)　理事の監視義務違反が肯定された事案

●O信用金庫事件（岡山地判平成19・3・27判例タイムズ1280号249頁）

【事案の概要】

　他の理事が行った金庫の自己資本額を超えるアジア債の大量購入について（前記Ⅰ・1・2の事案）、理事らの監視義務違反が問われました。

【裁判所の判断】

　理事らは、他の理事が行った違法な投資行為について、これを問題視して自らその投資を調査、検討せず、むしろ当日運用報告書に押印して違法な本件各投資を承認しており、監視義務を果たしていないと判示し、当該理事からの善管注意義務違反を認めました。

(2)　理事の監視義務違反が否定された事案

●T信用金庫事件（東京地判昭和61・2・18日金融・商事判例754号31頁）

【事案の概要】

　金庫の専務理事が独断専決した不良貸付および過振り（当座預金残高以上の小切手を振り出したこと）について、代表理事（肩書きは理

事長、その後会長）の監視義務違反が問われた事案です。

【裁判所の判断】

貸付について、理事長の決裁が必要であるにもかかわらず、専務理事が自ら決裁し独断専決していたというのであるから、代表理事には専務理事の不良貸付の事実を知り得る機会がなかったと認定しています。過振りについて、専務理事は、代表理事に当該事実が明らかになることを極力避けるため、第三者からの借入金等によって過振りの事実をごまかしていて、代表理事が専務理事の過振りの事実を探知することは困難であったと認定しています。

これらのことから、代表理事には専務理事の職務行為を監視するについての任務懈怠はない、として代表理事の責任は否定されました。

(3) 両事案のポイント

両事案の監視義務違反の責任の有無を分けたのは、監視義務を負う理事が他の理事の違法な職務執行の事実を探知することができたかどうかという点です。

違法行為等を行っている理事等が積極的に隠ぺいをしている等、合理的な手段・方法によっても違法行為等を探知することが不可能ないし困難な場合には監視義務違反の責任を負うことはありません。

理事が監視義務違反を問われないようにするためには、①理事会に出席すること、②理事会において代表理事や業務執行理事に対して疑義等があれば質問や資料の提出を求めて調査を尽くすこと、③これらの発言内容を議事録に記載する等して記録化し、事後的に監視義務が尽くされていたかが問題となったときに、通常行うべき職務は尽くしていたことを客観的に明らかにできるようにしておくことが重要です。

2 監事の任務懈怠

代表理事等の職務の執行に不正な行為または法令・定款違反もしく

は著しく不当な事実がないかを監査するのは、まさに監事の職責です（第1章・Ⅰ・2・2「監事の権限」、第1章・Ⅱ・7「監事の職務上の義務」参照）。経営におけるガバナンスの向上が求められている現在では、代表理事に一任して踏み込んだ監査は行わないとする慣行がある等という主張は到底認められるものではありませんし、監事は自らの職責を自覚して、理事の行為等で不正等が疑われる事情があれば、積極的に踏み込んだ調査を行う姿勢をもつ必要があります。

　以下では、農業協同組合の代表理事に善管注意義務違反があることをうかがわせる事情があったにもかかわらず調査などを行わなかった監事の責任が肯定された事案を紹介します。

●○農協事件（最判平成21・11・27金融・商事判例1342号22頁）

【事案の概要】

　農業協同組合において、代表理事に善管注意義務違反があることをうかがわせる事情があったにもかかわらず、監事がそれを調査・確認することなく放置したことから、農業協同組合が監事に対して、任務懈怠による損害賠償請求をした事案です。

【裁判所の判断】

　監事の職責は、適正なものとはいえない慣行の存在（理事会の一任を取り付けた代表理事の決定に従い、他の理事や監事はそれに深く関与しないという慣行）によって軽減されるものではないとして、代表理事の一連の言動は明らかな善管注意義務違反があることをうかがわせるに十分なものであったにもかかわらず、監事が理事会に出席し、代表理事の説明に疑義があるとして、代表理事に対し、詳細な説明や資料の提出を求めるなどの調査・確認をすることなく放置したことは、監事の任務を怠ったものとして、監事の責任が肯定されました。

【事案のポイント】

　本件は農業協同組合の事案ですが、金庫の監事も同様に考えられる

第9章

役員の責任が問われる具体的場面

ものであって参考にすべき事案です。

(1) 責任の有無の判断ポイント

本事案を念頭においた場合、監事の責任の有無の判断は2段階に分けることができます。

① 業務執行理事の善管注意義務違反をうかがわせる言動等がある場合に、それを察知したかどうか

監査役の事案ですが、任務を懈怠したというためには、取締役の善管注意義務に違反する行為等をした、またはするおそれがあるとの具体的な事情があり、監査役がその事情を認識しまたは認識することができたと認められることを要するとした裁判例があります（大阪地決平成27・12・14金融・商事判例1483号52頁）。

理事の善管注意義務違反をうかがわせるに十分な言動等があるにもかかわらず、監事がそれを見逃している場合にはそのこと自体も任務懈怠責任を問われ得ることになります。

② 上記①を察知して、調査・確認をしたかどうか

理事の善管注意義務違反をうかがわせる言動等を察知しながら、監事が調査を尽くさない場合には任務懈怠責任を問われ得ることになります。監事としては、理事の業務執行について疑義がある場合には、業務監査権（法35条の7、会社法381条、規則21条）の行使として、理事等に業務の報告を求めたり、理事会に出席して意見陳述や報告を行い（法35条の7、会社法382条・383条）、金庫に著しい損害が生じるおそれがあるときは、当該理事の行為の差止めを請求するといった措置をとることが必要です（法35条の7、会社法385条）。

(2) ガバナンスの強化

信金法は、商法・会社法の改正に伴って改正され、株式会社と同じように年々ガバナンスの向上が強く求められるようになってきています。監事の権限も強化されてきていますので、その分、職務上の責任

も重くなっているといえるでしょう。

　過去には、代表理事に一任して踏み込んだ監査は行わないとする慣行があったのかもしれませんが、現在ではそのような慣行は認められず、監事が適切に権限を行使しない場合にはその責任が問われることになります（ほかに、大和銀行株主代表訴訟事件－大阪地判平成12・9・20金融・商事判例1101号3頁、最決平成28・2・25事件番号：平成27年（受）1529号、大阪高判平成27・5・21金融・商事判例1469号16頁等参照）。

　もし、このような悪しき慣行が残っているとしたら、直ちに改めるようにしましょう。本判決では、「たとえ組合において、その代表理事が理事会の一任を取り付けて業務執行を決定し、他の理事らがかかる代表理事の業務執行に深く関与せず、また、監事も理事らの業務執行の監査を逐一行わないという慣行が存在したとしても、そのような慣行自体適正なものとはいえないから，これによって軽減されるものではない」と判示されています。

　また、これまでの裁判例において、監事や監査役の責任を認めた事案では、監事や監査役が監査自体を行っていなかったものや不正の兆候があるのを知りつつこれを放置した場合が大半であり、監事が一定の調査等を行っていれば任務懈怠がない、あるいは、任務懈怠と損害の間に因果関係がないとされるものが多かったのですが、近時、監査役が会計帳簿および預金口座の残高証明書の写しを資料として計算書類等の監査を行っていた事例で、かつ、これらの資料や計算書類等からは直ちに不正の兆候が観られなかったにもかかわらず、会計限定監査役は、会計帳簿が信頼性を欠くものであることが明らかではない場合であっても、<u>計算書類等に表示された情報が会計帳簿の内容に合致していることを確認しさえすれば、常にその任務を尽くしたといえるものではない</u>とする最高裁判決が出されていますので紹介します。

●最高裁令和3年7月19日判決（金融・商事判例1640号8頁）

【事案の概要】

　公開会社ではない株式会社（会計監査人非設置会社）において、監査役は、その監査の範囲を会計に関するものに限定されていたところ、監査役が実施した監査においては、経理担当従業員が残高証明書を偽造する等していたため、その偽造を見抜くことができず、会計帳簿と照合をしても、計算書類等に表示された情報と合致していたことから、監査役は、計算書類等が当該株式会社の財産および損益の状況をすべての重要な点において適正に表示している旨の意見を表明しました。

　その後、取引銀行からの指摘を受けて、会計担当従業員が横領をしていた事実が発覚し、　株式会社は、監査役に対して任務懈怠による損害賠償請求訴訟（会社法423条1項）を提起したという事案です。

　一審は、監査役の公認会計士等の専門的能力を買われて選任されていた経緯、コピー改ざんのおそれや預金の不正リスクの高さ等から、残高証明書の原本確認等を行っていない監査役の責任を認めましたが、原審は、会計帳簿の信頼性欠如が容易に判明可能であったなどの特段の事情のない限り、会計限定監査役は会計帳簿の内容を信頼して監査することで足りるとして監査役の責任を否定しました。

【裁判所の判断】

　最高裁判所は、下記の理由から、監査役が適切な方法により監査を行ったといえるか否かについて審理を尽くされるために、事件を原審に差し戻しました。

　「監査役は、会計帳簿の内容が正確であることを当然の前提として計算書類等の監査を行ってよいものではない。

　監査役は、会計帳簿が信頼性を欠くものであることが明らかでなくとも、計算書類等が会社の財産および損益の状況をすべての重要な点において適正に表示しているかどうかを確認するため、会計帳

簿の作成状況等につき取締役等に報告を求め、またはその基礎資料を確かめるなどすべき場合があるというべきである。

そうすると、会計限定監査役は、計算書類等の監査を行うにあたり、会計帳簿が信頼性を欠くものであることが明らかでない場合であっても、計算書類等に表示された情報が会計帳簿の内容に合致していることを確認しさえすれば、常にその任務を尽くしたといえるものではない」

【事案のポイント】

最高裁の判決そのものは、監査役がどこまで監査を行えばよいのかの基準を示すものではありません。しかしながら、少なくとも、最高裁は、会計帳簿や残高証明書等の資料および計算書類等からは直ちに不正の兆候がうかがえないとしても、監事の責任が免れるものではないという方向性を示しています。差戻審では、会社内における口座にかかる預金の重要性の程度や管理状況等の諸般の事情に照らして適切な監査が行われたか否かが認定されることになります。

これまでの監事や監査役の責任に関する裁判例の判断の傾向からすれば、むしろ原審の判断のように、不正などがうかがわれる特段の事情がない限りは、一定の監査を行っていれば任務懈怠の責任は認められないという判断もあり得たところではありますが、これからの監事の責任の判断においては、その監査の内容自体で責任の判断がなされるということになっていくことも考えられます。こういった裁判所の判断の方向性からしても、監事に就任した以上は、その職責を果たすという強い意思をもって職務にあたることが求められることになってくるでしょう。

■■著者紹介■■

岸本 寛之（きしもと ひろゆき） 清和総合法律事務所 代表
<略歴>
2004年（平成16年）中央大学法学部法律学科卒業
2006年（平成18年）明治大学大学院法務研究科法務専攻（法科大学院）専門職
　　　　　　　　　　学位課程修了
2006年（平成18年）司法試験合格（第60期 司法修習生）
2007年（平成19年）弁護士登録（第一東京弁護士会）
2015年（平成27年）清和総合法律事務所設立（神奈川県弁護士会登録換え）
<所属・公職等>
神奈川県弁護士会
神奈川県弁護士会　常議員（2022年度）
簡易郵便局のあり方に関する有識者会議　有識者メンバー（2013年〜2014年）
藤沢商工会議所 議員（2019年〜）
藤沢市立片瀬中学校 学校評議員（2018年〜2021年）
ふじさわ人権協議会委員（2020年〜）
<主要著書>
「信用組合役員の職務執行の手引き〜知っておきたい権限と責任〜」単著（経済
法令研究会）
「信用金庫役員によるガバナンス強化〜職員外理事の選任・活用〜」銀行法務
21No.809論稿（経済法令研究会）
「業界別・場面別　役員が知っておきたい法的責任」編共著（経済法令研究会）
「経済刑事裁判例に学ぶ　不正予防・対応策　−法的・会計的視点から−」編共
著（経済法令研究会）
「同族会社実務大全」編共著（清文社）
「実用　会社規程大全」共著（日本法令）
「3訂版　標準実用契約書式全書」（日本法令）
「民法成年年齢引下げが与える重大な影響」共著（清文社）
「ネットトラブルの法律相談Q＆A〔第2版〕」共著（法学書院）
「Q＆A　新会社法の実務」（加除式）共著（新日本法規）
「最新 取締役の実務マニュアル」（加除式）共著（新日本法規）
「借地借家紛争解決の手引」（加除式）共著（新日本法規）
「慰謝料請求事件データファイル」（加除式）共著（新日本法規）
「こんなときどうする 会社役員の責任Q＆A」（加除式）共著（第一法規）他

新訂 信用金庫役員の職務執行の手引き
〜知っておきたい権限と責任〜

2016年10月30日　初版第1刷発行
2024年3月25日　新訂版第1刷発行

著者　岸　本　寛　之
発行者　志　茂　満　仁
発行所　㈱経済法令研究会
〒162-8421　東京都新宿区市谷本町3-21
電話 代表 03(3267)4811　制作 03(3267)4823
https://www.khk.co.jp/

営業所／東京 03(3267)4812　大阪 06(6261)2911　名古屋 052(332)3511　福岡 092(411)0805

カバー・本文デザイン／田中真琴　制作協力／地切　修
制作／西牟田隼人　印刷／日本ハイコム㈱　製本／㈱ブックアート

©Hiroyuki Kishimoto 2024 Printed in Japan　　ISBN978-4-7668-2489-6

☆ 本書の内容等に関する追加情報および訂正等について ☆
本書の内容等につき発行後に追加情報のお知らせおよび誤記の訂正等の必要が生じた場合には、当社ホームページに掲載いたします。
（ホームページ 書籍・DVD・定期刊行 メニュー下部の 追補・正誤表 ）

定価はカバーに表示してあります。無断複製・転用等を禁じます。落丁・乱丁本はお取替えします。